毕业论文写作与文献检索
（第 2 版）

主　编　邢彦辰
副主编　王求识　丛　笑　李妍妍
　　　　王明志　刘　芳

北京邮电大学出版社
·北京·

内容简介

本书从实际出发,既重视介绍毕业论文写作和信息检索的一般知识,又注重实用性和可操作性,其目的是使大学生全面了解撰写毕业论文的知识和方法,提升文献资料收集整理与利用水平,激发创新意识,培养创新能力,尽快进入写作状态,顺利完成毕业论文,并为将来走上工作岗位或进一步的深造打下一个坚实的基础。

全书共分12章,前9章着重介绍了毕业论文写作与答辩等方面的知识,后3章是信息检索方面的内容,编者将这两部分内容有机地融为一体,每章后均附思考题,并配有多媒体课件等辅助性教学资料。

本书是2010年出版原书的第2版,在保持原书基本框架和特色的基础上更新了部分内容,可作为普通高校或高职高专院校的教师指导学生完成毕业论文的参考书和相关课程的教材,还可作为大学生撰写毕业论文、论文答辩和信息检索的工具书,也可供撰写学术论文者参考。

图书在版编目(CIP)数据

毕业论文写作与文献检索 / 邢彦辰主编. ‐‐2版. ‐‐北京:北京邮电大学出版社,2013.8(2024.1重印)
ISBN 978-7-5635-3379-4

Ⅰ.①毕… Ⅱ.①邢… Ⅲ.①毕业论文—写作②情报检索 Ⅳ.①G642.477②G252.7

中国版本图书馆 CIP 数据核字(2012)第 316428 号

书　　名:	毕业论文写作与文献检索(第2版)
主　　编:	邢彦辰
责任编辑:	王晓丹
出版发行:	北京邮电大学出版社
社　　址:	北京市海淀区西土城路10号(邮编:100876)
发 行 部:	电话:010-62282185　传真:010-62283578
E-mail:	publish@bupt.edu.cn
经　　销:	各地新华书店
印　　刷:	保定市中画美凯印刷有限公司
开　　本:	787 mm×1 092 mm　1/16
印　　张:	12
字　　数:	294 千字
版　　次:	2010年3月第1版　2013年8月第2版　2024年1月第14次印刷

ISBN 978-7-5635-3379-4　　　　　　　　　　　　　　　　定　价:29.00元

· 如有印装质量问题,请与北京邮电大学出版社发行部联系 ·

前　　言

毕业论文是高等教育的重要教学环节,也是每个大学生都要完成的一门必修课。撰写毕业论文既可以全面检验学生在校期间所学知识的理解和运用能力,还可以使学生得到从事科学技术研究的基本训练。毕业论文的质量,是反映学生素质、能力、水平的重要标志,同时也是对高等学校全程教学工作的一种综合检验。在当今信息社会,科学技术发展日新月异,随着信息网络技术的发展,网络资源、光盘数据库等越来越多地成为文献检索的工具和信息源。

本书的作者都是从事高等院校教学和管理工作多年的教师,多年从事指导大学生毕业论文写作的工作,在教材编写过程中,作者对一些普通高校和高职高专院校的大学生毕业论文写作与答辩过程中的一些问题进行了认真的调查研究。通过以上工作我们发现,部分学生缺少写作常识,不知怎样选题和答辩,不会查找文献信息,材料的收集、分析、加工、利用的能力较弱,再加上一些高校指导毕业论文写作的力度不够,图书资料不够系统全面,使有的同学毕业论文写作陷入困境,毕业论文的质量难以得到保证。因此,我们深深地感受到编写一本指导学生进行毕业论文写作以及信息检索的教材很有必要。

本书是2010年出版原书的第2版,编写目的是使学生得到比较扎实的写作训练,提升学生的信息素质,培养学生终身学习的能力以及在网络信息环境下的信息检索与利用能力。这本书虽然主要面向即将毕业的大学生,对他们具有较强的指导性和实用性,但也适合低年级的大学生提前阅读,书中内容也适合于撰写学年论文。此外,本书也可为学生撰写实习总结、社会调查报告、专业调查报告和课程设计说明书提供参考,只不过学年论文、实习总结等与毕业论文相比较要求低一些。

本书由邢彦辰教授担任主编,王求识、丛笑、李妍妍、王明志、刘芳任副主编,孙海龙、车翼飞参编,全书由邢彦辰、王求识统稿。在本书编写过程中得到了许多学校院系领导和教师的支持帮助,同时,在编写过程中参考了大量优秀教材,被引用书籍的作者对本书的完成也起到了重要作用,在此,本书所有参编人员对他们一并表示诚挚的感谢。

由于编者的水平有限,加之时间比较仓促,书中难免存在错误和不妥之处,恳请使用本书的师生和广大读者多提宝贵意见。

编者联系方式:xingyanchen@126.com。

编　者

目 录

第1章 毕业论文概述 ·· (1)
　1.1 毕业论文的意义和作用 ··· (1)
　1.2 毕业论文的特点和分类 ··· (4)
　1.3 毕业论文写作的基本要求 ·· (8)
　1.4 毕业设计(论文)成绩评定和管理 ··· (9)
　思考题 ·· (13)

第2章 毕业论文的选题 ·· (14)
　2.1 选题的意义和作用 ·· (14)
　2.2 选题的原则和方法 ·· (15)
　2.3 毕业论文的开题报告 ·· (19)
　思考题 ·· (21)

第3章 毕业论文的材料 ·· (22)
　3.1 材料在毕业论文中的作用 ··· (22)
　3.2 毕业论文材料的收集 ·· (23)
　3.3 毕业论文材料的整理 ·· (26)
　思考题 ·· (29)

第4章 毕业论文的构成形式与行文格式 ·· (30)
　4.1 毕业论文的基本结构 ·· (30)
　4.2 毕业论文的章节、段落和层次 ·· (33)
　4.3 毕业论文行文的格式要求 ··· (35)
　思考题 ·· (38)

第5章 毕业论文的撰写要点 ··· (39)
　5.1 毕业论文结构的策划 ·· (39)
　5.2 毕业论文提纲的拟定 ·· (42)
　5.3 毕业论文初稿的撰写 ·· (45)
　思考题 ·· (51)

第6章 毕业论文写作中常见的问题 (52)
6.1 选题和观点方面的问题 (52)
6.2 结构和格式方面的问题 (54)
6.3 材料和语言方面的问题 (57)
6.4 文体和文风方面的问题 (59)
思考题 (61)

第7章 毕业论文的修改 (62)
7.1 毕业论文修改的重要性 (62)
7.2 毕业论文修改的范围 (64)
7.3 毕业论文修改的方法 (66)
思考题 (69)

第8章 毕业论文的答辩 (70)
8.1 毕业论文答辩的必要性 (70)
8.2 毕业论文答辩前的各项准备 (73)
8.3 毕业论文答辩的一般程序 (76)
8.4 毕业论文答辩时应注意的问题 (78)
思考题 (81)

第9章 毕业论文的指导 (82)
9.1 毕业论文指导的意义 (82)
9.2 毕业论文指导的内容 (83)
9.3 如何选择适合自己的指导教师 (84)
9.4 如何争取指导教师的最佳指导 (85)
思考题 (87)

第10章 信息检索基础知识 (88)
10.1 信息、知识、情报和文献 (88)
10.1.1 基本概念 (88)
10.1.2 文献信息的分类 (90)
10.2 信息检索的发展与分类 (92)
10.2.1 信息检索发展历史 (92)
10.2.2 信息检索的分类 (92)
10.2.3 信息检索的作用 (95)
10.3 信息检索的基本原理和方法 (96)
10.3.1 信息检索原理 (96)
10.3.2 检索策略与检索步骤 (97)

10.3.3　检索方法与检索效果……………………………………………(101)

　　思考题……………………………………………………………………(104)

第11章　检索语言和检索工具……………………………………………(105)

11.1　检索语言的基本概念……………………………………………(105)

　　11.1.1　分类检索语言………………………………………………(105)

　　11.1.2　主题检索语言………………………………………………(108)

　　11.1.3　分类-主题检索语言…………………………………………(110)

　　11.1.4　描述文献外表特征的语言……………………………………(111)

11.2　常用检索工具简介………………………………………………(112)

　　11.2.1　手工检索工具………………………………………………(112)

　　11.2.2　全文数据库检索……………………………………………(116)

11.3　光盘检索…………………………………………………………(121)

思考题……………………………………………………………………(124)

第12章　因特网信息资源检索……………………………………………(125)

12.1　因特网信息检索概述……………………………………………(125)

12.2　因特网信息检索策略及技巧……………………………………(128)

　　12.2.1　因特网信息检索策略…………………………………………(128)

　　12.2.2　因特网信息检索技巧…………………………………………(130)

12.3　因特网检索工具…………………………………………………(132)

　　12.3.1　搜索引擎简介………………………………………………(132)

　　12.3.2　搜索引擎的使用……………………………………………(135)

12.4　因特网信息检索的发展趋势……………………………………(136)

思考题……………………………………………………………………(138)

附录1　标点符号用法……………………………………………………(139)

附录2　数字用法…………………………………………………………(145)

附录3　法定计量单位……………………………………………………(149)

附录4　例文1……………………………………………………………(152)

附录5　例文2……………………………………………………………(170)

参考文献……………………………………………………………………(182)

第1章

毕业论文概述

毕业论文写作是高等教育的一个重要环节,是反映即将毕业的学生运用所学的基本理论、基本知识、基本技能,解决实际问题的能力的综合指标。本章主要介绍毕业论文的概念、特点和类型,以及毕业论文写作的目的意义和基本要求等。

1.1 毕业论文的意义和作用

1. 什么是毕业论文

高等学校依据每个专业的培养目标,开设了相应的基础课和专业课,使学生能够掌握必要的基础知识和基础理论,并进行相应的专业技能训练。现在高等学校重视实践教学,而完成毕业论文是学生在校期间非常重要、时间最长、与实践联系最紧密的教学环节。撰写毕业论文是在开放教育环境下,学生综合运用所学知识进行的基础训练,是考察学生专业知识和基本技能的一个综合性的作业。

对于本科学生而言,毕业论文是一篇以获得学士学位为目的而撰写的学术论文,是学生综合素质和综合能力的集中体现和反映,是学生大学毕业前最后一次重要的学习过程和锻炼机会,并为将来更好地深造奠定了基础。根据《中华人民共和国学位条例》和《中华人民共和国学位条例暂行实施办法》规定,高等学校本科学生完成教学计划的各项要求,经审核准予毕业,其课程学习和毕业论文(毕业设计或其他毕业实践环节)的成绩,表明确已较好地掌握本门学科的基本理论、基本知识和基本技能,并具有从事科学研究工作或担负专门技术工作的初步能力的,授予学士学位。对于专科学生来讲,虽不涉及学位问题,但毕业论文写作也是临毕业前要完成的一个重要教学环节,毕业论文可参照本科学生的标准和要求,但字数和参考文献数量等要求可适当降低。

毕业论文从文体上看,属于学术论文的范畴。学术论文是对科学领域中的问题进行探讨、研究,描述科学研究成果的文章,它既是探讨问题进行科学研究的一种手段,又是描述科研成果进行学术交流的一种外在表现形式。从类型上看,学术论文包括学年论文、毕业论文、学位论文、科技论文等,均可以简称为论文。

综上所述,毕业论文是高等学校毕业生在毕业之前,根据《人才培养方案》的要求,在教师的指导下,由学生独立撰写的具有学术价值的论文,它是高等学校的学生完成学业的标志性作业,也是对学习成果的综合检验。

2. 毕业论文写作的意义

毕业论文是大学教学计划中一个重要环节,它与其他教学环节构成一个有机的整体,又是各教学环节的继续、深化和检验。毕业论文写作的目的是培养学生综合运用所学专业理论知识和技能,培养学生对本专业领域问题的观察能力、思维能力、分析能力、判断能力、创新能力、文字表达能力和解决实际问题的能力,使学生养成勇于探索、严肃认真的科学态度和严谨求实的工作作风,为学生今后从事专业领域的相关工作和撰写学术论文奠定良好的基础。毕业论文写作具有重要意义,主要体现在以下几方面。

(1) 是对学生综合素质和学校教学质量的综合检验

在进行毕业论文写作之前对学生的考试通常是按单科进行的,主要考核学生对本门课程所学知识的记忆程度和理解程度。但写好一篇毕业论文,就要求学生系统地运用所学的知识和技能,理论与实际相结合,有较宽的知识面和一定的写作功底,提高分析问题、解决问题的能力,并在毕业论文写作过程中得到拓宽、深化和升华。如果一个学生平时学习不努力,仅满足于应付考试及格,或者是采取死记硬背的学习方法,缺乏动手动笔能力的锻炼,那么,这些问题都会在毕业论文的写作过程中暴露出来,如表现为知识掌握不牢固、不会灵活运用、论文的条理不清、文字表述能力差、格式错误多等。

通过毕业论文写作,不仅能使学生认识到自己的不足,并在今后的学习和工作中加以克服,也能使学校和毕业生的用人单位全面地了解每个学生的综合素质,更好地发现人才。同时,还可以使学校全面地考察教学质量,扬长补短,不断提高办学水平。

(2) 有助于学习与工作态度的养成

提高学生对工作认真负责、一丝不苟、敢于创新和协作攻关的精神,以及对事物潜心考察、勇于开拓、勇于实践的态度。还能培养学生勇于探索、严谨推理、实事求是、用实践检验理论、全方位考虑问题等科学技术人员应具有的素质,养成理论联系实际的工作作风和严肃认真的科学态度。

(3) 提高查阅和利用文献资料的能力

在教师指导下独立进行调查研究、搜集资料、分析综合、实验研究、推理论证和系统表述,培养从文献、科学实验、生产实践和调查研究中获取知识的能力,使学生会利用别人的经验,从其他相关学科找到解决问题的新途径。

(4) 提高提出问题、分析问题、解决问题的能力

培养学生能综合运用所学知识去处理实际问题的能力,如设计、计算和绘图的能力,实验研究和数据处理的能力;能发现问题和提出问题,会综合分析和总结归纳;能综合运用所学知识,拓宽学生的知识面和掌握知识的深度,善于对这些知识综合利用来独立完成课题;提高外语、计算机应用能力等。

(5) 提高学生文字及口头表达能力

学生走向工作岗位后,写一份报告或总结,向领导作一些口头汇报是经常的事情,而毕业论文写作的成果是除了要上交一份完整的书面材料,还要在答辩中为自己进行辩说,因此,学生在完成这一教学环节中得到了很大的锻炼。

毕业论文涉及的面比较广,内容较课本知识也更加深入。撰写毕业论文并通过答辩,是个人学术生涯中的一个重要里程碑,也是学生第一次独立完成一项比较大的具有研究性质学习和工作的一个标志。

大学生毕业走上工作岗位后，不仅需要有一定的专业知识和科学技术研究能力，而且还应具备遣词、造句、立意、谋篇、表达、逻辑、语法、修辞等各种基础写作修养和技能，这样才能更好地对所从事的工作进行总结、挖掘、交流和提高。

毕业论文写作对于保证教学质量，培养合格的大学毕业生具有重要意义。因此，无论从学校方面或从学生方面，都必须十分重视毕业论文的指导和写作，确保毕业论文写作任务的圆满完成。

3. 毕业论文写作的作用

毕业论文的主要作用在于表明即将毕业的学生完成了一项比较大的创新性智力活动，也证明自己有能力将自己研究的过程组织成书面表达的形式，并以此作为毕业和获得学位的依据。

毕业论文是学术论文的一种形式，一般来讲，学术论文具有以下几方面的作用。

（1）是探讨学术问题，进行科学研究的一个重要手段

学术论文写作不仅是学术研究和科技工作的组成部分，而且还是一种探讨学术问题、描述学术研究成果的手段。思考或实验是一个比较复杂的过程，也难以进行表述，因此，往往需要把思考或实验的内容记录下来，通过写作学术论文能把看不见或稍纵即逝的过程可视化，把研究成果用文字等书面符号展现出来，以利于反复斟酌和修改。人类对自然现象的认识是不断深化的，每个时代人们都要提供自己对自然现象和学术研究的深化成果，学术论文是以书面形式对人类认识深化成果进行记录和总结。因此，学术论文的写作过程也是一个系统化的思维过程，也可以使作者由感性认识阶段上升到理性认识阶段，是一种科学的积累。

（2）是进行学术交流，促进科技发展的一个重要工具

学术交流是促进科技创新和进步的重要形式之一，是人们获得新的思想、知识、技能和信息的主要渠道，是提高科技工作者自身素质、服务经济社会的重要桥梁，也是得到社会和同行业内人士认可的重要标志。在现代科学和学术研究中，继承性和开放性是紧密相关的。因此，学术论文写作后的交流与发表，是推动科技发展的一个重要工具，也是将科技成果转化为生产力的一个重要手段。在当今信息社会中，交流对于科技的发展意义重大，如果说科学技术研究中的物质性成果体现研究人员的价值，那么非物质性的学术论文也同样体现出这一价值。

（3）是衡量学识能力，检验专业水平的一个重要依据

学术论文写作是从事科研和技术工作者必备的一种能力，也是学术研究和科技成果的重要表现形式，从某种程度上说，学术论文写作代表了国家、地区和行业科学技术发展的动态历史，也可以从某个侧面反映出某个领域、某个学科、某个学校等学术发展、学术研究的历史。

目前，在我国的专业技术职务任职资格评审中，对申报评审高、中级专业技术职务任职资格（如从助理工程师晋升到工程师）都有论文要求，需要专业技术人员提供任现职以来能反映本专业工作的参评论文，否则就不能获得相应的任职资格。这是因为学术论文是反映专业技术人员知识水平和专业水平的重要载体，是评委们对申报者进行综合评价的重要依据，也是客观、公正、准确地评价人才，确保评审质量的一项重要措施。

1.2 毕业论文的特点和分类

由于毕业论文属于学术论文的范畴，因此，从本质上来说，毕业论文的特点与学术论文的特点没有实质性的区别。学术论文所应具备的科学性、理论性、创造性、学术性和规范性等特点，在毕业论文中也要同样具备。论文的基本特征就是论说、阐明道理、揭示某种规律和特征，因而不是记事状物，也不是叙述过程，更不是抒发情感的文章。

1. 学术论文的特点

（1）科学性

所谓科学性是指学术论文要尊重事实，尊重科学，只涉及科学与技术领域的命题，主要表现在以下3个方面。

① 论文内容的科学性

表现为论文的内容是真实的，数据可靠，计算精确，正确可信，实验重复，结论客观，是可以复现的成熟理论或者是已成熟能够推广应用的技术，不能凭主观臆断或个人好恶随意舍取素材或得出结论。

② 论文表述的科学性

表现为在论文语言的使用上要准确，符号规范，文字通顺，前呼后应，没有疏漏、差错或歧义；表述概念时要选择恰当的科学术语；表述数字时要有符合要求的准确数值。

③ 论文结构的科学性

表现为论文的结构要有严密的逻辑性，论文的脉络清晰、结构严谨、推论合理，运用综合方法，从已掌握的材料得出结论。

科学性也是毕业论文的基石，毕业论文成果以客观的材料和科学的理论为基础，然后得出可靠的结论。

（2）理论性

所谓理论性是指学术论文不仅具有应用价值，还要具有较浓厚的理论色彩，具有理论价值，主要表现在以下两个方面：一是不能"就事论事"地进行论文写作，对通过实验、观察等方式所得到的结果，要从一定的理论高度进行分析和总结，形成一定的科学见解，进而得出科学的结论；二是从对论文中提出的问题，要用事实和理论进行符合逻辑的论证与分析或说明，将实践上升为理论。学术论文的写作过程，也是作者在认识上的深化过程，论文不仅应具有实用价值，还要具有理论价值即学术价值。

理论性也是毕业论文的基调，要求作者站在应有的理论高度，对论点、结论等进行理论概括。

（3）创新性或独创性

所谓创新性或独创性是指学术论文的研究成果要有所发现、有所发明、有所创新，如果没有新的观点、见解、结果和结论，就不为学术论文。

学术论文的创新程度是相对于人类已有的知识而言的。至于某一篇论文，其创新程度可能较高，也可能较低，但应有一些独到之处，要对丰富科学技术知识宝库和推动科学技术发展起到一定的作用。"首次提出"、"首次发现"，当然是具有重大价值的研究成果，这毕竟为数不多。在某一个问题上有新意，对某一点有新发展，就属于创新的范围。

创新性也是毕业论文的灵魂,但毕业论文的创新性并非要求一定要有惊人的发现或刻意地标新立异,而是要求作者能在新的角度上,表达出一定的新观点、新见解或新体会。一般来讲,对于应用型高等学校做到以下几点就能说明毕业论文具有一定创新性。

① 所研究的问题在本专业学科领域内有一定的理论或实际意义,并通过学生独立思考或实验,提出了自己的认识和看法。

② 尽管别人已研究过类似或相同的问题,但学生有自己新的论证角度或新的实验方法,所提出的结论在一定程度上能够给人以启发。

③ 用新理论或新方法在一定程度上解决了生产、生活中的一些问题,并取得一定效果,或为某个实际问题的解决提供了新的看法和数据。

④ 能够以自己有力而周密的分析,澄清在某一问题上的混乱看法。虽然没有更新见解,但能为别人再研究这一问题提供一些必要的条件和方法。

⑤ 用相关学科的理论或实验较好地提出并在一定程度上解决了本学科中的问题。

⑥ 用新发现的材料(数据、事实、史实、观察资料等)来证明已证明过的问题。

(4) 学术性

所谓学术是指较为专门、有系统的学问,学术性是学术论文区别于其他文体的基本特点。学术论文要有一定的理论高度,要分析有学术价值的问题,要研究某种专门的、有系统的学问,要引述各种事实和道理去论证自己的新见解,体现为作者对研究对象的本质与规律的研究,对研究结果或发现的科学表述。

学术性也是毕业论文的本质属性,学术性要求毕业论文具有一定的理论色彩,即使是应用性的毕业论文也应做到有一定的理论概括。由于毕业论文是本科生初步的科研尝试,要求学生不仅对研究对象有较深入的了解,还能用所学知识进行科学的表述。此外,还应注意须从所学专业出发去选题,尽量不要离开自己的专业去写跨专业的毕业论文。因为毕业论文就是要考察学生在所学专业领域中是否较好地掌握了本学科的基础理论、专门知识和基本技能,是否有从事科学研究工作或是负担专门技术工作的能力。

(5) 规范性

所谓规范是指群体所确立的行为标准,规范可以由组织正式规定,也可以是非正式形成的。学术论文写作是为了交流、传播、存储新的科技信息,便于为他人所用。因此,学术论文要按一定格式写作,应具有良好的可读性。在文字表达上,要求语言准确、简明、通顺,条理清晰,层次分明,论述严谨。在技术表达方面,如名词术语、数字、符号的使用,图表的设计,计量单位的使用,文献的著录等都应符合规范化要求。一篇学术论文如果规范性和可读性很差,将严重降低它的价值,有时甚至会引起人们怀疑其研究成果的可靠程度。

规范性也是毕业论文的特质属性,写作时必须遵守论文规范和格式。毕业论文已经形成了约定俗成的规范格式。如论文整体结构格式、标题格式、行文格式、引语格式、参考文献格式等,正日益趋于规范化、标准化,有些已经列入国家标准。国际标准化组织也对学位论文制定了一系列的标准,各学校根据具体情况都制定了详细的论文格式规范。

2. 毕业论文的特点

毕业论文写作是为了使在校的大学生树立起科学的思想、培养科学的精神、遵循科学的规范、掌握科学研究的方法,为今后独立开展科学技术研究和撰写学术论文奠定坚实的基础。所以与学术论文相比,毕业论文在具有学术论文特点的基础上,又有其自身的特点。

(1) 指导性

毕业论文是在教师的指导下,由毕业生独立完成的。但无论是论文撰写前的准备阶段,还是写作阶段及修改阶段,诸如选题的确立、文献资料查阅、结构安排和论文的修改等,都需要教师给予一定的指导,从某种程度上来讲,毕业论文水平的高低,从一个侧面反映出教师的劳动付出和治学态度。

虽然毕业论文具有指导性的特点,但对于毕业生来讲,又是在校学习期间独立性最强的一个教学环节,强调学生独立地进行整理、消化并运用所学的理论和实践知识,独立地选定课题、查阅和利用文献资料,独立地构思、拟纲、起草、修改和定稿。

(2) 习作性

毕业论文是毕业生完成学业和申请学位的一个标志性大作业,是毕业生所学专业理论知识和基础知识的综合应用、深化和提高,是对毕业生分析问题、解决问题能力等方面的一种检验和考核,同时,又是毕业生进行学术研究的初步尝试和体验。因此,从这一方面来讲,毕业论文属于习作性论文。

(3) 价值性

是指毕业论文的选题、教学等方面的价值性。选题的价值性主要是指论文符合社会需要和为经济建设服务的程度,作为应用型高等学校更注重论文选题具有一定的实用价值。教学的价值性主要是指论文能够反映教师教学的水平,也是对学校在专业设置、课程内容、教学质量的检验方面的重要标准之一。

(4) 层次性

由于在校大学生缺乏写作经验和科学技术研究的经历,加之进行毕业论文写作的时间相对较短,因此毕业论文的选题不宜过大,篇幅不宜过长,内容不宜过难。同具有工作经验和写作经历的专业人员撰写的学术论文相比,毕业论文的层次要低些,不能反映出某专业领域的最新学术成果,也很难具有较高的学术价值。当然,也不排除会有少数大学生通过自己平时积累和刻苦努力,也能写出一篇具有较高水准的学术论文。

(5) 详尽性

毕业论文要经过考核和答辩,因此,要求论点要集中、论据要充分、分析要透彻,介绍实验装置、实验方法和实验步骤等都要比较详尽,论文要有一定的深度。而学术性或技术性论文是写给同专业的人员看的,一般是力求简洁。

(6) 通俗性

尽管要求毕业论文具有学术性和专业性,但语言要求通俗,这样可以便于交流。特别是对一些专业性比较强的科技方面的毕业论文来说,基本上不要求有太多专业的技术名词和缩略语,否则容易让别人看了以后感到糊涂和陌生。

3. 毕业论文的类型

由于毕业论文研究领域、对象、方法、表现方式不同,为了进一步探讨和掌握毕业论文的写作规律和特点,需要对毕业论文进行分类。一般来讲,对任何事物进行分类必须首先确定分类的依据是什么,分类依据的确定与分类的目的有关,并使得以此目的而表现出来的特性方面有较大的区别。

(1) 按学科分类

可把毕业论文分为理工类毕业论文、文史类毕业论文和管理类毕业论文等。

(2) 按申请学位分类

可把毕业论文分为学士论文、硕士论文和博士论文。当毕业生有资格申请学位并为申请学位所写的那篇毕业论文就称为学位论文,它是考核申请者能否被授予学位的重要条件。学位论文和毕业论文对一些学生来说是没有区别的,一篇论文可以有两个含义,既毕业了也有了学位,如学士学位论文既是学位论文又是毕业论文;可对另一些学生来说,毕业了,但没有获得学位,那么他写的论文只能称其为毕业论文。

学士论文是指大学本科毕业生申请学士学位要提交的论文,这种论文一般只涉及不太复杂的课题,论述的范围相对较窄,深度也较浅。工科大学生有的还要作毕业设计,论文或设计应反映出作者具有专门的知识和技能,具有从事科学技术研究或担负专门技术工作的初步能力。

硕士论文是指硕士研究生申请硕士学位要提交的论文,其学术水平要比学士论文高,篇幅要比学士论文长。硕士论文应反映出作者所掌握知识的深度,必须具有较新见解和独创新,强调作者的独立思考作用,具有从事科研工作和专门技术工作的独立能力。

博士论文是指博士研究生申请博士学位要提交的论文,它可以是1篇论文,也可以是相互关联的若干篇论文的总和。博士论文应反映出作者具有坚实、广博的基础理论知识和系统、深入的专门知识,具有独立从事科学技术研究工作的能力,应能反映出该科学技术领域最前沿的独创性成果。

(3) 按内容性质分类

可把毕业论文分为应用型研究论文和理论性研究论文。应用型研究论文又可细分为实验研究型、技术开发型、工程设计型、生产应用型等。理论性论文具体又可分成两种,一种是以纯粹的抽象理论为研究对象;另一种是以对客观事物和现象的调查、考察所得观测资料以及有关文献资料数据为研究对象。

理工类大学生通常写的是应用型研究论文,社科类大学生一般写的是理论研究型论文,但这两种形式的论文不是截然分开的。应用研究和理论研究是密切相关的,有时是根据侧重点来划分,并不是说理工类大学生不写理论研究型的论文,社科类大学生不写应用研究型的论文。

(4) 按表达方式、论证方法分类

可把毕业论文分为描述成果型论文、论辩型论文和假说型论文。

描述成果型论文是指反映实用性科学技术研究成果的论文,通常是反映解决某一实际问题的方法和技术等。

论辩型论文按议论的性质不同可以把毕业论文分为立论性的论文和驳论性的论文。立论性的毕业论文是指从正面阐述论证自己的观点,在某一研究领域中有所发现,有所创新。驳论性毕业论文是指通过反驳别人的论点来树立自己的观点,为否定对方的观点,需要用相对的论据与对方的论点进行辩驳。

假说型毕业论文是指在科学技术研究中根据一定的客观事实和已有的科学原理,经过反复的推敲,在还找不到充足的论据以前提出的一种假定性见解。假说不是毫无根据的主观臆断,也不是毫无科学论证的猜测和瞎说,它与一般研究的不同是假说所假定的结果尚未达到确实可靠的程度。

1.3　毕业论文写作的基本要求

毕业论文撰写的具体标准和要求在以后的章节中将分别予以介绍，这里仅谈一下基本原则要求。

1. 学生的基本要求

(1) 树立正确的态度，有信心和恒心

教师要引导学生高度重视，认真对待，树立信心，积极投入。毕业论文不是学习的额外加码，而是训练和考核专业知识、实践能力、思维能力和表达才能的一种重要方式，是为今后在工作岗位上能肩负重担的一种准备。还要树立求新的观念，积极主动地去接受新知识、新事物，力求毕业论文能反映符合时代要求的研究项目和应用项目。

同时，在思想上要有充分的准备。要树立积极投入写作的信心，克服畏难情绪，认识到初次写作毕业论文虽然有一定的难度，但毕竟是一个非常好的学习、锻炼机会，并能得到教师的指导和帮助。要有坚韧不拔的精神，遇到问题和困难不气馁，坚持把论文写好、改好。

(2) 周密计划，合理安排

要根据学校制订的毕业论文工作日程，参加毕业论文的各个训练环节。在教师指导下，独立安排好确定课题、调查研究、拟定提纲、查阅资料、起草定稿、评审、答辩等各个环节的工作计划，做到环环相扣、密切相联。

要处理好毕业论文写作与其他事情的关系。学生在撰写论文期间可能是在实习、忙于找工作或准备复习考研等，但完成好毕业论文是第一位的，不能轻率和懈怠，以保证毕业论文审改、定稿有较充裕的时间。

(3) 端正学风，谦虚谨慎

培养和坚持优良的学风，严格遵守学校纪律和学术道德规范，要实事求是，尊重别人的劳动成果，在毕业论文中引用别人资料一定要说明出处。

在毕业论文的写作过程中，学生是主体，但与学校教师和实习调研单位仍是教学关系，学生应虚心主动地接受学校和实习调研单位的导师的检查指导，和别人讨论问题一定要谦虚。

严禁弄虚作假、抄袭等不良行为，更不允许由别人代作，一经发现要受到严肃处理。

2. 毕业论文的基本要求

(1) 应反映出作者扎实的专业基础知识

如果专业基础知识掌握不牢，知识面比较窄，就会影响毕业论文的质量，具有扎实的专业基础知识是写好毕业论文的一个前提。

(2) 应反映出作者具有一定的独立科学技术研究能力

对所研究的课题要有自己一定的独到见解，毕业论文要有一定的学术价值。具有独立的科学研究的能力指的是多方面的，例如，假设你的毕业论文选题与别人一样，但是大家有各自不同的看法，各人有各人的切入点，不同的切入点也是学生独立科研能力的表现。切入点不同，那么在阐述的过程中就会在某些地方表现出自己独到的见解。不是说天下文章一大抄，人云亦云，拼凑出一篇论文出来就行，这样的毕业论文是不能合格的。

(3) 毕业论文应具有一定的实用意义

毕业论文要与社会、生产、科研、实验室建设的工作实际密切结合，具有一定的理论价值和实际意义，特别是工科类的毕业论文(设计)主要应来自实际任务。

(4) 毕业论文应选择材料来开展研究

在选取资料时,要注意资料的真实性、具体性、新颖性。在检索和拥有充分材料的基础上,要选择材料来开展研究,并能独立查阅文献和正确翻译外文资料,具有收集、加工各种信息及获取新知识的能力。

(5) 毕业论文应具有较高的规范性

往往有一些同学不重视毕业论文的规范性,这样不利于严谨科学作风的养成,也会影响毕业论文的成绩。要严格参照毕业论文撰写规范来进行写作,做到结构合理、条理清晰,要注意实验数据的确切性,图纸、图表、书写的规范性,上交的论文必须按照规定的格式打印。

1.4 毕业设计(论文)成绩评定和管理

1. 毕业设计(论文)的类型

毕业设计(论文)是学生就某一课题综合运用所学的理论知识和实践知识,在教师指导下,争取用最佳方式予以实现的思维过程和书面表述,毕业论文的写作贯穿于毕业设计的整个过程。一般来讲,工科学生的毕业设计(论文)除了要完成毕业论文写作外,还包括产品设计、科学实验等实践过程;理科、文科和管理类专业主要毕业设计的成果就是一篇毕业论文。应用型高等学校的毕业设计(论文)主要有工程型和理论型两种,或者是二者的有机结合。

(1) 工程型毕业设计

工程型毕业设计主要是将技术原理转化为技术现实,因此学生在毕业设计期间应做出工程产品的一部分或相对完整的工程系统。工程型毕业设计可分为产品设计、部件设计、科学实验、软件开发、机房设计、控制系统和管理系统设计等类型。

(2) 理论型毕业设计

理论型毕业设计重点是写毕业论文,一般可分为两种。一种是以纯粹的抽象理论为研究对象,研究方法是严密的理论推导和数学运算,有的也涉及实验与观测,用以验证论点的正确性;另一种是以对客观事物和现象的调查、考察所得资料以及有关文献资料为研究对象,研究方法是对有关资料进行分析、综合、概括、抽象,通过归纳、演绎、类比,提出某种新的理论或新的见解。

2. 毕业设计(论文)工作流程

毕业设计(论文)工作流程如图1-1所示,可分为毕业论文的前期准备工作和毕业论文写作与答辩两个阶段。

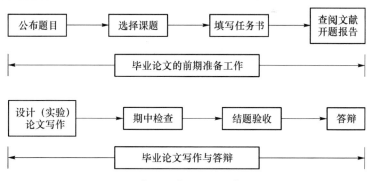

图1-1 毕业设计(论文)工作流程图

在毕业论文准备阶段,一般首先由教务部门或学生所在院(系)将毕业论文题目汇总并公布,然后学生可根据自己今后的研究方向或兴趣自主选题,经与出题的导师沟通后确定自己的毕业设计(论文)题目。在确定题目后,学生要在导师的指导下,通过调查研究,查阅相关的文献资料,明确课程要求及预期成果,制订工作计划,撰写开题报告。

在毕业论文写作与答辩阶段,学生要深入进行课题研究(如通过设计、实验、调查、观察)和进一步获取资料、研究资料,形成论文写作所需的材料。最好先拟定论文写作提纲,并递交导师审定,然后依据提纲进行写作。在论文写作过程中和形成初稿后,要及时送交导师审阅,根据导师提出的意见反复进行修改,直到导师认可后才能定稿成文。最后,将论文按规定的规格打印上交,继续收集整理资料,做好答辩的准备。

毕业设计(论文)应严格按照教务部门或院(系)规定的日程进行,选择课题、开题报告、查阅文献、答辩等内容请参阅本书有关章节。各高校进行毕业设计(论文)的日程不尽一致,以进行13个教学周为例,一般从公布题目至开题间隔为2~3周,从开题至期中检查的间隔为4~5周,从期中检查至结题验收的间隔为4~5周,从结题验收至答辩的间隔为2~3周。

期中检查主要是检查毕业设计(论文)内容与题目是否一致,论文的基本观点是否正确,是否按计划完成了规定工作,所遇到的困难能否克服等。结题验收主要是检查学生是否按毕业设计(论文)任务书要求完成了全部工作。

3. 毕业设计(论文)的评分标准

毕业设计(论文)的评分一般采用优秀、良好、中等、及格、不及格五级计分的方法,由指导教师的评分、论文评阅人的评分和答辩委员会的评分等组成。各高校都结合实际制订了本校的评分标准,院(系)又对评分标准进行了细化。可参照下列标准给出本科和专科学生毕业设计(论文)的成绩,而且要使成绩呈正态分布。

(1) 优秀

能熟练地综合运用所学的专业理论和知识,具有较强的实践动手能力和独立工作能力,学风严谨,态度认真,刻苦努力,毕业设计(论文)具有一定的创新性,圆满地完成任务书规定的技术指标要求。

毕业论文具有较强的实用意义,对某些问题有较深刻的分析,结构严谨,条理清晰,文笔流畅,材料典型真实,叙述较全面,论述正确,实验数据确切,图纸、图表、书写规范。

答辩所需的图纸(如工作流程图、工作框图或工作原理图等)正确规范,在答辩过程中表达能力较强,概念清楚,思路清晰,对课题理解深入,主要问题回答正确。

(2) 良好

能较好地综合运用所学的专业理论和知识,具有一定的实践动手能力和独立工作能力,学风严谨,态度认真,刻苦努力,毕业设计(论文)具有一定的创新性,较好地完成任务书规定的技术指标要求。

毕业论文具有较强的实用意义,对某些问题有较深刻的分析,条理比较清晰,文字通顺,材料真实具体,叙述较全面,论述正确,实验数据比较确切,图纸、图表、书写比较规范。

答辩所需的图纸(如工作流程图、工作框图或工作原理图等)规范,在答辩过程中表达能力较好,概念清楚,思路比较清晰,对课题理解比较深入,主要问题回答基本正确。

(3) 中等

能综合运用所学的专业理论和知识,具有一定的实践动手能力和独立工作能力,态度比较认真,基本完成了任务书规定的技术指标要求。

毕业论文具有一定的实用意义,能反映该学科及相关领域的发展概况,条理比较清晰,材料较具体,叙述较全面,论述正确,实验数据较确切,图纸、图表、书写比较规范。

答辩所需的图纸(如工作流程图、工作框图或工作原理图等)比较规范,在答辩过程中具有一定的表达能力,对课题有一定的理解,主要问题回答不够确切,但无原则性错误。

(4)及格

具有一定的专业理论和知识,实践动手能力和独立工作能力不强,缺乏刻苦钻研精神,部分完成了任务书规定的技术指标要求。

毕业论文尚能联系实际,有一定的论述材料,并进行了一定程度的加工整理,文字表达基本清楚,文章有条理,但结构有缺陷,实验数据不确切,图表和文字不够规范。

答辩所需的图纸(如工作流程图、工作框图或工作原理图等)不够规范,在答辩过程中表达能力一般,有些概念不是很清楚,主要问题回答不够确切或有错误之处。

(5)不及格

基础知识掌握不牢,独立工作能力差,不够认真刻苦努力,毕业设计(论文)没能按期完成任务书规定的技术指标要求。

毕业论文的实用性不强或有原则性错误,条理不清,叙述不全,缺少实验数据或数据不确切,图表和文字不规范。

答辩所需的图纸(如工作流程图、工作框图或工作原理图等)有错误或不全,在答辩过程中主要内容阐述不清,概念模糊,对主要问题回答错误或回答不上来。

此外,如果发现毕业论文有下列情况之一的,也应按不及格处理。

① 字数少于规定数量;
② 弄虚作假,被确认有抄袭、剽窃、套用他人成果或者请他人代笔,大量引用他人成果而未注明;
③ 论文基本结构不合理,且层次混乱、条理不清;
④ 主要观点有明显错误或有很大片面性;
⑤ 材料贫乏、敷衍成篇,或完全照搬别人资料不作具体分析,所引资料不能支撑观点或相互矛盾;
⑥ 写作能力低下,提交的毕业论文有较严重的格式错误、文字错误或注释差错,或完全不合乎学术论文文体。

4. 毕业设计(论文)评分应注意的问题

毕业设计(论文)的成绩评定在遵循院(系)评分标准的同时,还应注意以下问题。

(1)要把学生完成课题的工作量、难易程度作为评定成绩的指标之一;
(2)不仅要看学生完成任务和上交的论文材料等情况,还要考虑学生在毕业设计(论文)进行过程中思想和纪律等方面的表现;
(3)不能根据对学生的印象给分,也不能受指导老师的声望和地位等因素的影响。

5. 毕业设计(论文)不及格的处理

毕业设计(论文)不及格者不得毕业,只发结业证书。毕业设计(论文)不及格的学生在办理相关手续后,允许其结业后一年内再回校重做毕业设计(论文)。原则上学生重做毕业设计(论文)应重新命题,由原所在专业安排,并进行答辩,答辩及格后,可颁发毕业证书。逾期不做或重做不及格者,以后不再安排重做。

6. 毕业设计(论文)管理

为加强毕业设计(论文)工作的管理,保证毕业设计(论文)质量,各高等学校一般都制订了具体的管理办法。高等学校要通过多种形式和渠道加大对毕业设计(论文)工作的经费投入,认真处理好与就业工作等的关系,从时间安排、组织实施等方面切实加强和改进毕业设计(论文)这一教学环节的管理,改善实习、实验及工作条件,为做好毕业设计(论文)工作创造良好的环境。

(1) 毕业设计(论文)组织领导及职责分工

毕业设计(论文)工作通常是在教学校(院)长的领导下,由教务处(科、部)负责监督管理,各院(系)负责组织实施。

① 教务处(科、部)职责

研究制订有关毕业设计(论文)的管理办法、规定、规范及其他相关文件。

组织毕业设计(论文)工作检查。

收集汇总毕业设计(论文)有关数据、材料。

总结毕业设计(论文)工作,提出今后改进意见。

组织校(院)级本科优秀毕业设计(论文)及毕业设计(论文)工作优秀单位的评选。

② 院(系)职责

成立毕业设计(论文)工作领导小组,对本院(系)的毕业设计(论文)工作全面负责。要根据专业教学要求,制订毕业设计(论文)工作计划和具体考核评分办法,进行工作质量检查,负责毕业设计(论文)规范化管理的实施工作。主管教学工作的院(系)领导要深入到教研室和学生中去,了解情况,指导工作。主管学生工作的领导和辅导员(班主任)要掌握学生在毕业设计(论文)工作中的思想动态,积极配合教学工作圆满完成毕业设计(论文)任务。

组织审查各专业毕业设计(论文)题目、任务书和指导教师资格。

负责毕业设计(论文)经费的安排使用。

定期检查各专业毕业设计(论文)工作进展情况,协调处理毕业设计(论文)中遇到的问题。

组织院(系)不及格的毕业设计(论文)复审答辩。

组织本院(系)优秀毕业设计(论文)评选,推荐校(院)级优秀毕业设计(论文)。

负责毕业设计(论文)各种资料的汇总、上报,完成毕业设计(论文)工作总结。

③ 专业教研室职责

根据本专业教学要求及人才培养目标,研究制订毕业设计(论文)教学大纲。

落实、审查毕业设计(论文)选题,把好质量关。

落实毕业设计(论文)任务,组织指导教师填写"毕业设计(论文)任务书",并报院(系)审查。

确定本专业学生完成毕业设计(论文)的时间、地点、方式及设备的使用安排等。

组织毕业设计(论文)动员,宣布纪律及注意事项。

组织毕业设计(论文)的开题、中期检查、结题验收、审查评阅和答辩。

向院(系)提交相关的档案材料和工作总结。

对于应用型本科和高职高专学生的毕业设计(论文)要与所学专业及岗位需求紧密结

合,还可以采取岗前实践和毕业综合训练等形式,由学校教师与企业的专业技术人员共同指导,结合企业的生产实际选题,确定训练内容和任务要求。

(2) 毕业设计(论文)知识产权归属

毕业设计(论文)的知识产权归属学校。毕业设计(论文)工作结束后,所有的毕业设计(论文)资料(包括图纸、试验记录、原始数据、实物照片、图片、视频、录音、设计手稿等)和毕业设计完成的作品,学生不得自行带走,由各院(系)负责回收作为教学资料妥善保存,整理归档。毕业论文若要公开发表,需经指导教师同意。

思 考 题

1.1 什么是毕业论文？毕业论文写作有何意义？
1.2 毕业论文主要有哪些类型？其主要特点是什么？
1.3 毕业论文的基本要求是什么？
1.4 毕业设计(论文)主要有哪几个环节？各环节应注意哪些问题？
1.5 毕业设计(论文)的成绩是如何评定的？
1.6 如何认识毕业设计(论文)在大学学习阶段的重要性？

第 2 章

毕业论文的选题

选题是毕业论文写作的第一步,学生选好了题目,就有方向和动力,同时也确定了毕业论文的写作内容。本章介绍了毕业论文选题的意义、选题的原则、选题中注意的事项以及如何撰写开题报告。

2.1 选题的意义和作用

所谓选题,顾名思义,就是选择毕业论文的论题,即在写毕业论文前,选择确定所要研究论证的问题。这里应先搞清课题、论题、题目3个概念。课题、论题、题目同属于某一学科中的学术问题,但课题通常是指某一学科重大的研究项目,它的研究范围比论题要大得多,一个课题中可以包括许多论题;题目是指论文的标题,其研究范围一般比论题还要小,同一个论题,可以选择很多具体的题目来写毕业论文。

毕业论文写作是从提出问题即从选题开始,选题的过程实际上是毕业论文写作的准备,是与毕业论文材料收集过程相伴而行的。选好题后就要开展论题研究,主要包括开展调查、实验、观察、试验,分析研究资料,形成自己的观点等;接着是草拟提纲或构思设计,制订方案;最后,写成毕业论文或绘制设计图纸与设计说明书,并修改定稿,这是一个紧密相连的、一环紧扣一环的系统工程。通过选题,可以大体看出作者的研究方向和学术水平。爱因斯坦曾经说过,在科学面前,"提出问题往往比解决问题更重要",提出问题是解决问题的第一步。正确而又合适的选题,可以起到事半功倍的作用,对毕业论文写作具有重要意义。

1. 选题为提高毕业论文质量提供了保证

影响毕业论文质量的因素有很多方面,其中离不开调动人的主观能动性。毕业论文的题目无论是学生自己拟定的,还是在老师的指导下选择的,或是经院(系、所、教研室)下达的,都离不开一个"选"字,都需要学生充分发挥自己的主观能动性,经过反复思考,相互比较后才能确定下来。自己选择的题目会更好地鼓舞激励自己,这样由对选题的最初认识到以后的不断发展,从感性认识升华到理性认识,最终才会获得一个较好的研究成果。

选题绝不是仅仅给毕业论文定个题目和划定个范围这样简单,选择毕业论文题目的过程,就是初步进行科学研究的过程,毕业论文题目一旦确定后,学生就应在头脑中形成一个大致的轮廓。毕业论文的选题有意义,写出来的毕业论文才会有价值,否则,即使花费了再多的时间和精力,毕业论文写得主题很突出,结构很合理,语言很流畅,格式很规范,从表面上看是一篇很不错的毕业论文,但也不会有积极的效果和较高的价值。

2. 选题有利于充分发挥学生的特长

学生根据个人实际情况选题,有利于扬长补短,弥补某个方面知识和技能储备不足的缺陷,并且做到有针对性、高效率地获取相关知识,利于早出成果。通过选题,学生对自己所要研究的对象就有了初步的了解和认识,为下一步深入开展研究奠定了基础。在一定意义上来说,选题规划了毕业论文写作的蓝图,确定了毕业论文的研究角度和规模,决定了毕业论文写作乃至该项研究工作的方向和最终可能取得的成果。

3. 选题有助于学生研究能力的提高

大学生在校期间学过的知识很多,但知识并不等于能力,学生的研究能力相对都还比较弱,研究能力要在应用知识的实践中,即在科学研究的实践中自觉地培养和锻炼才能得到提高。选题是大学生从事科学研究实践迈出的第一步,选题前,要对某一学科的专业知识进行研究,查阅整理一些相关材料,自觉或不自觉地就应用到了研究工作的方法;选题中,要对已学过的专业知识积极思考,有侧重地深化对所研究问题的认识,从而使自己的分析综合、判断推理、归纳演绎、联想发挥等方面的思维能力和研究能力得到锻炼和提高。

4. 选题可使毕业论文写作顺利地完成

选择一个难易程度和论题大小合适的题目,可以保证毕业论文写作顺利地进行。如果选题过大过难,学生就难以完成;如果选题太小太简单,就达不到毕业论文写作的目的。

总之,选题是毕业论文写作的起步阶段,是毕业论文写作中重要的一环。选题的结果会直接影响毕业论文的教学质量和学生的专业素质培养,毕业论文的选题应紧紧围绕教学大纲的培养目标进行,使学生能够综合运用所学的专业知识和技能,探索和解决一些实际问题。因此,选择好论题是毕业设计的关键。

2.2 选题的原则和方法

如何进行正确的选题,首先应了解选题的方法和途径,然后从中得到启发。学生一定要根据自身的实际情况,结合自己的爱好、特长和研究能力来科学地选择适合自己的毕业论文题目。

1. 选题的原则

高等学校各专业大学生毕业论文的选题,一般虽由老师提出,但作为必备的素质和基本功之一,大学生仍然有必要了解和掌握选题的一些基本知识和技巧。学生选题一般要依据的原则是题目宜小不宜大,宜近不宜远,宜今不宜古,宜实不宜虚。

(1) 选题必须符合专业培养目标

专业培养目标是国家提出的高等学校培养高级专门人才的标准和规格,是学校组织一切教学活动的依据和准绳,当然也是毕业论文选题的依据和准绳。毕业论文的选题必须符合专业培养目标的总体要求,围绕专业课的内容选题。

毕业论文的内容强调的是学生所学专业领域内某一课题研究的成果,以训练学生综合运用所学理论、知识、技能,提高独立分析、解决问题的能力。因而,一定要以所学的专业理论、知识能包涵的内容为选题的依据,不要超出这个范围。同时,选题要有利于巩固、深化和扩大所学的专业理论知识,有利于弥补教学过程中的薄弱环节,从而达到专业培养目标的要求。如果单凭个人的兴趣爱好,选题超出了所学专业范围,甚至与专业毫无关系,就违背了国家规定的专业培养目标,难以考察大学生是否真正掌握了本学科的基础理论、专门知识和基本技能,是否具备了从事科学研究的专门技术和工作能力。

(2) 选题应具有科学性、创新性、实用性和可行性

选题要优先选择结合生产、科研、实验室建设和社会实践等具有实际应用价值的论题,应在理论或实践上具有一定的现实意义。

① 科学性原则

毕业论文的内容要揭示客观世界的发展规律,正确地反映人们认识与改造世界的水平。科学性原则是衡量选题的首要标准,选题时必须符合这一原则。科学性原则应始终贯穿于选题之中。对于理性的课题,科学性原则体现在是否有充足的事实为依据,对于应用技术研究类课题的确定,必须以科学理论为依据。例如,一篇关于机械设计方面的毕业论文,就要符合机械设计标准,符合加工生产的要求,符合使用要求,而不能脱离科学性原则。

② 创新性原则

在科学性的基础上,有无创新性,是衡量选题的重要标准。毕业论文写作,应尽量避免采用旧材料,重复旧观点,使用老方法。毕业论文写作中坚持创新性原则,就是所写的毕业论文中要有"三新",即要有新材料、新观点和新方法,如果"三新"不能同时具备,最起码要有其中的"一新"或"二新",这样经过正确的研究,才有可能得到"第四新",即新结论。这里所说的新观点是指新看法、新见解,而不是老生常谈、人所共知的东西。新观点是毕业论文的价值所在,灵魂所在。不过应该注意一点,"新观点"从语义学的角度来看,不是说所有的新观点都是正确的观点,当然这里所说的"新观点"必须是正确的观点,作为毕业论文而表达的新观点若是不正确的,不仅没有意义,反而还会有害,还会导致毕业论文答辩不能通过。

科研工作就是不断地创新,不断地发展,不断地开拓,不断地前进。新观点、新方法、新工艺、新技术、新产品的不断出现,推进了社会文明和社会进步。

③ 应用性原则

毕业论文的题材十分广泛,几乎涉及各个专业领域。马克思主义认识论告诉我们,理论来源于实践,理论为实践服务,因此科学研究的选题一定要注意理论联系实际。进行毕业论文写作,从一开始就要注意养成良好的学风,即选题一般是能回答或解决现实社会生活的实际问题或解决学术研究领域中的某一问题,要充分考虑选题所具有的应用价值或学术价值,尽量选择与社会科技、经济、政治、文化等方面建设的现实贴近的选题,不能是为了写毕业论文而写毕业论文,或者是唯学术而学术。

当然在学校所提供的众多课题中,有些课题并不一定直接与现实挂钩或有直接的实际用途,如在机械设计中一些部件设计、一些计算机的网络设计等。但从发展的眼光看,这些课题能够表示某种趋势,能够通过简单修改应用于实际生活中,或对现实有借鉴的作用,因而也就具有理论价值,这样的题目当然也是可选的。

④ 可行性原则

选题要切实可行,可行性原则主要就是指主观条件和客观条件两个方面的条件都要具备,论题具有实施研究的可能性。这里所说的主观条件是指学生本人的主观条件,客观条件主要指有无必备的实验条件,有无充足的文献资料等。孙子兵法讲知己知彼,百战不殆,这句话用在选题上也是非常恰当的。所谓"知己"就是结合学生自己知识储备、实践经验和分析解决问题的能力等来选题。因为知识和能力的积累是一个较长的过程,不可能靠一次毕

业论文写作过程就能突飞猛进,所以选题时要量力而行,客观地分析和估计自己的能力。如果一个学生基础较好,能力较强,可以选择一个难度大些,内容复杂一些的题目,给自己的标准定得高些,这样更能锻炼和提高自己,发挥好自己的长处;如果觉得自己分析综合能力较弱,就要把题目定得小一些,便于集中精力抓住重点,把某一个具体问题论述清楚;如果自身的基础较差、能力较弱,就要选择一个小一点容易些的题目。所谓"知彼"就是完成毕业论文写作所具备的客观条件,不具备客观条件时就不要选这样的毕业论文题目。

此外,选题要充分考虑自己的特长和兴趣。例如,学生中有的可能在理论知识方面比较好;有的可能动手能力比较强;有的可能在某一方面有较深的钻研;有的可能在这一方面很突出,而在另一方面则较弱。在选题时,要尽可能选择那些能发挥自己专长的题目,同时还要考虑到自己的兴趣和爱好。兴趣深厚,研究的欲望就强烈,内在的动力就高,完成毕业论文的情况就会更好。

2. 选题的方法

要选好毕业论文的题目,仅把握选题的原则还不够,还要了解和掌握一些选题的具体方法,以下介绍几种选题的基本方法供参考。

(1) 继承前人的知识与成果

科学研究不会凭空想象去进行,任何成果的取得都不会从天而降,它们来自坚实的理论基础和丰富的实践经验,来自对前人成果的继承与发展。恩格斯说过,"科学的发展是同前人遗留下来的知识量成正比的"。在继承前人的知识与成果的过程中得到启迪,去选取那些"前沿性"的课题。因此,要善于向前人学习,系统地研究已有的成果,占有大量信息。只有这样,才能在前人研究的基础上再前进一步。牛顿之所以取得伟大的成就,正是他继承了哥白尼、伽利略、开普勒等这些科学巨人的知识与成果。在继承的基础上,再有所创新,有所发展,这样的选题就是有意义的。

(2) 深入被人忽略的角落

科学技术在飞速地发展,人类对自然科学及自身的认识不会停留在一个水平上,需要不断地深入与发展。随着时间的推移,会发现前人认识自然有其不足之处需要进一步地改进和完善。同代人由于所处的角度不同也会出现一些偏差和空白。选题时要在别人忽略的地方寻找矛盾,发现问题,深入研究。被人忽略的角落是大量存在的,从中发现问题需要胆略、学识、认真、细心及勇于探索的精神,只要有这种精神,可选的题目就会很多。

(3) 敢于开拓未知领域

鲁迅先生曾经说过,"世界上本没有路,走的人多了也就成了路"。在科学研究时要敢于开拓未知领域,一部科学发展史就是一部不断开拓新领域、不断产生新学科的历史。人们现在认为不可能的事物,在不久的将来,科学家们会揭示它们之间的内在关系。所以从事科学研究要敢于迈过去被认为不可逾越的禁区,从自己熟悉的学科跨越到生疏的学科。科学发展到今天,各学科之间的相互渗透日益加强,产生了许多边缘学科,边缘学科揭示自然界物质和运动形式的新规律。所以,要敢于选取那些能开拓未知领域的题目。

(4) 毕业设计题目的选择

当除了要完成毕业论文写作外,还要进行毕业设计选题时,更应注重突出专业特点,密切联系实际,教学与科研相结合,充分发挥学生的专长,教师可以指导学生从以下几个方面进行选题。

① 从生产实践中选题

生产实践需要解决的问题很多,如新产品的开发、工艺的改进、设备的更新、引进新设备操作维护的技术等,只要深入下去,就可以找到"真题真做"的题目。

② 从科研项目中选题

学生可以从教师承担的科研项目中选题,参加部分设计任务,这样有利于培养学生的科研能力。

③ 从市场需求中选题

从一些技术市场发布信息中,如需设计一种产品设计或软件开发,教师可以让学生承担部分任务,指导学生来完成,使学生受到锻炼,同时也能了解市场经济规律。

④ 从实验教学中选题

实验室有许多设备,生产厂家在设计时也有考虑不到的因素,如信号源频率偏低,直流电源输出无保护等,需要局部改进设计。

⑤ 从外为中用中选题

一些从国外引进的先进设备,某种新产品,可让学生翻译、分析、仿制。这样既培养了学生的外文翻译能力,又培养了学生的分析和实际应用能力。

⑥ 从专业发展方向的前沿选题

对某一专业的未来发展方向,结合国际国内发展动态,本专业未来发展前景,从理论和应用两个方面进行探讨。

⑦ 从聘用单位的工作需要选题

一些学生毕业之前已与用人单位签订合同,可结合用人单位要求选题,这样做更有实际意义,学生毕业走上工作岗位能尽快进入角色。此外,还可根据个人今后的工作志向来选题,如想从事教学和科研工作的同学,可选择理论和科研开发型毕业设计课题;想从事工程技术工作的同学,可选择工程应用型课题等。

⑧ 从攻关的需要选题

对于学习比较好的同学和富有创新的同学,要选择科研开发课题。做这种课题需要学习一些新技术、新器件、新工艺,使自己得到更好的锻炼和提高。

3. 选题中的一些注意事项

毕业论文是对学生能力的综合性考核,选题的方向、大小、难易都应与自己的知识积累及分析问题和解决问题的能力等相适应,要选择适合自己的题目。

(1) 选题不要过难

选题既要有"知难而进"的勇气和信心,又要做到"量力而行"。有些学生在选题时想通过撰写毕业论文将自己几年来的学习所得充分展示出来,因此着眼于一些学术价值较高、角度较新、内容较奇、技术较难的题目,这种精神是值得肯定的,但如果难度过大,就会脱离学生的实际能力,使之无从下手,不能发挥主观能动性,达不到全面锻炼和提高的目的。

(2) 选题不要过大

选题过大,会使学生把握不住重点,难于进行深入细致的分析,容易造成泛泛而论或学生在规定的时间内不能完成毕业论文写作任务。对于较大型的题目,最好再细化成若干个小题目,安排几个学生分别完成,但必须明确每个人的分工。教师要鼓励学生独立思考,选择不同的方案,使每个学生都得到提高。

(3) 选题不要过于简单

选题不能太小太具体,若题目过于简单,内容太少,就会使学生的工作量不足,以致失去典型意义,无法反映个人的能力,不能收到毕业论文写作的预期效果。

选题是大点好还是小点好,由于每个学生的实际情况不同,不能一概而论。对于理论基础好、实践能力强、写作水平较高的同学,可以选一个稍大稍难的毕业论文题目。但一般来说,选题还是小一点、具体一点好,这样的选题容易驾驭,只要写得深入具体,一样也很有价值。此外,选题的大小也是相对的,并没有量化的指标和严格的界限,大题不能泛做,但小题可以深做,这要根据学生的实际情况来确定。

(4) 选题不要脱离实际

选题不要脱离社会生产生活的实际,选一些不着边际让人看不懂的题目,也不能为了赶时髦,选自己没有弄懂或没有条件的题目。例如,有的学生看到一点凤毛麟角的国外材料,找到几个新名词,为了"求新"就把别人的东西照搬过来,一知半解,东拼西凑,这样的毕业论文肯定是写不好的。

2.3 毕业论文的开题报告

开题报告是提高选题质量和水平的重要环节,由学生在毕业论文写作前期完成,经指导教师签署意见及院(系)审查后生效。开题报告是指开题者(学生)对所选论题的一种文字说明材料,这是一种新的应用文体,这种文字体裁是随着现代科学研究活动计划性的增强和科研选题程序化管理的需要应运而生的。

通过撰写开题报告,开题者可以把自己对课题的认识理解程度和准备工作情况加以整理、概括,以便使具体的研究目标、步骤、方法、措施、进度、条件等得到更明确的表达;开题者可以为评审者提供一种较为确定的开题依据。"言而无文,其行不远",以书面开题报告取代昔日广为运用的口头开题报告形式,无疑要切实可靠得多;开题一旦被批准,课题得以正式确立,则还可以通过它,对立题后的研究工作发生直接的影响:或者作为课题研究工作展开时的一种暂时性指导;或者作为课题修正时的重要依据等。总之,开题报告是选题阶段的主要文字表现,它实际上成了连接选题过程中备题、开题、审题及立题这四大环节的强有力的纽带。

无论是在学习中还是在工作中,开题报告的写作都具有重要意义。在美国有这样一个实例,美国科学基金会曾同时收到关于同一科研课题的两份开题报告,一份是获得过诺贝尔奖金的西博格写的;另一份是由一位名不见经传的青年研究者写的。经过专家们的认真评议,结果批准了那位无名小卒的申请,把这一课题的研究经费拨给了他。所以,在美国,许多科学家每年几乎要用两个多月的时间从事课题建议书(即开题报告)的起草工作。就我国情况看,科技工作者要写"科研开题报告",在校的大学生也要写开题报告。今后,随着科研管理的加强,在开题报告写作方面的要求也会越来越高,因此,应重视开题报告的写作。

开题报告的具体格式各高校不尽统一,有的是参照毕业论文的格式,有的为表格形式,但无论论文采用什么样的格式,都有相应的要求。学生在撰写开题报告时一定要按有关要求进行写作,注意内容要全面,重点要突出,格式要规范。开题报告主要内容是阐述论证过程,确定课题研究价值与方向,一般由以下几个部分组成。

1. 毕业论文课题名称

毕业论文的课题名称看起来是个小问题,但实际上很多人写课题名称时,往往写得不准确、不恰当,从而影响整个课题的形象与质量。

在给课题起名称时要注意两个问题:一是名称要准确。准确就是课题的名称要把课题研究的问题是什么,研究的对象是什么交代清楚。二是名称要简洁。不管是论文或者课题,名称都不能太长,能不要的字就尽量不要,一般不要超过20个字。例如,机械类的毕业论文名称"单缸四冲程汽油机的设计",这里面的研究对象是单缸四冲程,研究的问题是汽油机,研究的主要方法是设计,这就说得很清楚、简洁,别人一看就知道这篇毕业论文研究什么。

2. 课题研究的目的、意义和背景

课题研究的目的、意义也就是为什么要研究本课题,研究它有什么价值。这一般可以先从现实需要方面去论述,指出现实当中存在这个问题,需要去研究,去解决,指出本课题研究的实际作用,然后,再写课题的理论和学术价值,这些都要写得具体、有针对性。

课题研究的背景,即根据什么、受什么启发而搞这项研究的,也通常表述为"问题的提出"。因为任何课题都不是凭空而来,都有一定的背景和思路。课题提出的背景主要指特定的时代背景,回答的问题是为什么要进行该课题的研究,该课题的研究是根据什么、受什么启发而确定的,一般从现实需要角度去论述。例如,国家、教育部新出台的政策法规,时代的发展、社会的进步、科技的发展对教育教学提出了什么新的要求;现行学校教育、学科教学等方面存在的问题与差距。新要求、新标准、新政策、新理念与现实存在问题,课题研究就是奔着问题而来,为问题的解决而研究,问题是毕业设计的支点。毕业设计及课题研究所要解决的主要问题要有针对性、可操作性,这是课题研究的生命力所在。解决的主要问题要与提出的背景间有着必然的、相应的联系,不能游离或架空。

3. 国内外研究现状、水平和发展趋势

阐述这部分内容必须采用文献资料研究的方法,通过查阅资料、搜索发现国内外近似或界于同一课题研究的历史、现状与趋势。

历史背景方面的内容:按时间顺序,简述本课题的来龙去脉,着重说明本课题前人研究过没有,哪些方面已有人作过研究,取得了哪些成果,这些研究成果所表达出来的观点是否一致,如有分歧,那么他们的分歧是什么?存在什么不足?通过历史对比,说明各阶段的研究水平。

现状评述,重点论述当前本课题国内外的研究现状,着重评述本课题目前存在的争论焦点,比较各种观点的异同,阐述本课题与之联系及区别,表现出自己课题研究的个性及特色。这一部分的内容应力求精炼,体现自身研究的价值。

发展方向方面的内容:通过纵(向)横(向)对比,肯定本课题目前国内外已达到的研究水平,指出存在的问题,提出可能的发展趋势,指明研究方向,提出可能解决的方法。

4. 课题研究的理论依据

毕业论文的课题有的是应用研究、发展研究和设计类的课题,这就要求我们的研究必须有一些基本的理论依据来保证研究的科学性。例如,进行机械设计类的课题,就必须以机械设计的相关知识、设计方法作为理论依据。

5. 课题主要研究内容、方法

研究内容是研究方案的主体,是课题研究目标的落脚点,研究内容要与课题相吻合,与目标相照应,具体回答研究什么问题,问题的哪些方面。要努力从课题的内涵和外延上去寻找,紧密围绕课题的界定去选择研究内容。它要求把课题所提出的研究内容进一步细化为若干小问题,也可以在课题大框架下设立子课题。

研究方法是完成研究任务达到研究目的的程序、途径、手段或操作规律,它具体反映"用什么办法做"。研究的方法服从于研究目的,也受具体研究对象的性质、特点制约。在具体的方案设计中,要根据各时段研究内容的不同选择不同的方法,尽可能地写明怎样使用这种方法和用这种方法做什么。常用的研究方法有:观察法、实验法、调查法、文献法、经验总结法、个案分析法、行动研究法、比较法等。

6. 课题研究的过程

研究过程即课题研究的步骤,也就是课题研究在时间和顺序上的安排。一般划分为三个阶段:前期准备阶段(调研、完成开题报告)、中期实施阶段(即具体设计阶段)、后期总结阶段(撰写论文或说明书,绘制装配图纸、答辩等)。每一个阶段有明显的时间设定,从什么时间开始,至什么时间结束都要有规定,要有详尽的研究内容安排、具体的目标落实,从而保证研究过程环环紧扣,有条不紊,循序渐进。

7. 课题研究的成果形式

毕业设计(论文)的成果形式有很多,如调查报告、论文、经验总结、装配图纸、计算机软件、电子产品、教学设计等。其中论文、图纸、电子产品等是毕业设计成果最主要的表现形式。毕业设计(论文)课题不同,研究成果的内容、形式也不一样,但不管形式是什么,课题研究必须有成果,否则,毕业设计(论文)也就失去了研究之意义。

8. 主要参考文献

是指在撰写开题报告时阅读引用过的主要参考文献,一般应在5篇以上。

思 考 题

2.1 毕业论文选题的目的和意义是什么?
2.2 毕业论文选题的原则是什么?
2.3 毕业论文选题应注意哪些问题?
2.4 开题报告一般由哪几部分组成?
2.5 谈一谈你认为开题报告的撰写要点是什么。

第 3 章

毕业论文的材料

毕业论文写作的整个过程都离不开材料的收集、分析、整理、加工和利用。选定论题后,还不能立即动笔写作,接着需要做的是围绕着论题搜集有关的材料和进行材料的研究工作。本章主要介绍了材料的作用、来源、收集和整理等方面的内容。

3.1 材料在毕业论文中的作用

1. 什么是毕业论文的材料

材料是一切写作活动的前提条件,毕业论文的写作更离不开材料的运用。论文材料是指作者为了某一写作目的,收集到或写入文章之中的事实和理论根据。从毕业论文写作的角度来讲,材料就是围绕着选定的课题,通过调查、研究、实验、实践或在图书情报资料中获得的一系列数据、事实以及解释这些数据、事实的理论等。

一般人们将资料和材料在同等意义上使用,但从严格意义上来讲,两者是有区别的。资料是为了某一写作目的最初收集到的东西,而材料则是对最初收集到的东西经过整理和筛选而得到的东西。也就是说,材料比资料更有条理和针对性。

2. 毕业论文材料的作用

对任何课题的研究都不可能凭空臆造,都是在前人研究的基础上继续拓展的结果。因此,一定要对前人材料进行总结、归纳概括和吸收,然后在此基础上才能有所创新,材料对于毕业论文的写作具有非常重要的意义,主要具有以下几方面的作用。

(1) 详尽地占有材料是完成毕业论文写作的前提

撰写毕业论文必须要详尽地占有材料,假若要写一篇一万字左右的毕业论文,可能要搜集几万字甚至十几万字的材料。进行毕业论文写作是一种研究性的工作,而研究工作的重要基础之一就是尽可能详尽地占有材料,没有详尽的材料,如同"巧妇难为无米之炊",研究无从着手,观点无法成立,论文不可能形成。所以,详尽地占有材料是毕业论文写作之前的另一项极其重要的工作。作者收集材料的过程,也是深入研究并逐步取得进展的过程。材料不仅指事实根据,还包括理论依据,一篇完整的毕业论文事实材料和理论材料都要具备。

(2) 材料是构成毕业论文的基本要素

毕业论文材料的数量和质量都会直接影响毕业论文水平的高低,拥有一定数量和较高质量的资料,是完成毕业论文写作的重要保证。毕业论文从内容上看,主要由主题和材料两个基本要素组成,两者紧密相联但又有所区别。材料是文章的具体内容,主题是在材料基础上形成的一种概念,是从相关领域中的材料中提炼、概括而成的,需要材料作为依据。

(3) 材料是产生和表现主题的基础

毕业论文的主题依赖于对所掌握的全部材料的分析研究,材料是产生和表现主题的基础。毕业论文写成以后,主题表现得是否鲜明、准确和恰当,虽然同毕业论文的结构、语言和表达方式有着密切的关系,但主题的体现也要依赖写入毕业论文的材料来支撑和表现。运用材料来证明观点、表达主题是进行毕业论文写作最基本的方法。

总之,材料是毕业论文写作成功的基础。没有材料,研究就无从下手,主题就难以表现,观点也难于进行翔实阐述和科学论证,毕业论文也无法形成。因此,要在材料的收集和整理上下功夫,尽可能地占有更多的材料,这样才能在写作时如鱼得水、左右逢源、思路开阔,最终完成一篇好的毕业论文。

3.2 毕业论文材料的收集

与毕业论文课题研究有关的材料浩如烟海,来源多种多样,如何恰当地收集和精选有价值的材料,就是选题以后所面临的第一个重要问题。

1. 毕业论文材料的来源

材料的来源主要有以下3个方面:一是到图书馆和因特网中去寻找,有关内容详见本书第10~12章;二是通过科学实验或毕业设计作品制作获得;三是通过实地调查获取。

(1) 从图书馆和因特网中去寻找

这是材料的主要来源。图书馆是储藏人类知识的宝库,要想从书籍、期刊杂志和报纸中收集材料,就要到图书馆去查找。因特网是永不关门的"图书馆",2009年4月联合国教科文组织在其位于法国巴黎的总部举行仪式,正式推出"世界数字图书馆",全世界所有的网民均可免费登录该图书馆的网址获取丰富多彩的文献资料,了解人类千百年来积累的精神财富。

(2) 通过科学实验或毕业设计作品制作获得

这种方式获得的材料是实践性和应用性较强的课题研究必不可少的。通过科学实验或毕业设计作品制作所获得的材料,能够取得相应的数据,使作者对所研究的课题有更深入的理解和认识,为毕业论文的写作提供翔实的材料。

(3) 通过实地调查获取

作实地调查前要考虑这种方式获取材料的必要性和可行性,不能盲目进行。确定需要进行调查后,应根据研究课题和调查的目的、对象、内容、时间、地点和方法等,拟定调查提纲,并要取得调查对象的同意后才能进行。实地调查的方式较多,如参观、问卷、座谈、专访、抽样等,方法可采取典型调查、专题调查、普遍调查等,调查方式和方法也可以是几种形式的组合。

2. 毕业论文材料的收集范围

在进行毕业论文写作之前,一般要有以下5个方面的材料。

(1) 第一手材料

第一手材料包括与毕业论文课题直接相关的文字材料、数字材料(包括图表)等,如统计材料、典型案例、经验总结等,还包括自己在实践中取得的感性材料。这是论文中提出论点、主张的基本依据。没有这些材料,撰写的毕业论文就只能成为毫无实际价值的空谈。对第一手材料要注意及早收集,同时要注意其真实性、典型性、新颖性和准确性。

(2) 他人的研究成果

他人的研究成果是指国内外对有关该课题学术研究的最新动态。撰写毕业论文不是凭空进行的,而是要在他人研究成果的基础上进行的,因此,对于他人已经解决了的问题就可以不必再花精力重复进行研究,可以以此为出发点,并能从中得到有益的启发、借鉴和指导。对于他人未解决的,或解决不圆满的问题,则可以在他人研究的基础之上再继续研究和探索。切忌只顾埋头写,不管他人的研究,否则,撰写的毕业论文的理性认识可能会低于前人已达到的水平。

(3) 边缘学科的材料

在当今的信息时代,人类的知识体系呈现出大分化、大融合的状态,传统学科的分界逐渐被打破了,出现了交叉学科以及令人眼花缭乱的分支学科和边缘学科。努力掌握边缘学科的材料,对于所要进行的科研、课题研究是非常有益的。它可以使研究视野更开阔,分析的方法更加多样。例如,要研究图像工程的有关课题,这个课题就是一个研究各种图像理论、技术和应用的新的交叉学科,研究方法与数学、物理学、生理学、心理学、电子学、计算机图形学等许多学科可以相互借鉴,研究范围与模式识别、计算机视觉、计算机图形学等多个专业相互交叉。此外,图像工程的研究进展与人工智能、神经网络、遗传算法、模糊逻辑等理论和技术都有密切联系,它的发展应用与医学、遥感、通信、文档处理和自动化等许多领域是不可分割的。大量的研究实践表明,不懂得一些边缘学科知识,不掌握一些边缘学科的材料,就很难写出高质量的毕业论文。

(4) 名人的有关论述、有关政策文献等

名人的论述极具权威性,对准确有力地阐述论点非常有好处。至于党的有关方针、政策,既体现了社会主义现代化建设的实践经验,又能反映出现实工作中面临的许多问题,因此,研究一切现实问题必须占有和清楚这方面的材料,否则就有可能会出现与党的方针、政策不一致的言论,使毕业论文出现很大的缺陷。

(5) 背景材料

搜集和研究背景材料有助于开阔思路,全面研究,提高毕业论文的质量。例如,要研究马克思的商品经济理论,不能只研究他的著作,还应该大力收集他当时所处的社会、政治、经济等背景材料,从而取得深入的研究成果。

3. 毕业论文材料的收集原则

(1) 选择围绕主题的材料

主题就是毕业论文的主体和核心,是对现实的分析研究和观察体验而提炼出来的主题思想。一篇毕业论文的主题与材料的关系就好比是"骨与肉"的关系。因此,围绕主题来占有和选择材料是收集材料的首要原则,要注意克服为了"凑字数"而选择一些与主题无关或关系不大的材料,应充分考虑到毕业论文内容表达的实际需要。

(2) 选择典型的材料

毕业论文的典型材料主要是指能够反映出客观事物本质和共性的材料。围绕主题的材料是多种多样的,有的能够反映出客观事物本质属性,有的只是涉及了事物的本质,还有的可能是与事物的本质没有什么关系。因此,要对收集到的材料进行归纳整理,注意材料的典型性,不能把与主题相关的材料都写进毕业论文。

（3）选择真实的材料

毕业论文的材料一定要符合客观实际，而且能准确地反映出客观事物，这样才能使毕业论文做到学术性与科学性的统一。所以，在选择材料时尽量选择第一手材料，如果是第二手材料要进行考证核对，最好能查到原文，同时，还应注意材料的局部真实和整体的真实。

（4）选择新的材料

新材料立足于新，材料新颖，就可以及时体现出新技术、新思想和新事物，使毕业论文更具有时代感和新鲜感，同时也更具有学术价值和应用性。当今社会科学技术的发展日新月异，与毕业论文所研究课题相关的材料可能是浩如烟海，令人眼花缭乱，将新材料写进毕业论文，既能反映出作者具有敏锐的目光，也表明作者具有驾驭新材料的能力。新材料不完全等同于真实或完全可靠的材料，因此，在使用新材料时一定先要进行反复认真的鉴别和分析，然后才能使用。当然，对于那些已经通过专家鉴别过的新材料完全可以直接使用。

毕业论文新材料的收集可从以下几个方面入手。

① 最新出版的报纸、杂志和书籍等，最新公布或刊载的各类材料，如统计数据、最新技术等，由于是最新发行的，所以这些材料也是新材料。

② 通过调查研究所得来的材料，例如，有的大学生为了写《新时期大学校园文化建设》的毕业论文，进行了采访，召开了座谈会，并设计了调查问卷，这些交谈、座谈记录和问卷调查统计数字就可以说是新材料。

③ 自己积累整理的材料，例如，有的大学生平时就注意收集整理材料，将大学校园中那些反映大学生积极向上，具有健康精神面貌的流行语一一记录下来，然后经过分析研究，并上升到理论高度加以总结，写出了《大学校园流行语研究》毕业论文，所收集的这些流行语就是新材料。

④ 不曾被别人研究使用过或引用过的材料也是新材料。

4. 毕业论文材料的收集方法

毕业论文材料的收集方法很多，应根据实际情况采用适当的方法来收集。

（1）作笔记

作笔记对任何一个毕业论文撰写者都是必要的，好记性不如烂笔头。阅读书报杂志时，搞调查研究时，或在进行课题研究实验实习的时候，都要随身带笔和纸，随时记下所需材料的内容或有关的想法体会、理论观点等。在作笔记时，最好空出纸面的三分之一左右，用来记载对有关摘录内容的理解、评价和体会。作笔记的基本方法摘录、提纲等形式，可根据个人的习惯和课题研究需要灵活选择。

① 作摘录。作摘录就是根据毕业论文研究课题的需要，把有关书籍、报刊和杂志中文章的重点和精华部分摘录下来，也可以把调查访问对象谈话的重点和精辟之处摘录下来。在摘录时应注意忠实于原文和原话的内容，不能断章取义。

② 做提纲。做提纲就是编写查阅和访问到的材料的提纲，以便记录相关材料的观点和见解，启发自己的思路或提供一些例证。

③ 做提要。做提要就是对相关材料的内容、主要观点、例证和数据等进行简要的介绍，提要的内容要求少而精。

④ 作改写。作改写就是用自己的语言把所需要的原文材料进行改写，使客观材料和自己的主观见解能够融为一体。

(2) 做卡片

使用卡片收集材料,比较容易进行分类、保存和查找,而且所做的卡片可分可合,根据需要灵活地进行组合。卡片可以自己制作,也可以到文化用品商店购买。一个问题通常写在一张卡片上,内容太多也可以写到几张卡片上。当然,在收集材料的过程中,要不要做卡片,可依据个人习惯,不必有死板的规定。

(3) 剪贴报刊

将有用的材料从报纸、刊物上剪下来,或用复印机复印下来,再进行剪贴。把要剪贴的材料分类贴在笔记本、活页纸或卡片上,这种方法的优点是可以节省抄写的时间。

无论是摘录的材料,还是用卡片收集或是剪贴的材料,都必须要注明出处。如果是著作,则要注明作者、书名、出版单位、发行年月等;如果是报纸,则要注明作者、篇名、版次、报纸名称、发行年月日;如果是杂志,则要注明作者、篇名、杂志名称、卷(期)号、页码等,以便附录在毕业论文的后面。

(4) 目录、索引

目录、索引是学习和检索材料的工具。目录是用来记录图书名称、作者、版本等,索引则是用来汇集编排散见于图书期刊中的相关材料,编排时要注明出处、页码。

(5) 因特网检索

由于因特网的迅速发展和广泛应用,信息处理技术也发生了革命性的变化,如信息的收集、利用和检索等都可以在因特网上实现。

通过材料的收集,应准确及时地掌握前人已取得的成果,以使自己能了解所研究的课题目前已达到的研究程度和它的"终点",从而找到自己毕业论文的"起点",还应该了解前人从事该项研究工作的经验教训,以此作为自己写论文的借鉴,以便少走弯路。此外,还要把握完成毕业论文各阶段收集材料的重点,一般来讲,开题时,要求资料"全"而"新";撰写论文时,要求资料"全"而"可靠";准备答辩时,要求资料"全"而"有理"。

3.3 毕业论文材料的整理

通过各种方法收集到的诸多材料不能简单地进行罗列添加到毕业论文中,也不要随意放置一边,不看不用,而应认真研究,仔细整理,进行分类和鉴别,有选择性地使用。

1. 毕业论文材料的分类

毕业论文材料的分类是指先对收集到的材料进行归类整理,主要有以下两种分类方式。

(1) 主题分类法

按照一定的观点把材料编成组,这里所说的"一定的观点",可以是综合而成的观点,也可以是自己拟定的观点。例如,为研究培育建筑劳动力市场的前提条件,作者拟定了自己的4个观点:一是市场经济体制的确定为建筑劳动力市场的产生创造了客观环境;二是建筑产品市场的形成对建筑劳动力市场的培育提出了现实的要求;三是城乡体制改革的深化为劳动力市场的形成提供了可靠的保证;四是建筑劳动力市场的建立是建筑行业用工特殊性的内在要求。并按这四个观点对资料加以分类,这样可以加深对资料的认识,进一步使认识条理化、系统化。

(2) 项目分类法

按照一定的属性,把收集的材料分项归类。下面介绍辽宁大学王连山老师列的项目分类:

理论类项目
1. 经典作家、名人言论
2. 概念
3. 科学的定义、定理、公式、法规
4. 一般公理、常识、成语、谚语、密句、名言
5. 资料作者本人的观点

事实类项目
1. 个别事例,包括资料作者所引用的古今中外的事实、人物活动、言论、诗词等
2. 各种统计数字、图表
3. 资料作者的片断论述

随想类项目
1. 本人随时记下的感想
2. 观察所得
3. 调查所得
4. 零星的文字记录

2. 毕业论文材料的鉴别

毕业论文材料的鉴别是指对收集到的材料进行分析整理的过程,达到去粗取精,去伪存真,以获得自己真正需要的材料。材料鉴别的过程实质是材料的辨析过程,在这一过程中应注意做到以下几点。

(1) 辨析材料的适用性

选择材料的依据,只能是作者所要阐明的中心论点。什么材料可以用,什么材料不能用,都要根据这个中心论点来决定。毕业论文的中心论点一经确定之后,它就是统率一切的东西,材料必须服从于中心论点的统率。不要把一些不能充分说明问题的材料搬进来作牵强附会的解释,也不能将所有材料统统塞进毕业论文里,搞得毕业论文臃肿庞杂,中心反而不突出。

(2) 辨析材料的真实性

材料的真实与否直接关系着毕业论文的成败,只有从真实可靠的材料中才能引出科学的结论。在这方面应注意以下几点。

① 要尊重客观实际,避免先入为主的思想,选择材料不能夹杂个人的好恶与偏见,不能歪曲材料的客观性。

② 选择材料要有根有据,采用的第一手材料要有来历,选取的第二手材料要与原始文献认真核对,以求最大的准确性。

③ 对资料的来源要加以辨别,弄清原作者的政治态度、生活背景、写作意图,并加以客观地分析评价,社会科学方面的材料更应注意这一点。

(3) 辨析材料的典型性

所谓材料的典型性就是指这种材料对于它所证实的理性认识来说具有充分的代表性。例如,恩格斯的《论权威》,选择了纱厂、铁路和航海 3 个例子作为论据。第一个论据阐述得最详细,第二个论据比较概括,第三个论据只是轻轻一笔。他没有用更多的阐述,就把问题

说明了:"一方面是一定的权威,不管它是怎样造成的,另一方面是一定的服从,这两者,不管社会组织怎样,在产品的生产和流通赖以进行的物质条件下,都是我们所必需的。"材料不多,却具有无可辩驳的逻辑力量。产生这样的效果,一个重要原因在于材料选择得十分典型。

3. 毕业论文材料的选择

毕业论文材料的选择是指如何对已经鉴别的材料进行取舍,收集材料要"全",鉴别材料要"细",选择材料要"严"。一般来说,选择材料应遵循以下原则。

(1) 选择紧贴主题的材料

通常作选择要依据一个或几个标准来进行,选择毕业论文材料的首要标准就是看材料是否能够紧贴主题。和毕业论文主题密切相关,并且能够有力地突出、说明、烘托主题的材料,就把它留下来放到毕业论文中去。反之,与主题关系不大或无关,不能说明和烘托主题的材料,一定要把它从毕业论文中删除,并不是说毕业论文中的材料越多越好。例如,以《"城市更新"与园林绿化关系的几个问题》一文为例,作者收集了大量的有关园林绿化的材料,却没有搜集城市建设与园林绿化关系的材料,这些不适用的材料塞入论文之中,导致论文中心被冲淡,降低了论文质量。

(2) 选择典型的材料

毕业论文中典型材料的选择就是要求所选取的材料能够揭示客观事物的本质,具有代表性和说服力,能通过个别反映出一般,通过个性反映出共性。俄国著名作家契诃夫指出,所谓写作技巧,其实并不是写作的技巧,而是删掉不大好的地方的技巧。他还说:"要知道大理石上刻出人脸来,无非是把这块石头上不是脸的地方都剔掉罢了。"

(3) 选择新颖的材料

所谓新颖的材料通常包括两方面的含义,一方面是指前所未有,最近才出现的新事物、新技术、新思想、新发现、新方向等;另一方面是指某种事物虽已存在,但人们尚未发现其价值。毕业论文中的新颖材料选择就是要求所选取的材料是具有新意的、能反映时代气息的材料,当然,能选取别人没有用过的新事实、新观点和新情况材料更好。新颖的材料能够表现更新鲜生动的内容,也具有更强的感染力。还应注意的一点是,新颖不仅仅是对材料的产生时间有所要求(一般要求是近五年之内的材料),更重要的是要从一些常见的材料中发掘别人还没有利用的东西。

(4) 选择全面的材料

所谓全面的材料是指要选取各个方面的材料,如果材料不全面,缺少了某一方面的材料,毕业论文的论述往往不圆满、不全面,会出现偏颇、漏洞,或由于证据不足而难以自圆其说,从而影响了毕业论文的质量。例如,以《单片机电子钟应用系统的设计》为例,如果作者只收集了某种型号单片机的有关资料,只介绍了用C语言来实现的方法,而没有收集当前流行的其他种类单片机和用另外一些方法设计电子钟的一些材料,以及对不同方式设计电子钟的方法进行比较,也没有说明采用C语言与采用汇编语言实现的区别,结果毕业论文的内容就不够全面,从而降低了毕业论文的质量。

4. 毕业论文材料的使用

毕业论文材料的使用是指从毕业论文的实际出发,如何从所选择的材料中进行应用。一样的材料,不同的使用方法会产生不一样的效果。材料的使用与主题的表现是密切相关的,是真正的实践阶段。所以,必须要把材料了解得很深,而且要善于灵活运用。通常,使用材料要注意以下几个问题。

(1) 要详略得当

毕业论文材料的使用一定要根据主题来确定材料的详略,主题是材料使用的重要依据。能够直接而深刻地表现主题的材料要详细地写,详写是为了要突出重点,使主题更加鲜明。另外,新颖的、鲜为人知的材料要详写。而与主题关系不大或无关的材料要写得概括些、简单点,甚至干脆不写。只有材料使用详略得当,繁简相宜,才能够使毕业论文主题突出,整体活泼生动,从而避免毕业论文显得平板呆滞,陷入堆砌材料之嫌。

(2) 要合理排序

毕业论文写作使用材料前最好先把材料好好梳理一下,进行分类和排序。毕业论文的基本要求之一是层次明了,条理清晰,要做到这些在使用材料时就要注意材料的先后顺序。材料先后顺序的决定,必须要考虑材料作用的大小、时间的先后、材料间的逻辑联系等因素。如果不考虑这些因素,写进毕业论文中的材料会显得杂乱无章、胡拼乱凑,或是先后倒置、顺序不清,缺乏逻辑性,这样的毕业论文必然是层次不明,条理不清。

(3) 要错落有致

毕业论文材料的错落有致是指交错地使用相关的各种类型材料,达到互为印证,互相补充的作用,以利于充分表现主题,同时又可以使毕业论文灵活多变。通过处理具体材料、概括材料、正面材料、反面材料、现实材料、历史材料等,使之相互搭配,交错使用,这样材料才能够相得益彰,珠联璧合,进而充分地表现主题,毕业论文才能够显得生气勃勃。因此,使用材料错落有致,是一个使毕业论文不致呆板的有效方法。

总之,材料的积累要丰富,选择要严格,使用要灵活,只有把材料准备得充分,进行毕业论文写作才会有坚实的基础。

思 考 题

3.1 什么是毕业论文的材料?材料具有什么作用?
3.2 毕业论文材料的来源主要有哪些?
3.3 简述毕业论文材料的收集范围、收集原则和收集方法。
3.4 如何鉴别毕业论文材料?
3.5 毕业论文材料的选择和使用应注意哪几个方面的问题?

第 4 章

毕业论文的构成形式与行文格式

在毕业论文写作过程中一定要注意形式与内容的统一,尽管毕业论文的内容千差万别,其构成形式也多种多样,但一般来说,毕业论文是由目录、摘要、正文等几个部分构成的。本章主要介绍毕业论文的一般构成形式及各部分内容的一些具体要求。

4.1 毕业论文的基本结构

毕业论文的结构是毕业论文内容的载体,是毕业论文的骨架。毕业论文的基本结构是由标题、目录、摘要(包括中文和外文摘要)、正文(包括绪论、本论和结论)、致谢、参考文献、附录等部分组成。

1. 标题、摘要、目录

(1) 标题

标题即毕业论文的题目、题名,毕业论文的标题应简洁鲜明,质朴无华,准确得体,让人一看就能了解毕业论文的主要内容。毕业论文标题不宜过长,一般在 15 字以内,最多不应超过 25 字,不使用标点符号。

(2) 摘要与关键词

① 摘要

摘要(也称内容提要)应扼要叙述毕业论文的主要内容、特点,应包括毕业论文的主要研究成果和结论性意见。摘要能使教师在未审阅毕业论文全文时,先对毕业论文的主要内容有个大体上的了解,知道研究所取得的主要成果,研究的主要逻辑顺序,便于指导老师和答辩老师能够迅速掌握毕业论文的主要内容(或观点)。同时,也能使其他人通过阅读摘要,就能大略了解毕业论文所研究的问题,如果感兴趣则再进一步阅读全文。

摘要是正文的附属部分,放置在毕业论文的篇首。摘要一定要有高度的概括力,切忌过长。例如,一般 1 万字左右的毕业论文,写 200~300 字的摘要就可达到要求。除了要进行中文摘要撰写外,还要把中文摘要翻译成外文。中、外文摘要应各占一页,编排上中文在前,外文在后。外文摘要内容应与中文摘要相同,英文"摘要"单词统一为"Abstract",英文"关键词"词组统一为"Key words"。

摘要的具体写作要求可以概括为"全、重、简、实、活"。所谓"全"就是摘要具有完整性,不能把毕业论文中所阐述的主要内容(或观点)遗漏,应写成一篇完整的短文,可以独立使用;"重"就是摘要应突出重点,主要写毕业论文的研究成果(或中心论点)和结论性意义的内容,其他各项可以写得简略些或者不写;"简"就是指摘要的写作必须字斟句酌,用精练、概括的语言表述,每项内容不宜展开论证说明;"实"就是指摘要陈述要客观,一般只写课题研究的客观情况,对工作过程、工作方法以及研究成果等,不宜作主观评价,也不宜与别人的研究作对比说明,一项研究成果的价值,自有公论,不必自我宣扬或自吹自擂,实事求是也是写作摘要的基本原则;"活"就是摘要的语言要生动,引人入胜。

② 关键词

关键词是表述毕业论文主题内容信息的单词或术语,应在摘要之后另起一行列出3~5个与内容关系最紧密的关键词,两个关键词之间空一格(或用";"号),最后一个关键词后不用标点符号。

关键词的使用还能便于文献检索,关键词的排列顺序一般按外延层次从大到小排列,应在摘要中出现,但并不要求和毕业论文的题目有直接的联系,可以不是题目中出现的词。

(3) 目录

毕业论文列出目录,标明页数,不仅便于阅读,也便于掌握论文的主要内容。目录应独立成页,包括论文中全部章、节标题及页码。

2. 正文

毕业论文正文包括绪论、本论及结论,在写作时应注意三部分之间的内在逻辑关系,顺理成章。正文内容的总体要求是"正确、准确、明确",即观点正确、表述准确、重点突出、结构合理、层次清晰、格式规范、文字精练,在行文上注意语句通顺,引用他人研究成果或结果要加以说明。

(1) 绪论

绪论也称序论、引论或引言,是毕业论文的开头部分,尽管绪论可长可短,因题而异,但其篇幅的分量在整篇论文中所占的比例一定要小。

理工类毕业论文的绪论一般作为第1章。一般应说明选题的目的、背景和意义,国内外文献综述,以及论文所要研究的主要内容。

文、经、管、艺类毕业论文的绪论可不必写章号,一般包括说明论文写作的目的、意义,对所研究问题的认识,以及提出问题。

(2) 本论

本论也称论文主体,是毕业论文最重要的部分,这一部分容量大、篇幅长。对于本论的写作要求,其他章节有较详细的介绍,这里不再重复。但应该注意,由于毕业论文的类型不同,内容差异较大,应根据实际情况来安排结构和层次。

理工类的毕业论文可分为工程设计、软件开发、科学实验和理论研究等类型,例如,对于一篇电类专业工程设计类型的毕业论文来说,本论部分一般应包括方案论证(或文献综述)、设计与计算、实验(或模拟仿真)调试、结果分析等内容,毕业论文中还要有电路工作框图、电路工作原理图(有编程部分的还要有软件流程图)。

文科、管理类毕业论文可以是理论性论文、应用性论文、应用性软件设计或调查报告。例如,对于一篇管理类理论性论文来说,本论部分一般根据论题的性质,或正面立论,或批驳不同的论点,或解决某些疑难问题。可以通过第一手资料或第二手资料、数据和多角度的充分的理由,多方面进行分析、论证与阐释,并从这些问题的联系之中阐明中心论点。

(3) 结论

结论是毕业论文的结尾,是围绕本论所做的结束语,可作为单独一章排列,但通常不加章号。结论是对整个毕业论文主要成果的归纳,用来加深题意,要突出毕业论文的创新点,以简练的文字对毕业论文的主要工作进行评价。由于个人的精力是有限的,尤其是作为学生对某项课题的研究所能取得的成果也只能达到一定程度,而不可能是顶点。所以,在结论中最好还能提出本课题研究工作中的不足之处,或者还需要进一步探讨的问题,以及可能解决的途径等。

写结论切忌草草收兵,虎头蛇尾,或者画蛇添足,拖泥带水,一般用500~1 000字即可。

3. 致射、参考文献、附录

(1) 致谢

致谢是学生对给予指导或协助完成毕业论文工作的组织和个人表示感谢,致谢的内容应简洁明了、实事求是,避免俗套。

(2) 参考文献

参考文献是论文不可缺少的组成部分,它是指作者在撰写毕业论文过程中所查阅参考过的著作、杂志和报刊等,应列在毕业论文的末尾。列出参考文献有以下好处:一是当学生发现引文有差错时,便于查找校正;二是可以使毕业论文答辩委员会的教师了解学生阅读材料的来源和广博程度,作为审查毕业论文的一种参考依据;三是对他人研究成果的尊重;四是便于研究同类问题的人查阅相关的观点和材料。

所列的参考文献一般按毕业论文参考或引证的先后顺序排列,不以文献的重要程度或作者知名度为排列的顺序标准,应注重引用近期发表的与毕业论文工作直接有关的学术期刊类文献。产品说明书、各类标准、各种报纸上刊登的文章及未公开发表的研究报告等不宜作为参考文献引用,但对于工程设计类论文,各种标准、规范和手册可作为参考文献。引用网上参考文献时,应注明该文献的准确网页地址。

经济、管理、文学、艺术类论文引用文献,若引用的是原话,要加引号,一般写在段中;若引用的不是原文只是原意,文前只需用冒号或逗号,而不用引号。在参考文献之外,若有注释的话,建议采用夹注,即紧接文句,用圆括号表明。

参考文献书写格式应符合GB 7714—1987《文后参考文献著录规则》。常用参考文献编写项目和顺序规定如下。

① 著作图书文献

序号␣作者.书名.版次.出版者,出版年:引用部分起止页
　　　　　　　　　　　　　└─────第一版应省略

② 翻译图书文献

序号␣作者.书名.译者.版次.出版者,出版年:引用部分起止页
　　　　　　　　　　　　　　　└─────第一版应省略

③ 学术刊物文献

序号␣作者.文章名.学术刊物名.年,卷(期):引用部分起止页

④ 学术会议文献

序号␣作者.文章名.编者名.会议名称,会议地址,年份.出版地,出版者,出版年:引用部分起止页

⑤ 学位论文类参考文献

序号 ␣ 研究生名.学位论文题目.学校及学位论文级别.答辩年份:引用部分起止页

⑥ 西文文献中第一个词和每个实词的第一个字母大写,余者小写;俄文文献中第一个词和专有名词的第一个字母大写,余者小写;日文文献中的汉字须用日文汉字,不能用中文汉字、简化汉字代替。文献中的外文字母一律用正体。

⑦ 作者为多人时,一般只列出 3 名作者,不同作者姓名间用逗号相隔。

⑧ 学术会议若出版论文集者,可在会议名称后加上"论文集"字样。未出版论文集者省去"出版者"、"出版年"两项。会议地址与出版地相同者省略"出版地"。会议年份与出版年相同者省略"出版年"。

学术刊物文献无卷号的可略去此项,直接写"年,(期)"。

参考文献序号顶格书写,不加括号与标点,其后空一格写作者名。序号应按文献在论文中的被引用顺序编排。换行时与作者第一个字对齐。若同一文献中有多处被引用,则要写出相应引用页码,各起止页码间空一格,排列按引用顺序,不按页码顺序。

应注意所列的参考文献必须是主要的,与毕业论文密切相关的,不要轻重不分,开列过多。

(3) 附录

有些不宜放在正文中,但有参考价值的内容(如外文文献复印件及中文译文、某些公式的推导、程序流程图、图纸、数据表格等)可编入毕业论文的附录中。

总体来说,安排毕业论文结构应做到以下几点:一是要围绕主题安排结构;二是要重点突出,有明确、清楚的层次;三是要完整、自然、严密,富于变化。

4.2　毕业论文的章节、段落和层次

1. 章节及各章标题

毕业论文正文按章、节撰写,每章应另起一页。各章标题要突出重点、简明扼要,字数一般在 15 字以内,不使用标点符号。标题中尽量不采用英文缩写词,如必须采用者,应使用本行业的通用缩写词。毕业论文的层次根据实际需要选择,层次代号格式各院校规定不尽一致,以下列出表 4-1 和表 4-2 格式供参考,一般各层次题序及标题不得置于页面的最后一行(孤行)。

表 4-1　理工类毕业论文层次代号及说明

层次名称	示例	说明
章	第 1 章 □□…□	章序及章名居中排,章序用阿拉伯数字
节	1.1 ␣ □□…□	题序顶格书写,与标题间空一格,下面阐述内容另起一段
条	1.1.1 ␣ □□…□	
款	␣␣1. □□…□ ␣␣□□…□ □□…	题序空二格书写,下面阐述内容在标题后另起一行空二格书写
项	␣␣(1)□□…□ ␣ □□…□□…□□□□…	题序空二格书写,以下内容接排

表 4-2 文、经、管、艺术类毕业论文层次代号及说明

章	一、□□□□	居中书写
节	（一）□□□□	空两格书写
条	1. □□□□	空两格书写
	□□□□□□□□□□□□□□□□□□□□□□□□□□□□□□	
款	(1)□□□□□□□□□□□□□□□□□□□□□□□□□□□□□□□□	空两格书写
项	①□□□□	空两格书写

2. 段落

段落和层次是毕业论文结构的核心，段落叫做"自然段"，层次叫做"意义段"。段落是文章结构的单位标志，一段一个意思。段落还有一些特殊的作用，如过渡、转折或强调各分论点等。

一般来说，每段都有自己的"段意"，段落划分的长短，虽然没有一定的标准，但是段落的长短一定要适度。段落的长短同文章篇幅长短有关，如长文章的段落可以相对长些；短文章的段落可以相对短些。通常毕业论文的段落相对其他文体要长一些。如果段落过短，会影响对某一问题或论点论证的展开，但若段落过长，叙述或议论分散，势必造成论文结构失衡，同时也会给读者的理解造成困难。例如，有些大学生的毕业论文，在结构方面很明显的缺点是段落过长，一个自然段有上千字之多，读起来不仅费力，有时还不知所云。从技巧上说，这是不善于划分段落，该另起一段的时候，没有另起一段；从思路上说，是层次不够清楚，几个意思纠缠在一起，理不清头绪。

3. 层次

层次是指毕业论文内容安排上的先后次序，也是毕业论文展开的步骤，它是学生写作思路的直接反映。层次一般表现出事物发展的阶段性，或客观矛盾的各个侧面，或某一论断所包含的几个方面，或人们表达思想的先后步骤。层次是一种有机联系，而非形式上的、人为的联系。因此，要特别注意事物本身的层次，或议论的问题自身矛盾发展的层次。要做到这点，就要熟悉事物，分析问题之间的联系，而不能单纯凭主观去臆定毕业论文的层次，以避免行文中的"颠三倒四"或"主次不分"。

在毕业论文中，比较常见的安排层次的方式有以下 3 种。

① 递进式，即论文的各层意思之间是层层推进的关系。按所研究课题的实施过程或各个分论点作为中心论点的论据，呈现出一种纵向联系的层次关系。

② 总分式，即采用"总题分述"的方式，先总括起来说，然后分开说；或者先分开说，最后再总结。

③ 并列式，即论文各层意思之间是并列关系，各分论点的段落相互平行，从各个不同的角度论证中心论点，各个分论点呈现出一种横向的内在联系。

4. 层次和段落有着密切的关系

一般情况下，层次着眼于文章内容的划分，段落侧重于文字表达的需要。它们之间有时是一致的关系，即文章段落的划分正好反映内容的层次；有时，层次大于段落，即几个自然段表达

同一个层次的内容;有时,段落大于层次,在一个大的自然段里,又可以划分为若干个小层次。

5. 过渡和照应

文章是一层一层递进,一段一段展开的。为了使它脉络贯通,线索分明,上下前后浑然一体,经常需要在某些部位安排"过渡"和"照应"。

所谓过渡是指上下文之间的衔接和转移。没有必要的过渡,毕业论文的各个部分、各个层次之间可能脱节以至于松散。一般地,在论文由总到分、由分到总的开合关键处,或者论文内容一层意思到另一层意思的转移处,需要过渡,从而起到承上启下的作用。过渡的形式有过渡段、过渡句或连接词语等。所谓照应是指前后文之间的相互关照、呼应。前有交代,后有照应,或前有"伏笔",后有照应。

过渡和照应不仅能使论文上下前后内容连贯,结构紧凑,而且也是论述逐步深入的方法。在句与句之间,段与段之间,开头与结尾之间,或正文与开头、结尾之间,在必要的地方都应该安排某种形式的交代和照应。如果论文缺乏必要的过渡和照应,或过渡牵强,照应欠妥,就会造成结构散乱。

4.3 毕业论文行文的格式要求

毕业论文的写作不能仅仅注重内容的正确与深刻、结构的严谨与完整,如果忽视了行文的格式,就会出现别字甚多、标点乱用、图表不规范等问题,这类问题也是高等学校学生毕业论文写作中存在较多的问题。毕业论文的行文格式绝不是"无碍大体的细枝末节",它是大学生良好的写作素养的表现,也是其科研素养的基本构成要素,因此,大学生在行文格式方面必须养成良好的习惯。

1. 语言文字

语言文字是毕业论文的"第一信号系统",担负着表达论文内容的重任,直接关系着毕业论文的写作质量。各类文章尽管文体不同,各具特点,但对语言表达的基本要求是共同的,这就是准确、简练、生动。尽管各类毕业论文的文体、形式和内容不同,且各具特点,但语言表达基本要求是一致的。

(1) 语言要准确

所谓准确就是毕业论文从总体上要求语言讲求科学性和逻辑性,能准确鲜明地表达观点或所研究的内容。词是语言的建筑材料,毕业论文的语言质量如何,与选词的准确程度关系极大。在毕业论文的写作过程中,要认真推敲每一个词,并在反复精选的基础上,使用最恰当的词语,以保证贴切地表达自己的思想,准确地再现事物的原貌。

毕业论文写作过程中语言运用的基本功是遣词造句能力,如果造句能够文从字顺各司其职,句子成分完整,词语搭配得当,词序有条理,那么毕业论文的语言就达到最起码的要求了。

(2) 语言要简洁

所谓简洁就是行文要言简意赅,不必过分修饰,力避冗长。有些毕业论文语言不精,常常是学生对内容理解不深所致,并不完全是技巧问题。所以,要提高语言的精练度,必须首先锻炼思想,培养自己的认识能力,善于分析,抓住问题的症结,这样,写出的文字,才能以一当十,简洁凝练。

写作的艺术就是提炼的艺术,若要使语言简练,最主要的是尽量节约用字,同时还要把意思表达清楚,在写作时注意选择提取那些经过千锤百炼的最精粹的词语。

(3) 语言要严密

所谓严密就是指判断要恰当,推理要正确,论证要明确,行文要前后关照。

(4) 语言要生动

毕业论文在具备观点和内容正确、鲜明,语言准确、简练、严密的前提下,还要力求做到语言生动,让人读起来不枯燥乏味。学术论文的特点之一是语言的抽象性,但是任何抽象的概念都来自具体的事实。如果在写作时能把理论的概括同形象的描述恰当地结合起来,就会有助于深刻地揭示事物的本质,并使理论易于为人们理解和接受。例如,毛泽东同志在写党内团结和同志间互助的必要性,用"荷花虽好,还要绿叶扶持"等生动语言来形象说明,把深刻的道理写得明晓易懂,生动活泼。

2. 标点符号

标点符号是毕业论文中仅次于语言文字的"第二信号系统",具有精确地表达毕业论文内容的重要作用。或许有的大学生认为标点符号大家都会用,经过从小学到大学这十几年的学习,标点符号的使用已经不成问题了。实际上,一些被人们认为最容易的东西往往最容易出错,毕业论文中标点符号使用错误的现象也是比较多的,准确地使用标点符号是一件很严肃的事情,要做到处处准确并不容易。

标点符号的使用不仅能使文章表达顺畅,而且还具有突出的修辞作用,标点符号的写法与使用详见附录1。

3. 引文

写毕业论文时经常会援引经典文献或他人著作和文章中的材料、言论、观点。引文的方式大致有3种:第一种是整段原文的引用;第二种是摘引;第三种是转述。采取摘引的方式有种种原因:如因为原文太长,没有必要整段引用,只需摘引其中几句;或者由于原文句式比较复杂,语言不够通俗,采用摘引的方式,把原文拆开安插在自己的文句中,用自己的语句结构、语气把它们连接起来。采用转述的方法,主要是为了使引文简短些。也有的是为了使所引内容的文字风格和自己的毕业论文风格相协调。

引文的书写格式主要有段中引文和提行引文两种。较短而又不太重要的引文,一般都随行文引用。若引用的是原话,一定要核对准确,并需加前后双引号;若引的不是原文,只是原意,那么文前只用冒号,或用逗号,不加引号。比较完整的长段引文,或者内容重要,或者需要强调的引文,要提行,独立成段,在冒号后另起一段。为区别正常的行文,提行引文的头尾处不必再加引号,上下可不必空行。

4. 数字

数字的用法按国家《关于出版物上数字用法的规定》(见附录2),除习惯用中文数字表示的以外,一般均采用阿拉伯数字。遇有特殊情形,可灵活变通,但应力求保持相对统一。

一个数值的书写形式要照顾到上下文,不是出现在一组表示科学计量和统计意义数字中的一位数可以用汉字,如三个人,二本书,读了一篇等。

阿拉伯数字的使用方法举例如下。

(1) 公历世纪、年代、年、月、日、时、分、秒均应用阿拉伯数字。例如,20世纪90年代或2008年8月8日。

需要注意的是,星期几一律用汉字,如星期六。年份不能简写,如1999年不能写做99年,

1980—1999年不能写作1980—99年。人类已进入了21世纪,写年代的时候一定要注明世纪,尤其是有关20世纪的年代,切不可以为大家已心领神会,而不注明。另外,应注意不得使用时间代词,如"去年今天"、"明年3月",应明确写为"2008年某天"、"2010年3月",应注意口语与书面语的区别。

(2) 记数与计量(包括正负整数、分数、小数、百分比、约数等)。例如,25 000,-124,1/2,4倍,8.2%,3∶1,2 707万美元,10个月,1 000多种,ISO9000认证。

需要注意的是,百分数的范围前一个数字的百分符号不能省略,如80%~95%不能写成80~95%;公差可写成10.5%±0.6%或(10.5±0.6)%。

对于4位以上的数字一般采用国际通行的三位分节法,把一串数字从后往前,每三位分一节,中间加个逗号分隔,如39,200,000,206。对于5位以上的数字,如果尾数零多的,可改写为以万、亿为单位的数,如13亿。

5. 图表

在毕业论文中,为了进一步说明问题,常用图或表的描述手段,恰当地运用图表能起到同文字一样的表达功能。有些图表是某类毕业论文中必不可少的一个要素。例如,一篇关于电子线路设计的毕业论文应有电路原理图和元器件列表,一篇关于软件系统开发的毕业论文应有程序流程图等,这些图表能够表达难以用文字表达的材料,使人一目了然,起到形象直观的作用。在毕业论文常见问题中,图表不规范是学生容易忽视和经常出现的错误,一定要注意图表的制作规范、准确、简明、美观、清晰。

(1) 图

图的分类有多种,而且分类的方法也不尽一致,一般在毕业论文中的图主要分为数量关系图和示意图。各种数量关系图是数据的直观表现,适合于显示变化的趋势或规律,或者是某些因素的相互关系,这类图常见的形式有柱状图、饼图、曲线图、点图等。各种示意图是具有形象表现力的图形语言,如有表示外部形状、内部结构的示意图,有表示发展过程、工作原理的示意图等。工程图样是机械制造、土木建筑工程等工程技术文件中主要的图形语言,其符号元素(如图线的形式、剖面的类别、零件的符号等)都有严格的定义,图形的绘制方法和比例也有明确的规定。

有的毕业论文中还应用了实物图或照片来表现物体的部分或整体的具体形象。实物图有线条图、水墨图、彩色图等,同示意图相比更生动、细腻和真实。毕业论文中的照片图一般要原版照片粘贴,照片具有描述和证实的双重作用,表现力和说明力更强。

总之,毕业论文的插图应与文字紧密配合,文图相符,内容正确。制图标准应符合技术制图及相应专业制图的规定,对无规定符号的图形应采用该行业的常用画法。

毕业论文中的每个图均应有图题(由图号和图名组成),图号通常按章编排,如第1章第1个图的图号为"图1-1"等,图题置于图下。例如,某篇毕业论文中第2章第2个图一般以如下形式出现。

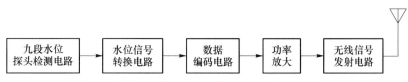

图2-2 水位无线遥测系统发射部分电路框图

(2) 表

表格常用来表达数据,是显示实验数据或统计数据的重要方式,而且能够节省文字增加内容,以直观手段加深读者印象。表格的设计要从内容考虑,内容尽量简化,毕业论文的表格通常不加左、右边线,表序一般按章编排,如第 1 章第 1 个插表的序号为"表 1-1"等,表序与表名之间空一格,表名和表内文字说明不加标点,例如,某篇毕业论文中第 3 章第 2 个表一般以如下形式出现。

表 3-2　电话拨号数字对应的高低频率组合关系

数字 高频/Hz 低频/Hz	1 209	1 336	1 477	1 633
697	1	2	3	A
770	4	5	6	B
852	7	8	9	C
941	*	0	#	D

6. 计量单位

物理量计量单位及符号一律采用《中华人民共和国法定计量单位》标准(见附录 3),不得使用非法定计量单位及符号。计量单位符号,除用人名命名的单位第一个字母用大写之外,一般用小写字母,计量单位符号用正体。

非物理单位(如件、台、人、元、次等)可以采用汉字与单位符号混写的方式,如"万 t·km","t/(人·a)"等。

毕业论文叙述中不定数字之后允许用中文计量单位符号,如"几千克至 1 000 kg"。

表达时刻时应采用中文计量单位,如"上午 8 点 45 分",不能写成"8h45min"。

7. 公式

在毕业论文中如出现公式,通常居中书写,公式序号一般按章编排,如第 1 章第 1 个公式序号为"(1-1)",文中引用公式时,一般用"见式(1-1)"或"由公式(1-1)"。

公式中用斜线表示"除"的关系时,若分母部分为乘积应采用括号,以免含糊不清,如 $a/(b\cos x)$。通常"乘"的关系在前,如 $a\cos x/b$ 不写成 $(a/b)\cos x$。例如,某篇毕业论文中第 3 章第 3 个公式应以下面的形式出现:

$$Q^{n+1}=D \tag{3-3}$$

思　考　题

4.1　毕业论文的基本结构主要由哪几部分构成?各部分在写作时应注意哪些问题?

4.2　毕业论文的章节和段落一般是如何划分的?它们之间的关系如何?

4.3　毕业论文写作中文字、标点符号和数字的使用应注意哪些问题?

4.4　毕业论文中图表的作用以及使用时应注意哪些问题?

4.5　如何才能写好毕业论文中的摘要与结论?

第 5 章

毕业论文的撰写要点

本章所要探讨的是当毕业论文已确立选题并选取了相应的参考材料后,如何撰写初稿的问题。这里主要介绍撰写毕业论文必经的几个步骤,如策划论文结构、拟制论文提纲和撰写论文初稿等。

5.1 毕业论文结构的策划

策划毕业论文结构是学生在撰写论文过程中的重要环节,论文结构表现出学生将以何种形式组建全篇。严谨、逻辑性强的论文结构往往反映出学生驾驭文字材料的较高水平,并为接下来拟制提纲及撰写初稿的环节奠定坚实的基础。

1. 论文结构的完善

构思论文结构从确定论文题目的方向和搜集文献资料就开始了。论文结构指论文各部分之间按一定的组合关系联结而成的序列形式。组合关系指论文各部分的内在联系或联结依据;序列形式指论文各部分依次排列的先后顺序。

论文材料应用的先后顺序关系到论文的总体布局以及如何开头、如何展开、如何结尾这样一些具有操作性的问题;而论文各部分之间的内在联系则涉及论文的完整性、条理性以及层次与组合方式等问题。在毕业论文进入动笔的实质性阶段,必须对论文的结构形成一个相对完整的构思,并落实在文字上,以作为撰写论文的基本思路和框架。

2. 明确层次与段落的关系

层次和段落都是论文的组成部分,但两者存在明显差别。

层次是作者在表述内容过程中形成的相对完整的意义单位,也叫"意义段";段落指在书面形式上,以换行为标志的独立部分,也叫"自然段"。

层次的划分,体现了作者基本思路的走向和论文内容展开的逻辑顺序。作者首先要考虑的问题往往是"写几个部分"、"从哪几个方面写"、"涉及哪几个问题"。这种分类自然就形成了层次。而段落的划分则体现着语言表达上的自然停顿,实际并不完全依据内容的逻辑关系。

层次只能通过一定的段落形式才能表现出来。段落的划分方面,由于不同的作者有不同的处理方式而表现出较大的随意性。因此,层次可以大于、等于或小于自然段。也就是说,一个层次有时可以包括几个自然段,有时就是一个自然段,而一个较长的自然段中,有时则可分出几个层次来。

3. 划分层次和段落应注意的问题

(1) 划分层次的依据要单一

划分层次的关键不在于用什么样的根据或标准,而在于一个标准能否贯穿始终。一次只用一种标准,划分出的层次就比较合理。在确定层次结构时,如果用了若干个标准,就会造成逻辑上的混乱。毕业论文层次不清楚的一个重要原因就在这里。

例如,有的同学的论文一会儿按专业理论成果的发展历程写,一会儿又按理论成果的表现形式写,这就造成了内容的重复、交叉,显得杂乱无章。

(2) 各层次内容要有相对的完整性和独立性

各层次内容是否具有相对的完整性和独立性,除了要根据层次之间的关系去判断以外,还应把局部与总体联系起来考虑,即要从各层次与中心内容或主题的关系中去考察各层次的内容是否具有完整性和独立性。

一般情况下,论文层次的划分,有两种组合形式,即纵式组合与横式组合。

所谓纵式组合指按时间顺序或逻辑顺序安排层次。包括:按事理展开的逻辑顺序排列,或按作者思想发展变化的脉络排列等。这种类型的主要特点是:各层次之间是延续或递进的先后承接关系。例如,理工科论文中常见的结构模式:"一、问题的提出;二、实验所用材料;三、实验方法与程序;四、实验结果与讨论;五、结论";再如文科论文常见的结构模式:"一、所研究问题的理论综述;二、所研究问题的现状分析;三、所研究问题的对策与措施;四、所研究问题的发展趋势",就是比较典型的纵式结构。

所谓横式组合在学术论文中是常见的结构方式。横式组合指按空间顺序或事物、事理的不同类别或不同方面安排层次。这种类型的主要特点是:各层次之间是依次展开的并列关系。

在论文中,写并列的几个问题,会用到横式组合。作者往往先把要议论的问题分解成不同的因素或不同的方面,然后再分别加以论述,其目的是为了把问题讲深、讲全面、讲透彻。这种基本的操作过程,从层次安排的角度讲,就是横式组合。例如,有一篇论文,题为《企业员工心理健康疗法分析》,从4个方面分析了企业员工的心理健康疗法,分别为:一、企业员工心理现状及影响因素分析;二、企业员工心理健康疗法的基本途径;三、企业为员工实施心理健康疗法的具体措施;四、企业实施员工心理健康疗法中应遵循的原则及应注意的问题。这4个问题呈并列结构。这种结构类型的论文,条理清楚、说理透彻而全面,是初学写作者易于入手的一种论文类型。

4. 论文结构的基本要求

论文的结构是以反映论文的中心内容为主旨。结构反映着逻辑的严密与否,思路的通畅与否,层次的清楚与否。结构的任务在于把相关的各个部分统调、组织起来,做到首尾圆合,主次有位,详略得当,层次分明,疏密有致,完整统一。

一般来说,论文采用的基本推理形式,决定着文章的内在结构形式。比如,一篇文章如果主要是探讨某一事物产生的原因,反映在结构上,必然有因果关系的互动,要么是结果推及原因,要么由原因推断结果。一篇文章如果主要是描述事物的发展变化情况,体现在结构上就是前后关系的联结,形成承前启后的层次,由此及彼的过渡。同理,反映各种关系的具体材料之间也有各种各样的关系。有的是平行关系,有的是递进关系,有的是接续关系,有的是对立关系,等等。

理清了事物之间的相互关系,并在结构中体现出来,文章的眉目就清楚了。有的论文内容上拼拼凑凑,结构层次既不遵循各部分内在的逻辑顺序,也不符合作者的叙述习惯和读者的接受习惯。这是由于作者心中缺乏总体布局而造成的,写作时信马由缰,自由驰骋,上下不衔接,甚至前后重复、首尾矛盾,或颠三倒四,东拉西扯,过渡不顺,转折不自然,使人感到突兀、生硬、不连贯。有的论文段落太长,甚至一连好几页也不分段,显得层次不明,看起来费力。为克服这类问题,作者安排结构时应注意以下几点。

(1) 各部分之间力求衔接紧密

一般情况下,论文结构中的部件按并列关系排列,有时也需要按时间顺序或逻辑顺序排列,目的都在于符合讨论对象内在机理的联系,符合研究和认识事物的常规。不管属于哪种排列,都应合乎情理,连贯完整,脉络贯通,衔接自然。

衔接紧密主要是就层次之间的意义关系而言的。各部分之间的意义连贯、通畅,整篇文章就有了活力、有了生气。我国的文章传统很重视这一点,古人常讲"意脉贯通"、"文气通畅"之类的话,就是强调各层次之间的紧密联系。任何文章,都是积字而成句,积句而成章,积章而成篇。"积"不是简单的、机械的堆积,而是接头合缝的"焊接"。衔接是否紧密,关系到全文能否形成一个有机的整体,能否表现出鲜明而统一的主题。

(2) 合理运用交代、照应和过渡

交代、照应和过渡是联结层次的常用手段,其主要功能就是增强各层次之间的整体性关系,使各层次更紧密地联为一体。

交代,就是上文启下,是对后面内容的预先提示,目的是让有关内容在下文出现时,有个来龙去脉,不致让读者感到突然。

照应,就是下文承上,是一种有意识的对接、扣合,目的是让前面的交代有着落,或以此作为内容的转折点,或是强调某种联结或意义。

"交代"大多在论文的开头,"照应"大多在论文的结尾。当然也可以在一章节、一部分的开头和结尾处。交代和照应用在哪一个"点"上,并无一定之规,可以根据需要灵活地运用。但有一个原则,就是要自然、合理、必要。所谓自然、合理、必要,是指交代和照应的运用必须符合问题论述的走向,符合思想内容的逻辑,而不是硬插入结构中的"楔子"。

过渡,是承上启下的中介,其作用在于紧密地联结两个转折较大的部分,使层次之间的转换清晰而自然。过渡的方法多种多样,可根据具体内容灵活处理。在过渡形式上,可以是词语,也可以是句子或段落。

(3) 各部分的分量要大致均衡

一篇完整的论文一般分成几章几节或几个部分,各章节、各部分的分量不宜差别太大。分量均衡体现在两个方面:层级的均衡和篇幅的均衡。

层级的均衡是指各章或各部分(一级标题)所含的下一级层次(即二级标题)的数量要大致相当。篇幅的均衡是指每部分的篇幅占整个论文的比重不宜过分悬殊,特别是并列关系的层次,字数就更不宜过分悬殊。例如,某一部分有四五千字,而某一部分只有几百字,那么就失去平衡了。像教材和学术著作一般都比较注重这一点,一章中有三节或者四节,大部分章节都比较一致,这就显得对称而整齐,平衡而规范。当然,这是作者在动笔写论文时就应考虑的问题,但又不能把形式匀称绝对化,要根据论文内容的需要。单纯追求形式美、硬性搭配,往往会导致内容和结构形式不搭配、不和谐。

总之,结构是思路的外在形式,是文章的内部组织构造,通常称之为谋篇布局。结构实质上是如何恰当地组织材料的问题。在确立了主题、选好了材料之后,作者根据主题的需要和一定的思路,对材料进行合理的安排,加以系统化和条理化,使之成为一个有机的整体,这就是结构要解决的问题。以文科论文为例,其结构一般可分为宏观结构和微观结构。宏观结构也就是文章的总体构思、整篇设计、大体框架;微观结构则是文章结构的具体内容,包括标题、开头、层次、段落、过渡、照应、结尾、主次、详略等的设计。宏观结构是微观结构遵循的前提,微观结构是宏观结构的具体表现。

5.2 毕业论文提纲的拟定

在毕业论文结构确定之后,正式撰写毕业论文之前,拟定写作提纲是十分必要的。拟定提纲是进入毕业论文写作状态行之有效的办法之一,其作用主要是帮助撰写者梳理写作脉络、细化设计论述框架和清理论据材料。论文提纲的质量直接影响到初稿撰写的质量。如果在拟定提纲时不能对论文的全局作一个完整的布局,不能对论文可能涉及的材料和问题做到心中有数,则很可能导致初稿撰写的夭折。一般来说,提纲写得越完善,写作的脉络越清晰。

毕业论文的提纲是论文整体结构的延伸和细化,类似建筑工程中的图纸,可以帮助作者勾勒出全局的框架或轮廓,形成完整而有序的构想。提纲的拟制,意味着论文框架的生成,意味着从无序走向有序,也意味着感性意图被转化为理性的整体蓝图。有了提纲,就有了具体的、可依据的"路线图"。事实上,拟制提纲的过程,本身就是理顺思路的过程。经过反复的推敲和思考,思维会更加周密,论文布局会更加有序。反映到行文内容和结构形式上,自然层次分明,有条有理。

1. 拟定论文提纲的重要意义

(1) 梳理写作脉络

梳理写作脉络是拟制论文提纲的首要任务,其实质是对所选论题进行细致分析,进行深度整理和定量化的布局。通过对所选材料进行分析、提炼、整合等"物理变化"后,再确定中心论点,并且将围绕中心论点展开的所有相关问题按逻辑关系进行梳理。一般要求围绕选题列出一级标题,并写出每个一级标题下设的二级标题,使其能围绕主题层层展开,以全面说明中心论点。

拟定论文提纲,可以使学生更加清晰地认识自己所要论述问题的内容和可能涉及的相关问题,并且依照它们之间的逻辑关系,对论文的论述思路进行梳理,把笼统的东西明确化,把模糊的东西清晰化,对论题必须涉及的重大问题进行及时补充,对可能形成烦琐重复的内容适当删减,为起草论文初稿做好内容和逻辑上的准备。

(2) 设计论述框架

设计论述框架实质是对所要论述的问题寻找一个恰当的论述方法和路径,即对论述的过程和形式进行安排和布局。一篇成功的论文,其论点是否深刻有价值,其论据是否充分可靠等固然重要,但是用怎样的形式和方法来把这些内容表现出来也不容忽视。方法形式的不当,会极大削弱论述的力度,并且会加大写作难度。所以,在拟制提纲的阶段就必须对论述的框架给予足够的重视。在历年的指导过程中发现,有的学生对所要论述的问题其实是了解得较多的,但结果往往是表述杂乱,充满重叠或遗漏,结构不平衡、不优美,致使有价值的选题不能很好发挥。其原因就是在提纲拟定阶段没有缜密地设计论述框架,总是"跟着感觉走"。可见,形式的缺欠会使原本很有价值的内容失去价值。

(3) 清理论据材料

清理论据材料实质是基于对所写内容的理解和写作方式的选择,寻找和安排相应的论据支持。写论文需要大量的资料数据,虽然这些资料和数据在论文选题时就会有所准备,但并不意味着这些资料的收集就能够满足写作的需要。因为在选题阶段,学生的思考往往是较为笼统的,对所需的材料并非十分了解,仍需要进一步整理、分类和布局。而拟制提纲正是可以清楚了解用以支持论点的材料,数量上是否充分,质量上是否有力。提纲是对写作的布局和细化,所收集材料在各个写作部分的布局必须在提纲中充分体现出来,所以经过提纲的拟制,学生就能清晰地知道自己的材料是否齐全,是否存在核心材料的欠缺等。

在学生的论文写作中常有两种相反的情况,一种是对欠缺材料不以为然,不下功夫补充;另一种是过分依赖材料淹没了自己的观点,甚至材料本身发生矛盾,致使论文逻辑混乱。尤其是在当今通过网络就能轻易找到大量材料的环境下,后一种情况十分普遍。这些问题虽不单纯是写作提纲要解决的问题,但是作为认真拟制提纲的作者,上述两种弊端都应当避免。

2. 拟定论文提纲的基本原则

提纲的起草和推敲过程中,都会自觉不自觉地先从自己的大脑信息库和所收集的文献资料中反复地搜索、归纳、提取有用的材料,再进行文献查阅,了解涉及研究对象的国内外研究现状,明确理论前沿,不仅使之和相应的内容配合,以形成文章的完整构架,而且会保证论文是自我的"原则",易于创新。

(1) 突出中心论点,认真选取材料

根据中心论点的实际需要,决定材料的取舍。坚决舍弃与主题无关、关系不大或陈旧的数字统计等材料。尽管这些材料是作者煞费苦心搜集来的,但是为了确保论文的质量,必须时刻牢记:材料是为论点服务的,无论多好的材料,只要与所写论文无关,就一定要舍弃,使学位论文的中心论点突出。

(2) 充分考虑论文各部分之间的逻辑关系

从几年教学实践中,经常发现一些学生撰写的毕业论文,论据和论点并没有必然联系。有的只限于反复阐述论点,而缺乏切实有力的论据;有的是材料一大堆,论点不明确;有的是各部分之间没有形成有机的逻辑关系,这样的论文都是不合乎要求且没有说服力的。拟制论文提纲时,一定要将论点与论据统一起来,尽可能增强论文的逻辑性。

(3) 笔墨匀称,安排好各部分之间的比例

一般来说,学士学位论文的基本结构由提出问题、分析问题、解决问题或者由绪论、本论、结论三大部分组成。第一、第三部分在提纲中都应比较简略,第二部分是论文的主体和重点,要集中笔墨写深写透。因此,在拟制提纲时,要详细、全面。这一部分一般应设置三、四个或五个问题,每个问题至少要分为两个层次,层层深入,层层推理,以便体现总论点和分论点的有机结合,将论点讲深讲透。

3. 拟制论文提纲的具体步骤

(1) 写好提要

提要是论文的缩影,有点类似于最终形成的论文摘要的扩展材料。大学生写学士学位

论文也需要先写出论文提要,以便于逐步扩展为提纲、论文。撰写论文提要,一般是在写作前将论文题目和大标题、小标题列出来,再将选用的主要材料插进去,并作简要表述。

(2) 初步拟定各部分的文字篇幅

写好论文提要之后,就要根据论文内容,考虑篇幅的长短,分配各部分大体上要写的字数。以一篇15 000字的学士学位论文为例,如果本论部分(10 000字)准备写四部分内容,第一部分2 000字,第二部分2 000字,第三部分3 000字,第四部分3 000字。这样的意向性字数分配,便于资料的配备和安排,使写作更具有计划性。学士学位论文的长短,一般以12 000~15 000字为宜。

(3) 确定编拟提纲的方式

编拟学士学位论文提纲,主要有列项式和陈述式两种,作者可以根据需要进行选择。

列项式提纲是粗线条地搭起的全文大体的框架,即作者用简洁、概括的句子、材料序号,把中心论点、分论点、材料一一排开,制成一个草图。列项式提纲的特点是一目了然、简明扼要,便于学生与指导教师或者他人共同讨论、研究。

陈述式提纲是用不加任何修饰的陈述句,直白地把分论点和材料,分段、分层地表述出来。这种提纲不但在内容上已经成熟,而且可以宣示外形,成为学士学位论文的缩影。到写作时,基本上不用大动,只按着提纲的顺序往下写即可。陈述式提纲事实上就是学士学位论文的雏形。对于本科生来说,采用陈述式提纲会有一定难度,一般采用列项式提纲比较适宜。

4. 拟定论文提纲应注意的问题

(1) 把握好提纲的"粗陋"与"琐碎"

学生在拟定毕业论文提纲时常常出现过于粗陋或过于琐碎的问题,这两种极端的情况都会影响到论文的写作。提纲过于粗陋,体现不出提纲的作用,许多应当在提纲中发现的问题发现不了,结果就像没有拟过提纲一样。指导教师也很难从中看出学生的思路,难以发现潜在问题,不能进行有效的指导。过于粗陋的提纲在撰写初稿时会遇到困难,往往不得不在写作过程中大幅、频繁地进行调整,延误时间并降低了质量。而过于琐碎的提纲往往是提纲与初稿的交杂,和初稿难以划分,同时又没有初稿所需要的完整性和严密性,因而表现出的往往是思路不清晰。这种情况不仅容易掩盖问题,还可能束缚后面的写作思路。所以提纲的粗细把握一定要适度,既要完整体现写作思路,又要留下可供充分发挥的空间。

(2) 根据论文需要随时调整提纲

虽然强调提纲是对写作思路的准确反映,但要知道,写作论文本身是一个思想不断延展和深入的过程,在这个过程中,随时可能有新的思想火花闪现,也可能会有对原有想法的修正,这不仅是正常的,而且是应当鼓励的。所以一个好的提纲,应当为这种可能性留下余地和空间。写作提纲并不是一成不变的,它有一定的不确定性,一旦在问题思考和论述的过程中有较大的改变,就需要重新调整提纲,使其能够反映和引领写作的深入。

(3) 毕业论文材料必须为主题服务

在拟定提纲时可能会遇到思路和材料不吻合的问题,有时可能是自己所持有的观点一时找不到合适和充分的材料支持,但又不愿放弃或改变自己认为很有价值的观点;有时则可能是找到了很有价值很感兴趣的材料却觉得材料与自己的观点不能直接对应,但又舍不得放弃精辟的材料,于是陷入矛盾当中。这就需要对思路和材料的关系作一个恰当的处理:当一个好的想法无法找到相应的材料支持的时候,必须放弃。作为论文,必须"持之有故,言之成理",不能空穴来风,言之无据;如果实在觉得观点有价值,可以将其作为问题提出,但不能作为论文主体和重点。当材料多且与论点不太吻合时,一定要大力删减,即使是合适的材料也不宜过量堆砌。这和做衣服一样,不能因为花边好看就满身都弄上花边。

总之,提纲是论文的骨架,是作者执笔成文的依据。列出提纲不仅能使作者思路清晰、文脉畅通,而且能使作者综观全局、通盘考虑、抓住要领、突出中心。拟定提纲是锻炼思路的基本方法。以文科论文为例,拟制提纲先要锻炼思路。首先,要养成认真细致观察事物的习惯,只有这样,才能真正把握事物的实质和精髓。其次,要把握逻辑,注重综合,以求集中。要做到合乎逻辑,就必须符合客观事物的实际情况,符合思维的规律性。也就是说,要做到概念明确,判断恰当,推理科学,论证和反驳有说服力,结论可靠。综合是指在多种思考中挑出几项最切合实际、应用性强的加以综合,然后选出最佳的思考方法。最后,要善于联想,拓展思维。联想是指以表象为基础,由一事物想到另一事物的心理活动。在论文撰写中,要开拓思路、活跃思想、创造意境、进行构思,就必须展开联想。

5.3 毕业论文初稿的撰写

拟定的毕业论文提纲经过与指导教师的深层交流,并得到其认可后,便可撰写初稿。

撰写论文初稿一定要遵循提纲来写,如果在写作过程中有新的想法,产生了"亮点",也可以对提纲进行必要的修订,以使中心更突出,将文章升华到新高度。但文章与提纲必须保持一致。

初稿撰写是毕业论文写作最实质性的步骤,所有关于论文写作的问题都将涉及。原则上要依据指导教师审阅修改后的提纲,逐层展开,充实提纲内容,按严密的逻辑形式和较规范的内容结构表现为完整的文章。

1. 撰写初稿的思路

不同的毕业论文初稿撰写思路尽管不完全一致,但有相互借鉴之处。下面以管理类毕业论文为例,介绍撰写初稿的研究思路类型。

(1) 主体理论分析型

这种论文的研究思路主要是反映作者主体思想理论成果的。要求作者在逻辑上必须严格地使用概念并构建一套理论体系,或者推出一套假说系统。如果作者提出的是特有的理论,就必须从事实中找出基本概念并以此为基础,扩展成有逻辑联系的理论系统。通过这种理论系统的构建,形成自己独特的理论体系,来分析、评价、解释、论述该学科领域内在的事实和现象。如《关于构建管理科学新体系的几点思考》、《试论管理学的科学性》等。

这种论文的逻辑要求如下。

① 论文必须是反映作者理性认识的,必须在理论上进行推演。

② 论文所采用的逻辑方法必须是辩证分析与辩证综合的方法。辩证分析方法的实质是矛盾分析法;辩证综合的方法是反映事物全过程的方法。如果是假设形式的理论体系,就要从假设的前提中推出一系列论点,而这些论点都是可以验证的。

(2) 客体理论分析型

这种论文的研究思路是,作者用严谨的概念、判断、推理,解析研究内容的构造及运行规律,并用主体网络的思维方式全面反映管理客体内在矛盾的过程。如《组织结构及形态演变研究》、《企业文化模式研究》等。

这种论文的逻辑要求如下。

① 论文所反映的对管理活动和管理客体的认识必须是综合具体型,反映的必须是事物的本来面貌。

② 论文反映的认识必须达到一定的理论水平。

③ 论文撰写的方法以历史叙述法和逻辑分析法为主。

(3) 静态理论推论型

同样,以管理类论文为例,论文的研究思路是作者运用管理过程中的事实和管理原理,通过一系列的逻辑推理去证明一个观点、一种道理。作者常用直线思维方式作为认识事物的方法。如《网络经济对现代企业的影响》、《论民营企业的跨文化管理》等。

这种论文的逻辑要求如下。

① 作者对事物的认识方法必须是理论分析型。

② 论文逻辑推理的方法是演绎推理或归纳推理。

2. 常用的论证方法

仍以管理类论文为例,其论证方法主要有以下5种。

(1) 案例调查法

即论文所调查和探讨的一般管理原则和管理方法,需要从大量的管理实践中加以总结和提炼。这就需要论文作者进行大量的社会调查和科学试验。但是,这种大量的调查并不是全部的调查,而只能是选择、收集一些典型的案例进行调查分析。在实际中,案例调查法分为两种:一种是选取实际管理活动中的案例进行分析研究;另一种是通过大量试验,选取试验案例进行分析研究。实践证明,这两种案例调查法对管理原理的研究和探讨是行之有效的,是写作调查报告型论文的基本论证方法。

(2) 归纳、演绎法

归纳和演绎是两种不同的推理和认识事物的科学方法。归纳是指由个别到一般,由事实到概括的推理方法。演绎是指由一般原理到个别结论的推理方法。在管理理论的研究和管理类论文的写作中,对于一般管理原理的归纳首先是从收集个别的实际资料开始的。而在收集资料的过程中,必须要有一定的理论和思想作指导,否则就是盲目的,这实际上就是演绎推理方法在起作用。另外,由归纳推理所得出的结论,也需要由演绎推理来修正和补充。实际上,在管理理论研究中,都要通过归纳推理和演绎推理的过程进行反复论证。只有这样,其结论才是全面、可靠的,并能经得起实践检验的。

(3) 比较研究论证法

比较研究论证法是指对彼此有某种联系的事物加以分析对照,从而确定它们之间的相同点和差异点的论证方法。在管理类论文的写作中,运用比较研究法通过对不同国家、不同地区、不同部门、不同单位管理活动进行某种比较分析,就能发现它们之间的差异和共同点,而对其中的共同点加以总结概括,再加以反复验证,总结出带有规律性的管理经验。

(4) 协同研究法

管理科学具有综合性、一般性、边缘性和适用性。这些特点,决定了对管理理论和管理方法的研究,需要运用各种知识,包括自然科学和哲学人文社会科学的各种知识,并需要组织各方面的人才进行协同研究。协同研究可以采取不同的形式,也允许各种不同学术观点的争鸣。

(5) 数量分析法

数量分析法是以定量分析为主的论证方法。是指在一定的理论指导下,运用数学原理、数学公式、数学图形等,通过建立数学模型,并对模型进行计算和求解,从而为管理提供选择的一系列方法、技术的总称。无论在所有领域的管理研究中,还是在每项管理的整个过程的研究中,数量分析法是进行科学决策的有效工具,从而也是取得较好的经济效益的重要保证。

3. 撰写初稿应注意的问题

虽然强调在拟定提纲阶段对论文的材料、逻辑和结构等要尽可能作好处理和布局,但毕竟提纲只是一个写作框架,一些细致的东西反映不出来,当将提纲演绎为完整严密的论述时,还是难免会遇到问题,所以,即使是在提纲较为完备的情况下,撰写初稿时仍要考虑以下问题。

(1) 论文题目的文字表述要准确

论文撰写者要事先考虑到别人通过网络查询该论文题目时,可以利用论文里的关键字查找。即使学术资料库的查询系统大都已经涵盖关键字,甚至摘要,但是核心的关键字眼还是以出现在论文题目中为宜。有一种题目是平铺直叙,如《试论黑龙江省绿色食品出口的问题与对策》;另一种题目则引人入胜,如《从"柳暗花明"的高教态势看独立学院发展力》。

曾有研究者提过,很多人的论文题目是"……之研究",他觉得"之研究"这三个字是赘字,因为论文本来就是研究,不必多此一举。例如,有一论文题为《星巴克的体验营销策略》,就不必使用《星巴克的体验营销策略之研究》这样的题目。总之,论文题目须抓住整篇论文的精髓,不能过度推广,也不能太狭隘。

(2) 核心论据要充实完善

在现实的论文写作过程中,由于主客观等原因,收集来的论文材料可能难以做到论据全、内容新、层次较高等理想的状态,这时候特别需要对此作出恰当而巧妙的处理。一般而言,如果缺失的是对核心问题进行支撑的材料,必须进行弥补。确实无法弥补时,则必须更改论题。但是如果一般问题的论据材料不足,而又确实不能再进行充实的,则可以在不影响大局的情况下进行技术上的处理,包括淡化问题、回避问题等,不让次要的问题掩盖有意义、有价值的中心论点。总之,在一篇论文中,不可能涵盖所有问题,但对核心问题的论述却应当严谨严密。

(3) 注重论文的逻辑性

注重论文的逻辑关系是关乎一篇论文写作质量高低最重要的问题,对刚刚接触论文的大学生而言,也是写作中最困难的问题。论文与其他文体不同的关键就在一个"论"字。"论"得好,逻辑严密,丝丝入扣,以理服人;"论"得不好,逻辑混乱,辞不达意,不知所云。所以,论文逻辑关系的处理至关重要。如许多学生存在论文没有实际作用的顾虑,于是最后总会提出具体的(如有关政策、规划设计的)建议。可是,论文的建议应该建立在自己的经验研究基础上,不要说大话或空话;有什么层次的发现,就做什么层次的建议,不要提出没有证据支持的建议。

但是论文逻辑关系的处理又是最难的一个环节,有时即使是在拟定提纲时已经作了比较充分的考虑,也不能完全避免在写作时会遇到逻辑困难,而且这种困难的类型和内容千差万别,有些甚至不是单纯的写作问题,可能还涉及思想方法、知识储备等因素。正因如此,不可能对此作出详尽的建议,只能因具体的人、具体的问题来进行处理。

从总的原则来说,在论文选题确定不变的前提下,论文的所有逻辑关系都必须服务于论题,并且紧紧围绕中心论点来展开。在各个论述的层次中,要保持逻辑的高度一致,并且环环相扣,层层呼应,从不同的层次和角度共同构成对论题的论证,这样才能写出逻辑严密的好文章。

另外,在起草论文初稿时还应当注意,虽然是初稿,但是在文章的结构形式以及文字表达等方面仍然要严格要求,切不能因为有一个"初"字就简单粗糙应付,这不仅会给论文修改造成很大困难,也会给指导教师的指导工作造成障碍,更会养成不良的写作习惯。所以,在初稿完成时,其结构应当完整规范,标题、摘要、关键词、正文、致谢、参考文献、附录等要齐备,文字表达也要通顺流畅,不允许有过多的错别字和病句。在有条件的情况下,向指导教师同时提交打印文稿和电子文稿。

4. 撰写初稿的要求

构思毕业论文大纲须由中心论点到各层次段落进行通篇考虑。起草时却正好沿着相反的方向,由词句、段落层次到全篇,应注意以下几点。

(1) 按提纲写,集中精力,集中时间

经过艰苦的较长时间的构思和拟定、修改提纲的脑力劳动之后,思路贯通,材料已熟悉,大脑中储存的信息和原有的理论根基都充分调动起来了,这时便会出现一种特有的写作热情,这是起草的最好时机。要抓住这个时期,集中时间,一气呵成。这样写作不仅效率高,而且文字连贯。所以,不要拖拉,不要时时打断。要为自己营造一个舒适的写作环境,包括时间与空间。这个空间可能是自己的房间,研究室、图书馆的特定角落,某家咖啡馆,视个人的写作习惯与要求而定。至于时间,最好规定自己每天要写的字数。总之,写论文的过程,充满了孤单寂寞与焦虑,需要心理调适,运动、唱歌等都可。即便天天散步,也会走出一条哲理小径。

(2) 充分运用参考文献,注意全篇脉络的贯通

这一点要求论文撰写者的思维和眼光不离中心论点,在全面阅读参考文献的基础上,有针对性地取舍,不要在起草时扯开去、收不回,节外生枝,偏离中心论点。有的专家介绍外国的经验是写一个主题句放在案头,这当然是好办法之一,当然也不必拘其形式。主要是明确了中心论点之后,就要把它作为中心,所有的层次段落都"向心"地联在一起,像脊骨作为全身骨骼中枢那样,把全篇文章组成一个整体。

(3) 在词句上要注意自然通顺

论文的词句要与上下文的语言环境协调,应省略的句子成分必须省略,不能省略的按语言习惯写下来,以明白晓畅为目的。由于受到英文翻译的影响(包括学术作品、小说、电影等),许多学生的中文写作西化甚深。最明显的例子就是大量使用"被"字。如"他被不公平地对待"、"××企业是被政府扶持的众多企业之一",中文其实可以用动词来表示被动的意思,如"遭、受、得到、获、为",或者直接把"被"字删掉。所以,"这个问题无法被解决"可以改成"这个问题无法得到解决"。

(4) 在每层次、每段落动笔之前要先考虑其内部结构

因为毕业论文构思时一般不能深入到段落内部,写作时也不宜考虑一句写一句。一是要把这一层一段的主要意思和材料安排一下,以求更好地表达出本层次、本段落的主要意思,并能有条理地展开。二是要寻求较好的方式解决上下文的衔接。三是按照本层次、本段落在文中的地位,充分发挥其服务于中心论点的作用。

(5) 大改小不改

拟定提纲、构思论文不可能把一切细微之处都想妥贴了,起草是一个创造过程,这一阶段精神高度紧张,可以把理论思考和构思的成果进一步检验、修订、发挥、升华,会有新的创造和突破。所以,按照提纲写,绝不是束缚手脚,那是一个大框框,起草论文的时候活动余地还是很大的。所谓余地,就是在起草的时候可以重点解决那些不周密、不合理、不顺畅的地方。

在起草毕业论文过程中并非凡是遇到不合适的地方就停下来,是否停下来改动有一个原则,叫"大改小不改"。那就是发现文章大的方面,像总论点、立论的关键材料、主要的观点等变化了或大的架子——整体结构——有了问题,要立即停住,想好再写,甚至另起炉灶,不能将错就错。如果发现细枝末节或局部存在的问题,如材料不够、不合适、不确切,则先要停下修改、核对、查找,可先做上记号等写完再说。不要被小问题、小毛病拖住不能前进。这里果断是必要的,游移是有害的。

5. 如何提高初稿撰写质量

毕业论文初稿应在论文中期检查时形成。这时论文虽然有了雏形,但学生仍不可放松,接下来将是更加严峻的完善与修改的任务。学生必须本着精益求精的思想提高初稿撰写质量,排除万难,在不断的阅读与调整中,使论文达到理想效果。

(1) 抓住论文核心,完善写作细节

从毕业论文结构的策划到拟制论文提纲,再到论文初稿的撰写,终于看到了一篇论文的诞生。在整个"诞生"过程中,无论哪一个环节都对撰写者提出了相应的要求。可以说,在毕业论文这项"工程"中,本章也是最关键性的环节,它决定着论文质量的优劣,考验着撰写者的写作功底和一种持之以恒的攻关精神。对此,归结以下几点供学生参考。

① 紧紧围绕论文的主题和核心观点进行论述,不偏不离,做到对问题的层层分析并逐一解决,力求在毕业论文目录中显示出严密的逻辑性。

② 充分利用资料,为论述主题服务,不能空论,即不能以"理论材料"解决"理论问题",没有实际案例来说明问题;又不能堆积资料,即案例较多,但论点模糊。所以,论文材料必须做以相应的取舍和恰到好处的安排,唯其如此,才能使论文"骨肉分明"。同时,还应注意,资料的选取应随着研究方向而为,要有系统,选择最适当的资料来回答你的问题,不能太凭运气,也不能不花工夫,只引用手边现成的资料。资料分析要深入,建立在资料的基础上,与既有的理论对话。

③ 处理好论文结构,拟制提纲和起草初稿三者的关系,不能割裂又不能完全统一。有的学生抱有对毕业论文急于求成的态度,如论文材料确定以后就试图起草初稿,这不仅没有提高毕业论文的撰写效率,反而出现了较频繁的"返工"现象。也就是说,毕业论文这样的极具学术价值的"大文章",不可以一蹴而就,一定要按基本的步骤循序渐进地完成。

④ 注意语言表达的完整和语法知识的运用。毕业论文的语言要明确,不含糊其词,无

任何歧义;要规范,体现学术领域的特点,不使用方言、俚语、俗语、土语等;要准确,不使用文学语言(甚至诗家语)。也不要用太过情绪化的字眼。而在具体的表述上则不能采用散文、记叙文等文体"埋下伏笔"、"先抑后扬"以及"多种修辞手法的运用"等手段,而是力求论点突出,论据充分,环环相扣,层次清楚,逻辑严密即可。

(2) 锤炼写作功底,坚定必胜信念

作为本科阶段的学生,第一次撰写这样大型的论文,将是一生中难以忘怀的经历。它不仅是写作功底的锤炼与打磨,更在这样的过程里,实现了师生写作与审美水平不同程度的提高。然而,困难也是接踵而至,在这种情况下,就应把握撰写原则,转化自身劣势,分步落实。学生在毕业论文初稿形成以后,应对自己的实际撰写水平有一个客观公正的衡估。总结出撰写环节中最大的难点在哪里,是选材还是制订提纲;是不会以案例说明问题,还是拥有了较多案例却提炼不出相应的论点,等等,总之只有查清写作"病根"后,才能及时地"对症下药",与指导教师作深层次的交流,以在下一阶段的论文修改与完善中转化自身劣势。以下归结几种常见论文撰写问题。

① 构思不够缜密,影响行文过程。

有时候因为构思不够缜密,导致提纲写得太粗,而到了写作正文的阶段,发现写着写着就写不下去了。这就要重新构思,看对总论点理解把握得如何,材料熟悉的程度,结构安排是否合理。总之,经过重新构思把问题想透,把提纲写细,就会顺利写下去了。

② 缺乏写作训练,下笔一片空白。

虽然研究有所得,构思了提纲,但一提笔就发怵,写不下去,这是因为学生缺乏一种长期的写作训练。在这样的情况下,首先要谨记在心的是,写作并非成竹在胸,把已经在心中想好的、很完整的东西,如实地再现;相反地,写作本身就是一种思考与分析。只有真的下笔写出来,才了解自己到底懂得多少,其间是否有破绽,有没有矛盾不清之处。因此,绝对不要等到分析架构都很完整的时候才开始动笔。否则,觉得这样写好像不对,那样写好像不够完整,又怕将来万一分析架构修改了,会不会以前写完的就白写了,如果有这样的顾虑,其结果往往是困在那里,迟迟无法动笔。所以,只要有一点想法,就动笔写下来,反正还可以持续修改。

最好的方式是,在研究过程中就不停地记笔记。以访谈为例,除了逐字稿,还有关于访谈情境以及访谈经验的描述笔记,然后有关于访谈内容的分析笔记等。这些笔记很容易就成为将来论文正文的基础。开始写的时候,尽量一次写得详细些,将来删减总是比增添容易。

③ 材料不能和提纲有效对接。

论文有些部分好写,有的部分比较难写(如资料分析、结论,有时可能在书桌前几个小时,就是写不出几个字),可以交叉运用,不要先把好写的写完,然后,每天总是要面对最困难的部分,总之,文章最终还是要依靠材料。当材料不是自己所需要的理想材料时,不要着急。可以稍停一下再看看材料,看看有关的文章,变换一下角度,文思就来了,就可以再继续写下去了。

总之,毕业论文凝聚着撰写者与指导教师的心血,尤其是在整个论文撰写过程中,学生的提高是潜移默化、水到渠成的,但关键要看每个撰写环节的认真程度和要求标准。原则上鼓励学生的原创与创新,但对于应用型高等院校的学生,则更多地关注学生驾驭文字的能力、材料的组织、结构的合理安排以及突出核心问题的阐述等方面。

事实上,即便论文做完了,也总是有所局限,而且会让作者看到研究前所没有看见的问题,因为会有新的观点。未来研究方向,应该建立在论文的研究基础上,启发新的研究领域,而不是机械式地推论。这样论文写完了,就不会是一个结束,画上一个句点,而是开启了另一个研究起点。

思 考 题

5.1 毕业论文结构的基本要求是什么?
5.2 毕业论文结构的层次划分形式有哪些?
5.3 编写毕业论文提纲时应处理好哪三种关系?
5.4 撰写毕业论文初稿的要求有哪些?

第 6 章

毕业论文写作中常见的问题

学生在大学阶段主要是基本知识、基本理论和基本技能的学习,因此,尽管经过刻苦努力和教师的指导,但写完的毕业论文中肯定还会有这样或那样的问题,只不过是问题的程度不同,方面不一样而已。毕业论文的成绩是具有相对性的,即使是优秀的毕业论文,也还是能够找出一些问题,并且作为科学研究是无止境的,人们对问题的认识也是逐步深化的。本章剖析和列举了毕业论文中常见的一些问题,供同学们在毕业论文写作过程中引以为鉴,尽量避免再犯类似的错误。

6.1 选题和观点方面的问题

1. 选题方面的问题

毕业论文选题是否得当会直接影响毕业论文的质量,常见的选题方面的问题有以下几种。

(1) 选题过大

毕业论文的选题应选取有科学价值或实用价值、有现实可能性、大小适中的题目。选题太大,难以把握问题的切入角度。此外,题目太大,难以深入细致地剖析问题,容易泛泛而论。

(2) 选题过难

由于学生受时间、精力的限制以及材料方面的局限,应注意选题的难度既不要过大,也不要超出了自己所学的专业领域。例如,有人想在短时间内探讨"中国 3G 通信技术发展方向与策略",这个问题是应该探讨,但需要多个部门的人员共同努力,进行比较深入的调查研究才能完成。

虽然毕业论文的选题不能过大过难,但也不能太小太简单,否则毕业论文的工作量不够,质量也不会高。

(3) 选题陈旧

选题不要太陈旧,如果查阅文献有太多类似文章,缺乏新鲜感,最好换一个选题。切忌一切照搬别人的材料和结论,应该在前人的基础上,敢于提出前人没有提出或尚未完全解决的问题,最好多选一点与现实生活、当代经济与科学技术发展密切相关的课题,注重研究现实生活中出现的新问题。

2. 标题方面的问题

标题一定要准确地概括毕业论文内容,文字要简练,便于分类,能反映出研究范围、方向和深度,不仅让人从题目上判断研究的是什么学科范畴,而且能看到研究课题的特点。所以说,标题不仅是毕业论文的"眼睛"和"窗口",还起着"指引内容、吸引读者"的作用,一个好的标题能起到对毕业论文画龙点睛的效果。常见的标题方面的问题有以下几种。

(1) 标题"悬"

一些毕业论文标题过于模糊笼统或抽象,使人看了标题不知道毕业论文主要写些什么内容,抓不住中心和要领。例如,一篇题为《党的喉舌》的论文,可能是与报纸、电视或广播有关的内容,但作者写的却是农村宣传网。像这种含义很不明确的标题必须要修改,使其含义明确。

(2) 标题"大"

有的毕业论文标题太大,涉及面过宽、过深,也比较复杂,超越了大学生的能力水平,短时间内很难完成。例如,像《世界通信技术发展》、《论中国的改革》等这样题目不宜作为毕业论文来写,而是可以由有关专家写成一本专著。

(3) 标题"老"

以前别人已多次写过且有非常明了定性的题目,如果没有新认识、新角度和新材料,再写就很难写出新意。例如,像《论改革的必要性》、《因特网技术的起源》等这样的题目,一般写这类毕业论文与他人已写过的大同小异,不会有什么新意。

(4) 标题"长"

一般标题的长度在 20 个字以内,有的毕业论文标题过长,甚至超过 30 个字,这样读起来费力,也不便于理解和记忆。

3. 观点方面的问题

观点是文章的灵魂,确立一个明确的观点是毕业论文写作的关键,观点要力求正确,有新意,有理有据,这是写好毕业论文的基本前提。常见的观点方面的问题有以下几种。

(1) 基本观点错误或有偏颇

基本观点是指统率全篇毕业论文的基本论点或总结论,如果基本观点错了,其他一切论点、论据都不能成立,整篇论文也就站不住脚了。

(2) 观点主观、片面

要避免毕业论文的观点走极端,妄下定论,也要防止观点顾一头,缺少唯物辩证法所要求的全面性。例如,有一篇论文为了说明企业分配制度改革,提出用"三铁"打破工人的"铁饭碗",这"三铁"是"铁心肠、铁手腕、铁面孔",这就在批判"铁饭碗"时走了极端,把工人放在被改革的一面。又如,有的是捕风捉影,主观臆断,任意夸大或缩小,然后就轻易匆忙地谈看法、下结论,这样的论文,缺乏准确性和真实性,所以就缺乏科学性。

(3) 观点不鲜明,重点不突出

对于文章写作,毛泽东同志多次强调要力戒"概括不明"、"判断不恰当"。而有些毕业论文的中心论点没有把问题的实质想清楚,抽象概括也不准确,形成观点含糊不清,似是而非,似有若无。

有的毕业论文过多地叙述工作过程,或选材不严,众多的材料缺乏认真的整理、消化,使中心论点不明显,重点不突出,这种情况在毕业论文中比较多。还有的毕业论文似乎成了一份工作总结或汇报,或是对某一项工作所做的调查报告,却没有自己的见解。

(4) 缺乏新颖性和创新性

科学研究就是要不断开拓新的领域、新的途径,有所发现,有所创新,从而推动科学文化的不断发展。因此,作为反映科研成果的毕业论文,也必须有新颖性和创造性,提出新的思想、新的理论、新的见解,有独创性。而在毕业论文中,有些文章重复别人已经谈过的东西,人云亦云,亦步亦趋,没有个人创见,没有什么新角度、新材料。造成这种情况的原因,是作者不注意阅读文献资料,研究信息掌握不足,研究的问题是别人已研究或解决了的,或者也是由于作者对某问题缺乏钻研精神,没有提出自己独特的见解。

6.2 结构和格式方面的问题

毕业论文不仅应有正确的立意,还要求结构合理,格式规范。

1. 结构方面的问题

毕业论文不仅要做到"言之有理"、"言之有物",还要做到"言之有序"。毕业论文的结构也有规律性,这就是论证所遵循的"序",遵循了"序",在布局谋篇上才会更完整,逻辑才会更严密。毕业论文的结构要在中心论点的统率和支配下,把各个论证部分严谨周密地组织起来,分清主次轻重,做到层次分明,详略疏密有致。常见的结构方面的问题有以下几种。

(1) 结构不完整、不平衡

毕业论文要浑然一体,布局完整。但有的毕业论文开头没有说明课题的来源或研究目的、意义,也不交代研究的方法和调查的手段,一开始就列举大量事实和数据,让人觉得"没头没脑";有的结论部分没有个人的观点和见解,缺乏必要的分析和评论;有的论文该详细的不详细,该简略的却过于冗长;对中心论点的论证不充分,而对其他分论点却津津乐道。诸如以上问题的出现,使毕业论文的结构显得不完整、不平衡。

(2) 结论松散,缺乏条理

毕业论文要有层次、有条理。自然界或社会上的事物之间有各种不同的关系,反映这种关系的材料之间也有各种不同的关系,例如,平行关系、递进关系、接续关系、对立关系等。总之,理清了事物之间的相互关系,并在结构中体现出来,文章的眉目就清楚了。但有的毕业论文内容上东拼西凑,层次既不遵循各部分内在逻辑顺序,也不符合作者和读者的认识规律;有的缺乏总体布局观念,写作时任笔端自由驰骋,可能就会出现前后不衔接,甚至前后重复、前后矛盾,或颠三倒四,东拉西扯,上下两段明显地割裂开来,缺少自然的过渡,使人感到生硬和意思不连贯;有的论文分段太长,甚至一连几页也不分段,显得层次不明,看起来费力。

(3) 论证不得力,缺少逻辑性

这种结构性的问题主要有两种情况,第一种是只有理论分析,从理论到理论,缺少必要的和充分的事例和数字的依据;第二种是材料很多,但在选材和组织材料上欠佳,缺少周密严谨的逻辑性。第二种问题在许多毕业论文中容易出现,一般表现在以下几个方面。

① 忽视"新颖性"的选材要求,材料陈旧,用一些人们熟知的老例子,缺乏新鲜感和吸引力;

② 不能有选择地利用典型、精练的材料形成自己的观点,例子滥而散,没有从中整理出自己立论的角度和起笔的由头;

③ 论据缺乏典型性和必要性,仅凭在特定环境中极少发生的某些事实,得出与该环境中大量发生事实所不同的结论,因而论证缺乏说服力;

④ 提出论点、罗列论据之后,不作深入分析甚至不作任何分析,没有论证过程,便用"由此可见"、"大量事实证明"等语句,转而扣合所提出的论点;

⑤ 以偏概全,以点代面,以小论据支撑大论点,论据不足,犯"推不出"的毛病;

⑥ 主次不分明,重点不突出,或论点与论据之间没有必要的联系,两者或互相脱节,或互相矛盾,犯"引论失据"的毛病,其原因是对概念和事实并没有真正理解;

⑦ 分析问题时不是从实际出发,从对事实的分析中得出结论,而是用观点去套例子,用事实去印证观点;

⑧ 前后论点有矛盾,中心论点与分论点有矛盾,或回避论题,或主观臆断,分析不客观,没有进行必要的和充分的论证;

⑨ 结构单一,缺乏层次性,几千字的长内容,中间不用序码,也不加小标题,读起来很吃力,或是首尾脱节,缺乏完整性。

(4) 摘要、绪论和结论相混淆

由于部分学生不同程度地存在着不明白摘要、绪论和结论的作用以及它们之间的关系,致使三者内容相混。在一些毕业论文中,摘要、绪论和结论写作不当是一个较为突出的问题。

摘要也叫内容提要或内容摘要,相对而言,是毕业论文写作中最容易出现问题的地方。例如,摘要过于简单,信息量不足,不能确切地表达论文的主要内容;不够简练,篇幅超出规定的字数;关键词数量过多或过少,用词不当;出现了图表、公式,或是对毕业论文内容的评论以及自我评价;需要有外文摘要时,外文摘要翻译不准确。

有些毕业论文的绪论夸夸其谈,长篇大论,但许多内容跟主要研究内容关系不大,没有很好地起到导引本论的作用;有的绪论整段抄录教科书的有关内容,对一些人所共知的一般知识,不厌其烦地作介绍,却不提及自己的研究任务和课题的意义,内容空泛,文不对题。

很多毕业论文的结论也不符合写作要求。例如,有的论文在写完研究过程和所能获得的数据材料之后,后面没有归纳和总结,也没有评价与建议,不能完整、准确地表达自己的研究成果或结果。这样的毕业论文反映不出工作的最终成果,看不出研究或设计任务是否完成和完成的质量。还有些毕业论文在结尾处写上几点一般性老生常谈的体会,这种肤浅的认识和感受,是不能代替论文结论的。

摘要是全文内容的缩影,绪论部分主要是提出毕业论文的中心论点,结论是通过大量理论和事实依据进行分析论证后的归结点。如果说摘要是贯穿于全文始终的一根"线",则绪论和结论分别是一个"点","点"、"线"不能混淆。摘要既不能和开头部分等同,亦不能与结尾部分等同,三者不能混为一谈。

(5) 论证方法单调

有的毕业论文在论证主题过程中,方法比较单调,显得平铺直叙,没有波澜起伏。例如,有的文章从头至尾采用一种例证法,围绕大论点,提出小论点,用一个事例说明,由此得出一个大结论,论证就缺乏科学性和说服力;有的文章格式单调,往往是现状、存在问题及原因,然后提出几点对策,再加上陈旧的观点和数据,文章就没有论证的力度和说服力;有的文章结构刻板,缺乏创造性,结构千篇一律,总是"三步曲"(现状—原因—对策)或"四步曲"(成绩—问题—成因—对策),缺乏新鲜感和吸引力。要克服这些问题,就要在文中反复用各种论证方法,除了例证法以外,还要学会用喻证法——运用比喻的方法把道理引出来,说明论点的论证方法;类比法——根据两种事物在某些特征上的相似处,得出它们在其他特征上也可能相似的结论;对比法——把两种事物加以对照、比较,从而推导出它们的差异点;反驳法——通过否定对方的观点和看法,来阐明自己的观点;归谬法——反驳对方论点,首先假设对方的论点是正确的,然后加以引申、推论,从而得出荒谬的结论来。

2. 格式方面的问题

毕业论文格式上的一些问题是普遍存在的共性问题,虽然这看似是一些小问题,但会影响毕业论文的质量和成绩评定,所以千万不能忽视。有些毕业论文评阅教师或答辩教师评审毕业论文首先从格式开始,连标点符号都不放过,他们认为作科学技术研究首先要从严谨、准确、细心开始,如果一些小问题都不注意,那大问题就更不必说了。由于每个学校对毕业论文的规定不一样,因此,在进行毕业论文写作时一定要严格执行本校制订的撰写规范。容易出现格式方面的问题主要有以下几种。

(1) 图表部分

一些毕业论文中图表设计不合理,反映的事物不够准确完整,图表里面的字体大小不一,一般要求图表中的字号要比正文小一号,图表的名字也要比正文小一号;有的图表没有图表名,或有了图表名但名字不确切,序号不统一,例如,有的用"图1-1",有的用"图2.1",有的用中文令名,有的用英文令名等;图表名位置错误,一般要求图的名字在图的下面,表的名字在表的上方。

(2) 文字标点

现在毕业论文一般最终以打印版的形式上交到学校,工整性无可挑剔,但一些毕业论文的错别字比较多,出现漏字、笔误等问题也比较常见,这点应引起充分注意。

标点符号使用不准确的现象也时有发生,这里仅对引号、分号和冒号比较容易出错的地方进行说明。

① 引号。在毕业论文写作中引号出错主要有以下三种情况:一是"忘半个",一般来说,引号是把所引用的话或含有特殊意义的词句前后引起来,如果只用引号的前半部分("前引号"),缺了后半部分(后引号"),就不对了;二是双层引号混淆,引号里面又要加引号时,为了有所区别,外面的一层用双引号(""),里面的一层用单引号(' '),这是一个容易被忽视的地方;三是后引号与句号或逗号的位置处理不当,即一句话末尾,句号或逗号该点在引号内还是点在引号外较难判断,有的报纸或杂志上也常出现这样的错误。

② 分号。分号在毕业论文写作中显得很重要,所以用得也比较多。这是由于分号可以把一段话中的几层意思清晰地分开,以减少分段的次数,使读者便于清楚地看出一句话与另一句话之间或者一段话之间的层次关系。初学写作者不善于使用分号,经常用逗号或句号代替,因而影响了毕业论文的表达效果。

③ 冒号。一般来说,在毕业论文中冒号宜少不宜多,特别要注意避免连用。例如,"启发式教学方法强调不要代替学生作答或下结论,如:以一次数学课教学为例:……"。这里,"如"字后加了冒号,"例"字后又加了冒号是不妥的,可把"如"字后面的冒号去掉,这样表述就更顺畅得体了。

(3) 符号标识

有些毕业论文中经常出现该上标、小标、斜体的地方没有正确标识;单位标识不一致或错误,如把 μm 写成 um,数据传输速率有些地方用了 bps,有些地方用 b/s;表达方法不科学,例如,一篇毕业论文中出现"研究了 1 min、3 min、5 min、10 min 不同时间……",应该是"研究了 1、3、5、10 min 不同时间……",但要注意百分号"%"不能省略。

(4) 英文及数字

应注意英文及数字的字体一般都用新罗马字体(Times New Roman),有些毕业论文中的部分英文或阿拉伯数字有的是宋体,有的是新罗马字体,前后不一致,影响到论文的美观。此外,凡计量的数字和序数字应尽可能用阿拉伯数字,如表示时间、百分数、大约数、序数、次数等。比较容易出现问题的几个地方再作一下说明。一是表示时间时,年份必须写全,如 2009 年,在书写年代时,为避免年代概念混淆,应尽可能与世纪同写,如上世纪 90 年代应写成 20 世纪 90 年代;二是表示范围的百分数,两数字后均应写百分号;三是书写大约数时应避免概念重复或矛盾,如"约 80 kg 左右",在这里"约"和"左右"都是大概的意思,两者用在同一个数字,其概念是重复的,又如"约 0.9%~12%"或"0.9%~12%左右",在这里"约"和"左右"与范围号"~"既重复又矛盾,因为在两个明确的范围数字之间,范围号"~"就是"约"的概念,从逻辑上讲,既然范围框定,就无法"左右";四是序数,作为章节序号的数字通常可以根据习惯和需要,用阿拉伯数字或汉字数字,其他序数应用阿拉伯数字,如"第 1 天"、"第 1 周"、"第 1 个月"等。但是,有些已成专用名词术语的序数词,如"第二次世界大战"、"第二信使"等,究竟用阿拉伯数字还是用汉字数字尚存争议,多数主张作为专用名词,使用汉字数字;五是次数的表示,两个相邻的整数表示次数时,数值之间宜用"或"字,不应用范围号"~",如每天服药 3 次或 4 次,不应写作 3~4 次,因为,范围号表示其间还有数字,而在这里,不存在 3.1,3.2,3.3,…次。

(5) 参考文献

参考文献在格式的编排上比较麻烦,但总体的原则是要统一。例如,有[J]、[M]等标识的要有全部都要有,不要有些地方有标识有些地方没有标识;英文参考文献要么统一名在前,要么统一姓在前,要么统一缩写,要么不缩写。还应注意毕业论文的参考文献数量不足的问题,如只罗列了一些教材和其他有关书籍,选用的近几年内的期刊和杂志较少。

此外,还应仔细查看一下毕业论文的页眉页脚、标题、目录和公式等的设置是否规范,排版、打印和装订是否符合要求。

6.3 材料和语言方面的问题

完成毕业论文写作不仅要收集丰富的材料,还要组织好材料,语言表达正确。

1. 材料方面的问题

毕业论文材料是分析提炼主题的基础,是要用来说明或论证意图及观点的。因此,材料的选择和使用一定要恰到好处。常见的材料方面的问题有以下几种。

(1) 材料和观点不统一

毕业论文不能只有空洞的意图或观点而没有材料,也不能只有材料而没有意图或观点,所以,材料和观点要统一。

① 材料与观点不相干

学生应紧紧围绕观点选择材料,不能出现材料与观点相脱节的情况。个别学生在因特网、图书馆或资料室经过七拼八凑凑够了毕业论文的字数,但仔细一看,所用的材料与观点根本不相干。例如,一篇题为《浅谈修改婚姻法条款的必要性》的毕业论文,所用的材料是婚姻法的起源、发展、本质和作用,以上材料主要谈了4个方面的问题,虽然很多,但明显可以看出,通篇没有谈到婚姻法的条款有"什么必要"修改。而这4部分材料所要表明的观点应是"浅谈婚姻法",而非"修改婚姻法条款的必要性"。

② 材料说明观点的力度不够

有些材料虽然也能够说明自己的观点,但不够充分,如有个同学在写有关住房销售方面的论文时,所用的材料仅是银行贷款加息和上浮致使购房消费者逐渐减少,从而得出今后住房价格必然随之下降的结论。其实,不论住房价格增加或者是下降,都是由于各种原因造成的。"贷款加息和上浮",仅仅是国家宏观调控的一个手段,仅是住房价格有可能增加缓慢或下降的一个因素,不能充分说明住房价格一定增加缓慢或下降,是住房价格有可能增加缓慢或下降的"必要条件",而非"充分条件",因此,论据不充分。

③ 材料与观点相矛盾

要避免使用的材料与要说明或论证的观点不相吻合的问题,出现只有观点没有材料,或观点与材料相矛盾的情况。

(2) 选择材料不够典型

所谓典型材料,是指那些最有特征、最有代表性,能有力地揭示事物的本质,能集中地表现毕业论文主题的材料。围绕主题选择材料,但没有必要,事实上也不可能把与主题有关的材料都写进去,必须精选典型材料。魏巍在写《谁是最可爱的人》之前,曾写了一篇《自豪吧,祖国》的通讯,里边用了二十多个生动的例子,以后写《谁是最可爱的人》,只从中选择了5个事例,后来又删掉了2个,只精选了3个事例,分别表现中国人民志愿军对待敌人、对待朝鲜人民和对待自己的不同态度,从而揭示了"最可爱的人"的本质特征。所以魏巍说:"用最能代表一般的典型例子,来说明本质的东西,给人的印象是会清楚明白的,也会是突出的。"写毕业论文也是同样的道理。

(3) 选择的材料不够真实

所谓真实,是指材料确实是客观存在的,能反映客观事物的本来面貌。毕业论文中所运用的材料真实,论点才站得住,才有说服力。而有些学生的毕业论文选材不准,没有鉴别真伪,引用的历史人物、事件、时间、地点、数字、引文等没有进行认真核对,出现误差。造成材料不真实的主要原因是由于观察不细和调查不实,或者是搞所谓的"合理推理",给材料添枝加叶造成的。例如,有一个学生在写一篇关于农村赌博风方面的文章,没有具体的统计数字,就推理"在农村,干部赌群众赌,男人赌女人赌,白天赌晚上赌,老年赌小孩赌,可以说无处不赌,无人不赌",这种结论显然是夸大其词,很难让人信服。

(4) 选择材料不新颖

选择新颖的材料,能增强论文的现实性,使人耳目一新。这就要求要注意发现新生事物,写别人没有写过,或很少写到的人和事。要从不同的角度选材,给人新鲜的感觉。要注意选择新出现的有特色的材料。有的毕业论文,选材不新颖,用一些过时的陈旧事例,看上去是老面孔、老腔调,摆出的材料是"陈年烂谷子",没有新鲜感和现实性,也显得没有说服力。例如,有一篇关于农村改革的文章,写作时间是2001年,文中运用的数字事例却都是1995年的。

2. 语言方面的问题

作为毕业论文形式方面的构成因素之一的语言是毕业论文赖以探讨或解决本学科某一基本问题的工具,正如马克思所说的:"语言是思想的直接现实。"毕业论文写作尽管需要具备选题、取材、构思、技巧等多方面的能力,但这一切都必须也只能通过语言来体现,因此,毕业论文表达的语言要准确、流畅。常见的语言方面的问题有以下几种。

(1) 表述非学术语言化

毕业论文是学术论文的一种,所谓表述非学术语言化是指不能用学术语言来表达自己的学术观点。

(2) 用词不准确

例如,"这是对社会主义建设的一种最可怕的、难以弥补的破坏和损失",这是定语和中心词语搭配不当,应改为:"这是对社会主义建设的一种最可怕的破坏,造成了难以弥补的损失。"又如:"我们于第一学期就着手选题",这里实际是指即将毕业的那一个学年的上学期开始着手选题,用"第一学期"就很容易让人理解为刚入学的那个学期,属于语言含糊不清。

在汉语词汇中,除了很大一部分"中性词"以外,还有一些词语是能通过其特定的含义体现出鲜明、精妙的感情色彩的。例如,"他死了,享年十二","享年"是敬词,通常用于晚辈对长辈,这个词用在这里读来使人感到别扭。

要区别词语的感情色彩,首先要区别词的褒贬色彩。例如,"坚定"、"顽强"是褒义词,"固执"、"顽固"是贬义词。其次要分清语意的轻重。例如,"责备"、"责怪"、"指责"、"斥责"这几个词的语意,一个比一个重,使用的时候就要注意区分。

(3) 语意空泛难懂

有人喜欢自造一些别人不懂的语言。例如,"在写作过程中,'内孕飞跃'的结果是文章的内言语形态,'外化飞跃'的结果是文章的外言语形态"。句中"内孕飞跃"、"外化飞跃"是自造的空泛之词,使人捉摸不透,不知其真实含义。

(4) 用词不符合规范

例如,"级"和"届"分不清,两个概念混淆。其实,两字的含义十分明确,"级"是指入学的年份,如"九九级"即1999年入学的年级;"届"是指毕业的年份,如"九九届"即1999年毕业的年级。如果搞混了,则出现很大的差错。

当然,汉语词汇极其丰富,要想从这浩瀚的词汇海洋中,选取唯一、完善的词语来准确地叙事、言物、表情、达意,是一项十分艰苦的劳动。在写毕业论文的过程中,在没有搞清词义之前,不能轻易落笔,力求做到对每一个词都来一番推敲,以保证贴切地表达自己的思想,准确地再现事物的原貌。

有的毕业论文语病并不很多,但读起来显得干干巴巴,死气沉沉。这除了是内容方面的原因之外,不注意学习语言也是个重要原因。

6.4 文体和文风方面的问题

在现代文体中,毕业论文是一种特定的体式,因而也决定其特定的表达方式。在毕业论文写作中除了要避免出现观点、材料、语言和文体等方面的问题外,还应注意发扬健康优良的文风。

1. 文体方面的问题

毕业论文文体类型一般可分为试验论文、专题论文、调查报告、文献综述、个案评述、计算设计等,毕业论文的表达方式一般采用议理、释义和叙事,而不用抒情、描写的表达方式,学生应根据实际情况,选择合适的文体来进行毕业论文写作。常见的文体方面的问题有以下几种。

(1) 毕业论文文章化

初写毕业论文的同学不太清楚论文和文章的区别,没有按在前面章节介绍的写作要求来进行写作,结果把毕业论文写成了宣传文章,或写成了科学普及文章,或写成了知识介绍文章等。这些文章虽然每天在报纸和杂志上能够见到,但这些文章不是论文。理论宣传文章是对某一种理论的阐明,如对党和国家领导人某一理论的理解性文章;科学普及文章是对某一科学现象、自然现象等向大众所做出的解释性文字,如为非专业人员撰写的日全食现象;知识介绍性文章就更常见了,如对"五四运动"的介绍性文字。毕业论文文章化的错误就是文章中没有作者自己的新观点、新材料和新方法,即使有一点也是片段的、零碎的,作为一名大学生,应当有自己的鉴赏力和鉴别力。

(2) 毕业论文总结化

有的大学生平时可能看论文少,看一般文章多,于是不知不觉地受到一般文章的影响,又不知不觉地将毕业论文写成了总结性的东西。这种所谓"毕业论文"的特征是语句表达流畅,正文也有自己的套路,如开头爱用"在……指导下","在……帮助下";一般是突出重点若干个,落实措施多少条等。写工作总结要这样写,但写毕业论文绝不能这样,将论文写成总结是写论文还没有入门的表现。

(3) 毕业论文教材化

大学生学习由于长时间看教材,容易形成思维定式和写作习惯。教材是有特定的写法的,如要交代写作的原因,要有程式化的篇章结构,要对名词做出解释给出定义,要对所论事物做出意义解释等。编写进教材的内容是经过反复证明的,是正确的理论和可靠的知识,被写进的新观点、新材料和新方法是吸收性的,主要不是或完全不是编写教材的人的成果。按照教材的写法来写毕业论文实际上是走进了一个误区,这样的毕业论文显然是不合格的。

(4) 毕业论文浅显化

有的毕业论文在行文上合乎规范要求,但在研究的深度上很不够,在内容的分析上缺乏本学科和人文社会科学的基本理论和基本知识,尽讲一些正确的而毫无新意的话,如"任何事物都是一分为二的"等人人皆知的口头话,不会用学术语言表达自己的思想。这样的问题反映出本学科的基础理论和知识掌握不牢,分析和解决问题的能力较低,缺乏思维创造力,也不会用自己的语言表达自己的思想。

此外,还有一些毕业论文还像是散文、随笔或杂谈之类的文章,也要注意不能出现类似的情况。

2. 文风方面的问题

毛泽东同志十分重视文风问题,在延安整风时,他就写了《反对党八股》,把文风问题和党的作风,和整个革命事业联系起来。1958 年,毛泽东同志在《工作方法》六十条中指出文件、文章应该具有三种性质,即准确性、鲜明性、生动性,毛泽东同志提出的这"三性"也就是对优良文风的三个基本要求,对毕业论文的文风也具有重要的指导意义。

毕业论文切忌说空话、说废话,如果要是在毕业论文中说大话、说假话,那么错误的性质就更加严重了。毕业论文的生动性要以充实的内容为基础,有充沛的感情应该来自内心的真情实感。如果是生编硬造,不懂装懂,雕琢粉饰,任意夸张,结果会适得其反。

要克服不良文风,应该在自身的修养和锻炼上下功夫,还要注重在实践中增长才干提高自己。同时,还要认真读书学习,吸收别人好的经验,提高语言的综合运用能力。

思 考 题

6.1 毕业论文的写作容易出现哪些问题?
6.2 毕业论文的选题和观点应注意什么?
6.3 毕业论文的结构和格式应注意什么?
6.4 毕业论文的材料和语言应注意什么?
6.5 毕业论文的文体和文风应注意什么?

第 7 章

毕业论文的修改

毕业论文的修改是毕业论文写作过程中不可缺少的重要环节,也是提高写作水平和毕业论文质量的关键。本章主要介绍了毕业论文修改的重要性以及修改的范围和方法等。

7.1 毕业论文修改的重要性

一篇毕业论文经过了选题、准备材料、谋篇布局等这样一个复杂的过程,历尽千辛万苦终于写出来了,也难怪有的人读自己的初稿就像是年轻父母欣赏刚问世的小孩子一样处处顺眼,要让他们修改自己的毕业论文有时舍不得下手,或者无从下手。但是,毕业论文写作是一项十分严肃的学术研究工作,它不仅需要热情,更要有严谨的科学态度,未经修改过的毕业论文只能算是"半成品"。刀不磨不快,文章不改不好,作家巴金说:"写到死、改到死,用辛勤的修改来弥补自己作品的漏洞。"由此可见,修改对毕业论文质量的提高有着重要的作用,从某种意义上可以说是在写作过程中一个具有决定性作用的环节。因而,要采取积极的修改态度,应有求知的韧性,研究的耐性,修改的认真性。

1. 修改是由对客观事物认识过程决定的

修改的过程,也是对所论述的客观事物不断加深认识和选择最佳表达形式的过程。毕业论文要求大学生综合运用所学的理论和知识,紧密联系实际,反映出对客观事物的认识。但是,客观事物是千变万化、丰富多彩和曲折复杂的,认识它不容易,反映它更是困难。这种困难一方面来源于客观事物本身的内部矛盾有一个逐渐暴露的过程,它的发展是曲折复杂的;另一方面,这种困难来源于人的认识要受到各种主客观条件的制约,在认识过程的各个阶段中稍有疏忽,就容易出现片面性和主观性。认识过程的这种复杂性,决定了写作过程难以挥笔而就,毛泽东在《反对党八股》中指出:"文章是客观事物的反映,而事物是曲折复杂的,必须反复研究,才能反映恰当;在这里粗心大意,就是不懂得做文章的起码知识。"列夫·托尔斯泰说过:"黄金要经过淘洗才能得到,精辟的、被表达得很好的思想也是这样。"撰写毕业论文的过程从本质来说也是一个认识过程,在写作过程中,多一次修改就多一次认识;多一次修改就前进一步,至少可以减少失误和克服不足。正如作家老舍所说:"文章必须修改,谁也不能一下子就写成一大篇,又快又好。"

2. 修改是写作中贯穿始终的重要环节

毕业论文的修改看似是毕业论文初稿完成以后再做的事,只要把初稿再完善一下就可以了,是完成毕业论文写作的最后一道工序。但是从总体过程来讲,修改应是贯穿整个毕业论文写作过程中的。通常可将写作划分为4个阶段,在每一个阶段都应该注重对毕业论文的修改。

第1阶段,构思中的修改。在选完题,知道了毕业论文的基本格式和要求后,先不必急于动笔写作,磨刀不误砍柴工,起草动笔之前要酝酿构思,修改就要从这里开始。比如,如何确立中心、选择材料、布局谋篇等需要进行认真的思考。虽然在脑海中的修改是看不见摸不到的,却能使真正落笔写起来时少走弯路,有时甚至决定着通篇的成败。因此,在动笔前一定要深思熟虑,不要信笔写来最后发现问题后再作大的调整和改动。

第2阶段,动笔后的修改。动笔之后就进入了细致的思索过程,要边写边改,边改边写。这个阶段从时间上来说是最长的,一定要耐心细致,形象思维与逻辑思维交用,反复进行分析、对比和抉择,搞好层次的划分,材料的使用,段落的衔接,词汇的斟酌推敲等之后完成初稿。

第3阶段,初稿后的修改。全文完成之后要逐字逐句、逐层逐段地审读,进行全面的修改。在修改中不仅要字斟句酌,还要考虑材料取舍、层次安排、结构组织、中心的表达等。这一阶段的修改非常关键,由于论文在起草初稿的过程中对每个论点、论据不可能想得很周密,表达则更难做到准确无误。而在初稿完成后的着眼点就可以从局部写作转到总体审视,居高临下地检查,推敲中心论点的表达是否突出,各层次、段落的安排是否妥当。此外,立足点可以从撰写者移到读者方面,能够对全文各个部分进行"评头论足"和"挑三拣四",更客观和更严格地认真思考,反复推敲,使毕业论文进一步趋于成熟和完善。

第4阶段,在指导老师指导下修改。指导老师审阅全文后会对优点给予肯定并指出存在的不足,在虚心听取指导老师的点评后,领悟要深,然后重新考虑修改。这个阶段的修改比原先增大了,如果改好了,毕业论文的水平会有显著提高。

3. 修改是提高写作能力的重要途径

毕业论文的写作是一种写作能力的锻炼和综合能力提高的训练。要提高写作能力,不仅要多写,还要多改才行。有不少大学生思路敏捷,写东西也比较快,但是由于不重视修改、推敲和琢磨的较少,写成的毕业论文或其他文章往往会出现结构比较松散、格式不够规范、词句重复啰唆、错别字较多、标点常常用错等问题,因而写作水平提高不快。应该把修改看做是写作过程的一个重要阶段,学习怎样修改毕业论文和文章,也是写作的一种基本训练,而且还是非常有效的训练。鲁迅把领悟"不应该那么写"——即修改初稿的方法,称为是"极为有益的学习方法"。从某种意义上说,会不会写,可以用会不会修改来衡量。只有到了会写也会改的时候,才可以说具有一定的写作水平和能力。正如契诃夫所说,"写得好的本领,就是删掉写得不好的地方的本领"。通过修改论文,可以进一步提高遣词造句、布局谋篇的能力和逻辑推理的功夫。

修改论文,也是培养严谨的治学态度和良好学风的需要。写文章是给别人看的,会对社会产生一定的影响。因此,作者必须抱着对读者、对社会的高度负责精神认真修改论文。认真修改论文,严格把关,这是一种严谨的科学态度和治学态度。鲁迅说过:"写完后至少看两遍,竭力将可有可无的字、句、段删去,毫不可惜。"他劝别人修改文章,他自己的文章也常常是反复修改的,如他的著名散文《藤野先生》,修改的地方有160~170处。马克思在《资本论》第一卷写完后,从头到尾作了修改。后来的德文第二版和法文译本,他又分别作了修改。他写《资本论》长达40年,中间经过多次修改,现在的前二卷的前一部分原稿,光保存下来的就有8种之多。保尔·拉法格在《忆马克思》一书中说:"马克思绝不出版一本没有经过他仔细加工和认真琢磨的作品。他不能忍受他未完成的东西公之大众的这种思想。要把他没有做最后校正的手稿给别人看,对他是最痛苦的事情。……有一天他对我说,他宁可把自己的手稿烧掉,也不愿半生不熟地遗留在身后。"这种对社会的高度负责精神,值得我们很好地学习。

7.2 毕业论文修改的范围

修改毕业论文就是要把毕业论文中的缺点和错误改正过来,使之更准确合理,更有说服力。一般来讲,修改时发现什么问题就要及时改正什么问题,力求做到观点和材料的统一,内容和形式的统一。通常毕业论文的修改范围包括以下几个方面。

1. 修改思想观点

思想内容是毕业论文的灵魂,观点是文章的统率。因此,修改毕业论文,首先要从思想和观点开始。要综观全局,看写作意图是否表达清楚,基本观点是否正确全面、具有新意,从属论点是否准确地表达了基本观点。基本观点错误,其他一切论点、论据都不足以成立,这样的毕业论文肯定是不合格的。如果基本论点把握不准确,不能把最典型、最具本质意义的思想和规律揭示出来,或者有某种失误和偏颇,就要动"大手术",进行一次大改写甚至重写;如果论点落后于形势的发展,缺乏新意,就要重新构思和概括,或改变论证角度,进一步挖掘和提高;如果出现主观、片面、空泛的地方,要进行强化、增补等改写工作,把偏颇的改中肯,片面的改全面,模糊的改鲜明,粗浅的改深刻,松散的改集中,有失分寸的改恰当,陈旧的改新颖,立意太低的加以升华。

2. 修改题目

毕业论文的标题具有极其重要的作用,对题目的修改是一种根本性的修改。一般来说,本科生或专科生的毕业论文题目宜小不宜大,宜实不宜虚,宜窄不宜宽,所包括的范围应明确,文字应具有相当的概括力。如果题目精练鲜明,就更能传神生辉,使人一看就有兴趣,因此,对初稿的题目进行斟酌、推敲和改动,是非常重要的。毕业论文写作,文和题是互相作用、互相影响的。文要切题,题要配文,如果文不对题,题目过长或太笼统,都必须修改,使题目能概括地表达论文的中心论点和讨论的范围,起到"画龙点睛"的作用。

3. 修改结构

一篇毕业论文应是一个完整严密的整体,毕业论文的结构是论文表现形式的重要因素,是对毕业论文内容的组织安排,关系着全文的布局。修改结构一定要看整体结构是否合理,全文脉络是否贯通,安排是否匀称,层次划分是否清楚严谨,衔接转换是否自然,结论是否水到渠成,全文是否具有科学性、系统性、逻辑性和完整性。修改结构一般应从以下几个方面入手。

(1) 调整层次和段落。层次和段落的安排,形成了毕业论文的骨架。文章的层次要清楚,段落要分明,安排要合理。修改论文结构有时要作大变动,大变动是指拆散原结构,重新谋篇布局。有时只作小调整，小调整是指对部分层次和段落另行划分，或者调动位置。可以先从大小标题之间的关系来看毕业论文的思路和层次，如果不设小标题，则要从内容去判断。例如，毕业论文在内容上是否符合"提出问题，分析问题，解决问题"的逻辑联系；全文的布局、层次和段落的安排是否有条理；层次的脉络是否顺畅；各段的分论点是否明确、协调；对杂乱无章的阐述要疏理，删去重复和矛盾的地方，补上缺少的部分。无论是结构进行大的变动或小的调整，最终的目的是实现全文意思上的连贯通畅。

(2) 修改绪论和结论。毕业论文由绪论、本论、结论三大部分组成，完整的结构主要体现在这三个部分的协调一致，同时还要审视各个部分的主次、详略是否得当。绪论作为开头部分一定要引人入胜，通常绪论部分要开门见山，或"落笔入题"，说明本文论题，或"开宗明义"，提出基本论点等。切忌兜圈子，讲废话，久久不能入题。毕业论文的结尾也很重要，它是阐述问题的结论，其重要性不亚于开头。"编筐编篓，全在收口"，结论要对绪论中提出的问题和本论中分析论证的问题进行综合概括，并得出总体性看法和总结性意见，使毕业论文有一个深刻有力的结尾。

(3) 修改逻辑关系。一篇毕业论文的论点与论据、大论点与小论点之间一定要有严密的逻辑性，这种严密性主要看毕业论文的结构是否严密。如果毕业论文结构松散，要加以紧缩，删去那些多余的材料，去掉添枝加叶、离题太远或无关紧要的句段。为使结构严谨和谐，对全文各部分的过渡和照应、结构的衔接、语气的连贯等方面，也要认真地考虑和修改。

4. 修改材料

材料是毕业论文中的"血肉"，它是证明观点的论据，也是论点成立的依托，要进一步核查使用的材料是否恰当、真实、可靠、典型、新颖。如果发现与论题不相吻合的材料，或者是杂乱、重复的材料，即使材料本身很精彩，也必须删减；如果是陈旧、平淡和一般化的材料，就要更换；如果材料单薄，应要充实。此外，还应注意要毫不吝惜地删去毕业论文中多余、重复、冗长的段落和句子。

5. 修改语言

语言是表达思想的工具，为了使毕业论文写得准确、简洁、生动，就要注意在语言运用上反复推敲修改。毕业论文的语言修改主要应在三方面下工夫：一是表达清楚而简练，要用最少的文字说明尽可能多的问题，必须把罗唆重复的地方改为精练简洁的文字，这是一篇高质量毕业论文必不可少的条件；二是文字表达的准确性，要把似是而非的话改为用准确的文字描述，避免出现含糊不清、模棱两可的地方；三是语言的可读性，要把平淡的改为鲜明的，把拗口的改为流畅的，把刻板的改为生动的，把隐晦的改为明快的，把含混笼统的改为清晰具体的。

为了使语言准确、简洁、生动，就要注意锤炼字句，但锤炼字句目的是为了更好地表情达意，所以锤炼不能脱离内容的需要，去孤立地雕琢文词，追求华丽。修改语言和标点一般应从以下几个方面入手。

(1) 对生造词语、词类误用、词义混乱等用词不当、词不达意的毛病，要坚决改掉，文中不能有错别字和不规范的简化字、自造词。鲁迅说他自己写文章"不生造除自己之外，谁也不懂的形容词之类"，"只有自己懂得或连自己也不懂的生造出来的字句，是不大用的"。每个人都应认真学习这种严肃认真、一丝不苟的态度。

（2）对结构残缺、结构混乱、搭配不当等不合语法的句子，要注意改正，使之合乎语言规范。杜甫说："为人性僻耽佳句，语不惊人死不休"。唐代作家皮日休说："百炼成字，千炼成句"。字句要好，就必须反复锤炼、反复琢磨修改。

（3）要注意句子之间的逻辑联系，力求上下贯通，语气一致，通顺流畅。

6. 修改标点符号

多数学生在写初稿时一般多从内容和结构上考虑，来不及推敲标点符号的使用，所以在修改语言文字的同时，一定要重视标点符号的修改。标点符号用得恰当，能够准确地表达内容；反之，就会影响内容的表达，甚至产生歧义。检查标点符号，主要是看标点符号的用法是否正确，以及调整点错位置的标点符号。修改时，要按约定俗成的用法，严格按规定的格式进行书写。

此外，在修改中，对论文中的图表、符号、公式等要仔细检查，使之合乎规范，对比较复杂的容易出错的地方，更应仔细校正。

7.3　毕业论文修改的方法

古今作家在修改文章方面，积累了丰富的经验，值得我们在修改毕业论文中借鉴和参考。

1. 虚心征求别人的意见

在毕业论文初稿完成后，请他人帮助修改的方法，是一种较好的方法。俗话说："旁观者清，当局者迷。"自己写的论文，总认为"自己写得好"，看不出毛病来，而别人站在比较超脱的地位，容易发现其中存在的问题。一个人写文章，难免有考虑不周之处，文章写完后请别人来看看，听听别人的批评，是一个很好的方法。当然，作者在听了别人的意见后，要进一步消化、分析、取长补短、集思广益，进而通盘考虑，摒弃自己的成见，吸收他人的真知灼见，使论文达到比较理想的水平。当代作家老舍明确指出，修改文章"念给自己听是好办法，还可以念给别人听，别人的耳朵有时候比咱们自己的更可靠。"毛泽东同志在《党委会的工作方法》一文中说："有些文件起草出来压下暂时不发，就是因为其中还有些问题没有清楚，需要先征求下级的意见。"党的文件是这样，个人写的文章也需要这样。

2. 热改法与冷改法交替使用

所谓热改法，是指初稿完成后，趁热打铁，立即进行修改的方法。这种方法的优点是：记忆清晰，印象鲜明，改动及时，避免遗忘。缺点是：由于作者处于写作兴奋状态，对需要删改的部分不易看出，往往难以割爱。

所谓冷改法，就是初稿完成后，放上一段时间再修改的方法。这种方法可以避免热改法不够冷静、清醒的缺点。因为人脑的思维具有滞后性，初稿一写成，作者的思想和情绪还难以从论文中超脱出来，按原来的固定思路，难以发现初稿中的问题，也难以判断论文写作的得失、成败。只有把稿子搁上一段时间，作者头脑冷静了，原来的偏爱和偏见也淡薄了，重读初稿，就容易摆脱原来固定思路的束缚。特别是经过阅读有关资料和思索有关问题，产生新的感受、新的认识，再看初稿就容易发现不完善、不妥当之处，通过删除多余、增补不足，使论文水平有新的提高。

3. 通过诵读,锤炼字句

毕业论文初稿完成后,诵读几遍,发现问题,然后修改。这种修改方法,对论文中存在的一些毛病,如语句不通、衔接不紧、缺词漏字、情感不相称等语言表达方面的问题,光看不容易发现,但一诵读就读出来了,甚至有时仅凭"语感"也能发现不妥之处。古代一些诗人写作读文,总是反复吟唱,直改到顺口为止。杜甫是"新诗改罢自长吟"的。他诗写完了,要反复长吟诵读,在诵读中发现问题,然后再改。写诗如此,作文也需如此。一些有经验的作家很重视这种修改文章的方法。老舍说:"文章写完之后,可以念给别人听听。念一念,那些不恰当的字句,不顺口的地方,就显露出来了,才可以一一修改,文章叫人念着舒服顺口,要花很多心思和工夫。"大学生写毕业论文,语言运用还不太熟练,运用这种方法发现问题,是应该提倡的。

4. 正确使用修改符号

虽然现在许多人是在计算机上进行写作,修改比较方便,只要将光标移到要进行修改的位置就可以根据自己的需要进行毕业论文修改工作了。但是,尽管可以在计算机上的电子文本中反复进行修改,但最后离不开在打印后纸本原稿上进行修改。应注意尽量保持整洁,修改什么,怎样修改,要在书面上有清楚的表现。部分学生在修改时往往乱涂乱画,这样不但不整洁,修改一多,也容易造成文字混乱。能正确使用修改符号,可以使修改的稿子保持整洁,理清头绪,养成修改文章的良好习惯。文稿中常用的一些修改符号及其用法如表 7-1 所示。

表 7-1 修改符号及其用法

类型	符号形态	符号作用	符号在文中用法示例	说明
1.字符的改正		改正	哪里发生问题了? 哪里发生问提了?	为改正一个字符; 为改正多个字符
		删除	哪里发生生问题了? 本论文中一定存在许多缺点和错误。 本论文中一定存在许多缺点和错误。	多用于删去数字、词或标点符号; 多用于删去句、段
		增补	哪里发生题了? 该标准规定的共有22种	增补符号有时也使用 ⌒、⌒的形式

续表

类型	符号形态	符号作用	符号在文中用法示例	说明
2. 字符次序和位置的改动		调位	态度要正端 认真修改，提高毕业论文的质量 要重视	第1个符号用于单个字符或少数字符的对调；第2个符号用于大段或隔行的调位，箭头插在移入位置
		连续	获取知识的方法是： 学习、学习、再学习。	连续号是把两处连接在一起的符号，箭头指向连接处
		提行	完成了各项工作。下学期	提行号是另起一段的符号，把原来一段的文字分成两段，在需要分段的地方标示
		移位	第1个符号用于单个字符或少数字符的	移位号表示向左或向右移到箭头所指的短线处
3. 字符间距的改动	> <	加大空距	3. 通过朗读	表示适当加大或减小字距、行距 ＞用于需要空一行的两行之间，标在行的左端；＜用于应连接的两行之间，也标在行的左端
		减少空距	3. 通过朗读	
	#	离空	第1章结论	离空号是表示空行、空格的符号。标在需要离空的位置上，空一字距用#表示，空二字距用##表示
4. 字符的复原和代替	△	复原	一定要查找资料 使修改的稿子保持整洁，理清头绪	复原号表示恢复已删除文字的符号。第一符号标在需要复原的文字下方；第二符号用于复原大段文字，符号标在已删除部位的四角
	○	代替	图象与人类活动密切相关，对图象处理提出了越来越高的要求。数字图象处理技术高速发展 ○=像	同页内要改正多处相同字符用此符号，要在页边注明 例如，○=像

5. 毕业论文定稿与印刷

毕业论文初稿完成以后，要在指导教师的指导下要认真进行反复修改，应改到学生和教师比较满意后才可以定稿。在定稿后打印出毕业论文的清样后，还要对全部内容再进行一次校对，对有关引文、注释、文字、标点等应认真检查，以纠正印刷后发现的错误。校对是毕业论文写作的最后一道工序，也是从"技术"方面保证论文质量的最后一道关卡。

印刷论文要按照所在学校规定的格式要求打印装订出来，如果学校提供毕业论文模板，应严格按照模板来进行印刷。印刷毕业论文通常要注意以下几个方面：一是要设计毕业论文的版面。毕业论文的版面设计包括毕业论文封面设计、目录版面设计、论文正文版面设计、参考目录的编排等；二是选择好字体。字体要按照学校规定的来选用，如有的学校规定正文为小四号宋体字，对各级标题也有相应规定，学生不能违反规定，因为毕业论文的印刷是一件很严肃的事情；三是印刷毕业论文。印刷毕业论文可以是打印论文，也可以将论文交印刷厂印刷，这主要按需要多少份数和学生所在学校的条件而定。自己有计算机和打印机的，也可以自己打印，自己装订，也可以交有关服务单位打印、装订。有的学校要求学生到学校印刷室统一印制。毕业论文的纸型也一定要遵守学校的规定，一般为 A4、B5 或 16K 纸中的一种，有的学校还提供统一的印刷好的毕业论文封面，纸型当然要与封面一致。毕业论文的印刷份数，学生本人可以自行决定，除了上交审阅答辩的以外，多余的可以自留备用。

毕业论文印制完毕后，学生就将自己的毕业论文暂时固化起来，接下来的任务就是准备毕业论文答辩。不过，上交毕业论文前，还要检查一下提交的毕业论文有无缺页、损页的，如果发现了要立即调换。此外，还要进行毕业论文的备份，包括打印文本和电子文本的备份。

思 考 题

7.1　为什么说毕业论文要善写还要善改？
7.2　毕业论文初稿完成后，一般从哪几个方面着手修改？
7.3　毕业论文修改的方法主要有哪些？
7.4　常用的修改符号有哪几种？如何正确使用修改符号？

第 8 章

毕业论文的答辩

毕业论文写作完成之后,接下来的工作就是要全身心地投入到答辩准备。毕业论文答辩是毕业论文教学活动的最后一个环节,是对学生研究论题情况和综合能力素质的一次重要检验,同时也是对已完成的论文质量和真伪的最后审核。本章主要介绍毕业论文答辩的意义、过程和应注意的问题等。

8.1 毕业论文答辩的必要性

即将完成学业的大学生应明确毕业论文答辩的目的和意义,以积极的态度认真做好各方面的准备,争取达到答辩的最佳心境和状态,充分发挥出自己的才能和水平,最后取得圆满的成绩。

1. 什么是毕业论文答辩

毕业论文完成后都要进行答辩,以检查学生是否达到毕业论文的基本要求和目的,学生口述总结毕业论文的主要工作和研究成果并对答辩老师所提问题做出回答。毕业答辩是对学生的专业素质和工作能力、口头表达能力及应变能力的综合考核;是对学生知识的理解程度做出判断;是对毕业论文所研究的问题发展前景和学生的努力方向进行最后一次的直面教育。

毕业论文答辩是答辩委员会、答辩小组的成员(以下简称答辩老师)和撰写毕业论文的学生面对面的,由答辩老师就毕业论文提出有关问题,让学生当面回答。它有"问"有"答",还可以有"辩"。毕业论文答辩不仅对于毕业论文进行严格考核是必要的,而且对于毕业论文的深化和提高,保证毕业论文质量具有重要作用。

在答辩之前学校通常要对毕业论文进行评审,这是为毕业论文答辩进行的必要准备工作之一。但是毕业论文评审只是对毕业论文进行单向的、书面的、静态的考核,而毕业论文答辩则是对毕业论文进行双向的、口头的、动态的考核。由于毕业论文评审自身特点的限制,它对毕业论文的考核还是初步的、不全面的,不能起到答辩对毕业论文所起到的考核作用。

毕业论文答辩的成功与否,直接关系到毕业论文的价值和成绩的评定,也是决定学生是否能够顺利毕业的重要条件之一。凡是没有经过批准无故不参加答辩,或者是答辩没有通过的学生,将领不到毕业证书,更谈不上被授予学位了。

2. 毕业论文答辩的特点

答辩是辩论的一种形式,辩论按进行形式的不同,可分为竞赛式辩论、对话式辩论和问答式辩论等。答辩就是问答式辩论的简称,毕业论文答辩具有以下几个特点。

(1) 双向性

毕业论文答辩是答辩老师和答辩学生双向思想的交流,但从总体上说,是以问答的形式为主,以不同观点的辩论为辅。毕业论文答辩有助于核对事实、澄清疑问、补充观点、纠正偏差。一方面答辩老师可以在肯定论文优点的同时,提出论文存在的疑点、弱点以及错误;另一方面答辩学生可以本着坚持真理、修正错误的精神,进行必要的说明、解释、补充和修正。

(2) 广泛性

答辩学生的答辩准备范围比较广泛,在答辩前需要作好充分准备。然而,毕业论文答辩会上的题目是由答辩老师根据毕业论文事先拟定(对答辩学生是保密的)或现场临时提出的,所要答辩的题目个数一般是3个或3个以上。因此,虽然在进行答辩会之前答辩学生作了许多准备,但难以针对答辩会上提出的问题有针对性地作准备,只能就自己所写的毕业论文及有关问题进行相关的思考和准备。

(3) 口试性

答辩学生在以前各门课程的考试、考查通常采用笔试形式,毕业论文答辩却具有口试性质,可以使学校和答辩老师更好地了解毕业班答辩学生的实际水平,尤其是口头表达能力、逻辑思维能力、综合运用所学知识的能力等。

(4) 非对等性

参加答辩会的一方是撰写毕业论文的学生,人数为1人,另一方是答辩老师,人数有3人或3人以上。一般来说,答辩老师是处在主动的、审查的地位上,而学生则处在被动的、被审查的地位上,并且双方在知识、阅历、资历、经验等方面相差比较悬殊。

(5) "双重身份"性

竞赛式辩论除了有参加辩论的双方外,还设有专门的裁判,即有个"第三者"对辩论双方做出评判。而毕业论文答辩虽然也要做出评判,但它不是由特设的裁判员来评判,而是由参加答辩会的一方——答辩小组或答辩委员会——对另一方即论文作者的论文和答辩情况做出评价。可见在毕业论文答辩会上,答辩老师既是辩论员,又是裁判员。

3. 毕业论文答辩的目的

毕业论文答辩的目的,对于组织者(校方)和答辩学生都是不同的。

(1) 组织者进行答辩的目的

组织者进行答辩的目的用一句话来概括就是为了进一步审查毕业论文。

① 审查答辩学生毕业论文的真实性

以前对于学生毕业论文的真实性没有人提出疑问,近年来由于受社会上某些弄虚作假等不正之风的影响,致使在毕业论文中抄袭剽窃、请人代笔等不良行为时有发生,而急功近利的浮躁之风又使这种不良行为有蔓延的态势。例如,个别学生的毕业论文是雇佣"枪手"代作的;还有个别学生平时忙些其他事情,主要精力没有用在学习上,到快要上交毕业论文的时候仍"苦思冥想"写不出,于是随意东拼西凑上交一篇,企图蒙混过关。指导教师固然应严格把关,可是当一个教师要同时指导多名学生不同题目、不同范围论文的情况下,对作假舞弊情况,也很难做到没有疏漏。所以,通过答辩鉴别毕业论文的能力就更强些,而且在答辩会上还可通过提问与答辩来揭露作弊者。加强毕业论文真实性的审查力度,能起到遏制不良现象的发生和端正学风的作用,对纯洁学术道德也有良好的教育示范作用。因此,现在的毕业论文答辩都增加了审查毕业论文真实性这项工作,而且是首要任务。

② 审查答辩学生对所研究课题的认识程度和当场论证论题的能力

虽然从学生所提交的毕业论文中,已能够大致反映出每个学生对自己所写论文的认识程度和论证论题的能力。但是,由于各种原因,毕业论文中有些问题可能没有充分展开细说,有的可能是限于全局结构不便展开,有的可能是受篇幅所限不能展开,有的可能是学生认为这个问题不重要或者以为没有必要展开详细说明,有的可能是深入不下去或者说不清楚而故意回避了的薄弱环节,有的还可能是学生自己根本就没有认识到的不足之处。通过对这些问题的提问和答辩就可以进一步弄清学生是由于哪种情况而没有展开深入分析的,从而了解答辩学生对自己所写的论文的认识程度、理解深度,以及临场发挥能力、语言表达能力、思维活跃能力等。

③ 审查答辩学生对专业知识掌握的深度和广度

尽管通过毕业论文可以看出学员掌握知识面的深度和广度,然而毕业论文写作的主要目的不是考查学生掌握知识的深广度,而是考查学生综合运用所学知识独立地分析问题和解决问题的能力,培养和锻炼进行科学研究的能力。答辩学生在写作论文中所运用的知识有的已确实掌握,能融会贯通地运用;有的可能是一知半解,并没有转化为自己的知识;还有的可能是从别人的文章中生搬硬套过来的,其基本含义都没搞清楚。在答辩会上,答辩老师把毕业论文中有阐述不清楚、不详细、不完备、不确切、不完善之处提出来,让答辩学生当场做出回答,从而就可以检查出学生对所论述的问题是否有深广的知识基础、创造性见解和充分扎实的理论依据。

(2) 答辩学生参加论文答辩的目的

答辩学生参加毕业论文答辩的基本目的就是通过,能够按时毕业。因此,答辩学生要想顺利通过毕业论文答辩,就必须熟悉校方组织毕业论文答辩的要求,然后有针对性地作好准备,继续对毕业论文中的有关问题作进一步的推敲和研究,把毕业论文中提到的基本材料搞准确,把有关的基本理论、基本原理和基本观点弄清楚。

答辩学生切忌不能把对毕业论文答辩的认识仅局限在通过上,更不能对答辩敷衍塞责、马虎从事和轻易放弃,应充分认识毕业论文答辩具有多方面的意义。

4. 毕业论文答辩的意义

毕业论文答辩教育教学的形式本身,对于答辩学生来说,是一个提高和培养能力素质的重要途径。为了参加毕业论文答辩,答辩学生在答辩前就要积极进行各方面的准备,这种准备的过程本身就是积累知识和增长知识的过程。毕业论文答辩会是众多大学生未经历过的场面,不少人因此而胆怯,缺乏自信,通过参加毕业论文答辩,不但可以使答辩学生的口头表达能力、演讲能力、思维能力、辩论能力和应变能力得到提高,而且能够帮助答辩学生从答辩的过程中总结说服他人的技巧和方法,培养从容面对的自信,也是克服怯懦心理的锻炼机会。当今社会需要人才的能力是多方面的,表达能力、思维能力和应变能力无疑都是应具备的重要能力,任何一方面能力的欠缺都会影响今后的发展。因此,毕业论文答辩可以为答辩学生将来走向工作岗位和参与社会竞争提供经验,奠定基础。

除此之外,答辩老师在答辩会上提出的问题一般是毕业论文中涉及的本学科学术问题范围内带有基本性质的重要问题,是答辩学生应具备的基础知识,却又是论文中没有阐述周全、论述清楚、分析详尽的问题,通常也是毕业论文中的薄弱环节和答辩学生没有认识到的不足之处。通过提问和指点，就可以使答辩学生了解自己撰写毕业论文中存在的问题和不足，并为今后研究其他问题时提供参考，以便将来能够向纵深发展，取得更大的成绩。

8.2　毕业论文答辩前的各项准备

毕业论文答辩是一种有组织、有准备、有计划、有鉴定的比较正规的审查论文的重要形式，答辩前校方、答辩委员会、撰写毕业论文的答辩学生都要作好充分的准备。

1．校方要做的准备工作

（1）制订毕业论文答辩工作程序

毕业论文答辩的工作程序有的高校是由校（院）统一制订的，有的是由院（系）分别制订的。其实仅就毕业论文答辩工作程序而言，并非每年都要研究制订一次，因为答辩工作程序是一个非常程式化的程序，它是在办学历史上逐渐形成的，并作为一种惯例被沿用下来，除非有特殊情况稍有变动。但是，校方每年都要召开这样的会议，以会议的形式再次将毕业论文答辩的工作程序定下来，如安排答辩时间、地点，确定答辩老师，规定成绩评定细则，宣布答辩纪律等。

（2）审查学生参加毕业论文答辩的资格

① 必须是已修完高等学校规定的全部课程的应届毕业生和符合有关规定并经过校方批准同意的上一届学生。

② 学生所学课程必须是全部考试、考查及格；实行学分制的学校，学生必须获得学校准许毕业的学分。

③ 学生所写的毕业论文必须经过导师指导并有指导老师签署同意参加答辩的意见。

只有同时具备了上述3个条件的学生才有资格参加毕业论文答辩。

（3）组成毕业论文答辩委员会和答辩小组

毕业论文的答辩必须成立答辩委员会，设主任委员1人，根据情况还可设副主任委员1～3人。为了使众多学生能及时答辩，一般又分设若干答辩小组，每个小组3～5人不等，每个答辩小组又设组长（有的称主辩）1人，担任召集人和仲裁人的角色，答辩小组组长在答辩现场一般也称答辩主席。

（4）布置毕业论文答辩场地

毕业论文答辩场地要适当布置，总体要求是空间适当，庄严庄重，地点可选择在教室、实验室、会议室或办公室。为了营造气氛，在答辩场地中央可用横幅写上"某院（系）某某届毕业论文答辩"等字样，也可写在黑板上或用多媒体投影显示。有的答辩学生需要运用多媒体演示内容，校方要尽量为其提供便利的条件。

（5）拟定毕业论文成绩标准

毕业论文答辩结束后，答辩小组要根据毕业论文以及答辩情况评定成绩。为了使评分宽严适度，大体平衡，校方应事先制订一个共同遵循的评分原则或评分标准。

2．答辩老师的准备

答辩老师在举行毕业论文答辩前，要对答辩学生的毕业论文进行反复的审阅，并找出毕业论文中论述不清楚、不详细、不确切之处，并拟定好在论文答辩会上需要答辩学生回答或进一步阐述的问题。

由于每一篇毕业论文的内容、形式、特点和存在的问题是不一样的,根据毕业论文答辩老师拟出提问的问题也是不同的,即使是同一篇论文,不同的答辩老师所要提问的侧重点也会有所不同。因此,学生在准备毕业论文答辩时,猜题是没有必要的,也是没有益处的。但这并不是说答辩老师出题是任意的,毫无规律可循的,答辩学生就没有必要准备了。事实上,答辩老师拟题提问是有一定的范围并遵循一定的原则的,了解答辩老师的出题范围和原则,对如何准备答辩是有帮助的。

(1) 拟定答辩问题的范围

答辩老师拟定答辩问题是有严格的界定范围的,即答辩老师在毕业论文答辩会上所提出的问题仅仅是论文所涉及的学术范围之内的问题,一般不会也不能提出与毕业论文内容毫无关系的问题,这是答辩老师拟题的大范围。在这个大范围内,主答辩老师主要是从鉴别真伪、检验水平和弥补不足3个方面提出问题。鉴别真伪题是指围绕毕业论文的真实性拟题提问,目的是要检查论文是否是答辩学生自己写的,如果毕业论文不是通过自己辛勤劳动写成的,就回答不出来这类问题;检验水平题是指与毕业论文主要内容相关的,测试答辩学生水平高低、基础知识是否扎实、掌握知识的广度深度如何来提出问题的题目,主要是毕业论文中涉及的基本概念、基本理论以及运用基本原理等方面的问题;弥补不足是指围绕毕业论文中存在的薄弱环节和存在的问题,请学生在答辩中补充阐述或提出解释。

(2) 拟定提问问题的原则

答辩老师拟定提问问题的题目数量一般在3~5个,把握题目做到理论知识与实际问题相结合的原则、难易深浅相结合的原则、点面相结合的原则。根据我们的了解和多年的实践教学经验,答辩老师拟定题通常会从以下几个方面来考虑。

① 就提问问题的类型而言,需要专业基础知识题和应用题相结合。题目中一般会有基础知识题、基础理论题,也会有理论联系实际及考查答辩学生分析问题和解决实际问题能力的应用题。

② 就提问问题的难度而言,题目会因人而异,深浅适中。由于每个答辩学生的学习情况不同,上交的毕业论文水平高低不一,假设是提问同一个基础知识的问题,有的同学很容易就能正确回答出来,而有的同学就回答不全面甚至根本回答不上来,因此,答辩老师一般会因人设题来提问。对基础知识掌握较扎实、毕业论文写得较好的学生,所提问题的难度就要高些,范围要广些,深度要大些,让这些学生不致产生骄傲情绪;对基础较差、水平较低的学生,一般所提问题就要相对容易些,让这些学生不致被完全难倒。这样对不同对象的提问,均可使所有答辩学生在原有的基础上有所提高。

③ 就提问问题的方式而言,形式多样,大小问题相结合,深度和广度互相联系。

作为答辩学生了解答辩老师拟题提问的一般规律和出发点,目的不是为了应付答辩老师,而是为了能够充分作好答辩准备。

3. 答辩学生的准备

答辩学生的准备工作是多方面的,主要应做好心理、资料和自述报告的准备。根据我们多年的教学实践经验,通过对已毕业学生参加的毕业论文答辩情况来看,答辩学生在答辩会上的表现具有以下3个方面的特点:一是态度积极认真,大部分同学感到既新奇,又紧张,个别同学甚至有点不知所措;二是部分同学的专业基础理论知识相对比较薄弱;三是许多同学还不能较好地把所学到的专业理论知识和实际应用有机地结合起来。

(1) 心理准备

毕业论文答辩是一次综合教学考试,也是毕业论文的通过考试,更是学生获准毕业和取得学位的必由之路,学生们又从未曾经历过,多数学生在答辩前难免会产生紧张的心理,有的甚至会产生焦躁不安的情绪。但也有极少数学生漫不经心,对毕业论文答辩不重视。

紧张与自负心理都是不可取的。过度紧张的心理会使答辩大失水准,无法体现真实的能力和水平。其实,只要认真对待答辩,通过并非难事。以轻视的态度面对答辩,就会在答辩中难于集中精神,自述时容易丢三落四,回答问题时张冠李戴,这种自负就如同搬起石头砸自己的脚一样。对待毕业论文答辩的正确态度应是树立自信心,适当放松心情,这是学生应具备的一种最基本的心理素质。凡是有较强自信意识的学生,在答辩过程中都会心绪镇静、思维敏捷、记忆完整,可以淋漓尽致地发挥出自己的水平,甚至是超水平发挥。当然,要做到自信,就要对自己的毕业论文内容、范围、材料有充分的理解和多方面的准备,做到烂熟于心,这样对答辩老师提出的问题即使不能对答如流,至少也能迎刃而解,问有所答。

(2) 资料准备

要提前将与毕业论文有关的一些图表类资料整理好。例如,理工类毕业论文答辩时,一般会涉及工作原理图、软件流程图等;经济类论文答辩时,可能会涉及许多统计表、统计图、测算表、明细表、演示图等。准备相关的图表一定要准确规范,大小适宜,并悬挂在答辩现场作为讲解的辅助工具。

(3) 自述报告准备

在毕业论文答辩开始后,首先由答辩学生就毕业论文完成情况进行自述,答辩的自述时间长短各院校或各专业规定的不尽一致,一般为5~15分钟。要想自述取得好的效果,就要提前拟定好自述报告(或称答辩提纲),而且这份自述报告应简明扼要,重点突出,这样有助于理清答辩学生的思路,组织好语言。

自述报告的内容通常包括所研究课题的背景和研究该课题的主要意义、关键技术或主要论点、独立解决问题的创新方法、研究依据和研究结果等。

① 精读毕业论文,从中提取主要内容,这些内容是自述报告的重要组成部分。要列出研究课题所采用的主要技术或基本观点,提供的主要论据、结论、理论价值和实际应用的意义。

② 了解所研究课题的背景和目的,以及它的发展和现状。

③ 在课题研究中所做的主要工作和研究方法。如理工类的毕业设计(论文)一般要求每位学生必须独立做完相应模块,答辩学生要集中力量陈述自己独立工作完成的部分,还要把研究方法和主要原理讲清楚,这是评价毕业设计(论文)难易程度的主要依据之一。

④ 不仅要熟知已研究课题的基本情况,还要延伸到相关领域收集与选题有关的材料,掌握有关的知识。

⑤ 了解重要的引文和参考资料的来源,论证材料的来源和渠道等。

⑥ 毕业论文中还有哪些问题应该涉及或由于力所不及未能完成的地方。由于答辩学生的毕业设计及论文的写作都是在较短的时间内完成的,且知识面和掌握程度有限,鉴于这些原因,虽有一些研究成果,但毕竟不够深入,难免存在疏漏和片面的地方,所以针对不足之处要提出来。能看到自己的差距和不足,说明对课题的研究比较深入细致。

自述报告写好后最好要进行试讲和模拟答辩,试讲的时间长度应与学校实际规定的答辩自述时间长度相同。试讲可先由答辩学生独立完成,自己讲给自己听,试讲的过程应尽量脱稿演讲,大概掌握发言时间的长短,对自述报告不尽如人意的地方反复进行修改,然后学生之间自行组织进行多人模拟答辩。

毕业论文写得再好,而答辩不好,也是不会取得好成绩的。因此,答辩学生只有在各方面作好充分准备,克服怯场和侥幸这两种倾向,才能临阵不慌不乱,在答辩中有出色表现,最后取得一个理想的好成绩。

8.3 毕业论文答辩的一般程序

答辩学生要在毕业论文答辩会举行之前半个月左右,将经过指导老师审定并签署过意见的毕业论文上交给答辩委员会,答辩委员会的主答辩老师在仔细研读毕业论文的基础上,拟出要提问的问题,然后举行答辩会。答辩会通常是先由答辩学生的自述开始,然后由答辩老师提问,答辩学生回答问题。

1. 毕业论文答辩的过程

(1) 答辩学生自述

答辩学生首先进行自我介绍作为答辩的开场白,向答辩老师介绍自己的姓名、学号、专业。在自我介绍时要举止大方、礼貌得体,争取先给答辩老师留下一个好的印象。

收到成效的自我介绍只是毕业论文答辩的前奏,接下来的自我陈述才进入正轨,答辩学生要介绍一下毕业论文的概要,这就是所谓的"自述报告"。须强调一点的是"自述"而不是"自读",自述时最好不要看事先准备好的自述报告,而要凭借自己的理解和记忆按以下顺序进行讲述。

① 向答辩小组报告毕业论文的题目,标志着答辩的正式开始。

② 简略谈一下课题背景、选择此课题的原因及课题现阶段的发展情况。

③ 重点介绍有关课题的具体研究过程、工作内容、主要依据、观点看法、实验数据和所取得的研究成果,要着重介绍自己在课题研究过程中有哪些创新或独到之处。

④ 对课题研究结果进行分析,得出结论,同时要说明研究成果的实用价值、理论价值和经济价值,并展望一下发展前景。

⑤ 对自己的研究工作进行简要评价,如在哪些方面有了进步,存在哪些不足之处等,自我评价要实事求是,态度谦虚。

(2) 提问与答辩

在答辩学生自述之后答辩老师开始提问,这是一个相互交流的过程,有问有答,是毕业论文答辩中相对灵活的环节。一般采取答辩老师提问,答辩学生当场进行回答的方式。

前面已经讲过了答辩老师拟定提问问题的范围和原则,一般不会出现离题的情况。答辩老师提问的重点通常会让答辩学生对关键问题进行详细深入的阐述,或者是让答辩学生解释清楚自述中未讲明白的地方。有时答辩老师还会问一类判断类的题目,或者是故意以错误的观点提问,只需答辩学生回答"对"或"错"、"是"或"非"。

在整个提问与答辩的过程中,答辩学生要保持头脑清醒,注意力高度集中,仔细聆听答辩教师的问题,然后经过缜密的思考,组织好语言,回答问题时力争条理清晰、完整全面、重点突出。如果没有听清楚问题,可以请答辩老师再重复一遍提问的问题。答辩学生对提问的问题确实不会回答时,不要胡乱瞎编、东拼西凑地来回答,能回答多少就回答多少,也不要着急,答辩老师通常会对答辩学生改变提问策略,采用启发和引导的方式,或者降低问题的难度。

(3) 评定成绩

所有参加答辩的学生逐一回答完问题后退场,答辩会结束。然后,答辩委员会(答辩小组)要举行会议,集体根据毕业论文质量和答辩情况,商定通过还是不通过,并拟定成绩和评语。

如果学生的答辩成绩不及格,则毕业设计(论文)的成绩也为不及格,可见毕业论文的写作和答辩都十分重要,两者都不可偏废。

2. 答辩老师的提问方式

答辩老师一定要把握所提问题的范围和原则,同时,在毕业论文答辩会上,答辩老师的提问方式也会影响到组织毕业论文答辩会目的的实现以及答辩学生答辩水平的发挥。

(1) 提问要先易后难

答辩老师提的问题最好是按先易后难的次序提问,尽量使所提的第一个问题是答辩学生能答得出并且答得好的问题。答辩学生第一个问题答好,就会放松紧张心理,增强自信心,从而有利于在以后几个问题的答辩中发挥出正常水平。反之,如果提问的第一个问题就过深过难使答辩学生回答不上来,就容易使答辩学生加剧紧张,产生慌乱,可能会影响到对后面几个问题答辩水平的发挥。

(2) 提问要逐步深入

为了更好地检验答辩学生的专业基础知识掌握的情况,有时可把一个大的问题分成若干个小问题,并采取逐步深入的提问方法。假若这些"小问题"全部都能回答上来,说明该答辩学生基础知识掌握得很扎实;能回答出其中的部分"小问题"或每个"小问题"都能答一点,但答得不全面或不很正确,说明该答辩学生基础知识掌握得一般,"小问题"一个也答不上,说明该答辩学生专业基础知识没有掌握好。

(3) 提问要态度和蔼

当答辩学生的观点与答辩老师的观点不同时,答辩老师应以温和的态度、商讨的语气与之开展讨论,不能居高临下,张口就下"错了"、"谬论"等结论。如果答辩学生的观点言之有理,持之有据,即使与答辩老师的观点截然对立,答辩老师也应给予认可并欣然接受;假若答辩学生的观点并不成熟,也要善意地进行探讨,并给答辩学生辩护或反驳的平等权利;当答辩老师的观点不能为答辩学生接受时也属正常现象,答辩老师应以和蔼的态度与答辩学生进行讨论。一般来讲,只要答辩老师讲得客气,答辩学生就容易接受、考虑答辩老师的观点,重新审视自己的观点,达到共同探索的目的。我国唐代大文学家韩愈在著名的《师说》一文中说过:"弟子不必不如师,师不必贤于弟子。闻道有先后,术业有专攻,如是而已。"

(4) 提问要注意启发

有时可能会出现当少数答辩学生对答辩老师所提的问题答不上来时,就无可奈何地在那一言不发,或者是不会装会、东拉西扯地与答辩老师绕圈子。遇到这种情况,答辩老师既不能让答辩学生尴尬地等着,也不能任其"瞎说",而应当及时加以启发或引导。答辩学生答不上来有多种原因,例如,其中有的是原本掌握这方面的知识只是由于问题完全出乎他的意料而显得心慌意乱,或者是出现一时的"知觉盲点"而答不上来,这时只要稍加引导和启发,就能使他把问题回答好。只有通过启发和引导仍然答不出或答不到点子上的,才可以判定他确实不具备这方面的知识。

8.4 毕业论文答辩时应注意的问题

毕业论文答辩既是对答辩学生几年学业的一个综合考试,同时也是对答辩学生综合素质的一个全面检验。作为一名大学生,除了要在学业上取得进步,尽自己最大努力将毕业论文答辩完成好,还要展现自己各方面的素质,让人觉得你是一个全面发展、朝气蓬勃、健康向上的青年。答辩学生要想取得理想成绩,除了在答辩前作好充分准备外,还需要了解和掌握答辩的一些要领和技巧。

1. 答辩时应掌握的要领

(1) 答辩时要实事求是,谦虚礼貌

毕业论文答辩的过程也是学术思想交流的过程,答辩学生应把它看成是向答辩老师学习、讨教问题的好机会。同时,答辩学生更应意识到自己在整个毕业论文答辩过程所处的角色是一名学生,是在接受考核。所以,答辩学生一定要尊重答辩老师,虚心听取他们提出的问题和意见,谨慎作答。

答辩学生应该明白,在毕业论文答辩过程中某个问题被问住是不奇怪的,因为答辩老师一般是本学科学术造诣较深的,也可能是对这一问题有专门的研究,答辩老师提出来的某个问题回答不上来是很自然的。当然,所有问题都答不上来,一问三不知就不正常了。

当答辩老师提出的问题难以回答或在某个问题上自己不同意答辩老师的意见时,答辩学生要以谦逊的态度,礼貌地陈述自己的观点,千万不要傲慢无礼,切忌耍态度;对回答不上来的问题,不能不懂装懂,胡乱瞎编来应付;当答辩老师对自己毕业论文中有关内容是否涉及抄袭提出怀疑时,一定要实事求是加以说明。

在答辩结束时,无论自己感觉答辩情况如何,答辩老师如何评价,都要从容、有礼貌地退场。

(2) 答辩时要把握重点,简明扼要

在答辩老师提问题时,答辩学生一定要集中注意力认真聆听,仔细推敲主答辩老师所提问题的要害和本质是什么,听明白题意后,抓住问题的主旨,弄清答辩老师出题的目的和意图。在构思时要理清每个问题所要回答的"中心"、"关键"是什么,从哪一个角度去回答问题最好,应举什么例子来证明。

答辩学生无论是自述还是回答问题,都要注意强调重点,略述枝节,开门见山地表述观点,对研究深入的地方适当地展开多讲些,研究不够深入的地方最好避开不讲或少讲。特点是在回答问题时要紧扣题意,抓住要害,层次分明,合乎逻辑,言简赅地说出自己的见解。

(3) 答辩时要弄清题意,沉着应对

答辩学生如果对答辩老师所提的问题没有听清楚,可以请答辩老师再说一遍;若是不理解题意,也可以请答辩老师把问题提得再明白一些,尽量争取答辩老师的提示,或者把自己对问题的理解说出来,并问清是不是这个意思,等得到肯定的答复后再作回答。

答辩学生千万不要未听清或听懂问题的题意就匆忙作答,造成答非所问;更不可因一时未听懂提问而不知所措,心慌意乱。此外,切忌回答问题时语无伦次,东拉西扯,烦琐啰唆;

还要力求回答问题时客观、全面、辩证并留有余地,不要把话说的太"绝对化"。

答辩学生在答辩时既要自信,又要虚心,具备良好的心理素质,用积极的态度面对遇到的困难,努力思考,认真回答,不能一遇到难题就退缩,更不能自暴自弃,一定要沉着应对答辩时可能会出现的各种情况。

(4) 答辩时要语速适中,充分展示

进行毕业论文答辩的同学一般都是首次,由于紧张和缺乏锻炼,容易出现讲话速度越来越快,说话的声音越来越小等问题。过快会使答辩老师难以听清楚,过慢会使答辩老师感觉答辩学生对这个问题不熟悉。学生平时就要注重语言表达能力的提高,在答辩时讲话力争做到快慢适中,把握节奏,声音宏亮,语速流畅,口齿清晰。

虽然毕业论文答辩同其他答辩一样以口语为主,但适当运用体态语会使答辩效果更佳,是充分展示自己的一种手段,特别是目光和手势体态语的运用,会起到一个很好的辅助作用。眼睛是心灵的窗户,答辩学生与答辩老师的目光也是一种交流,也是进行心灵的接触,手势语言的恰当运用会显得自信和有力。相反,如果在答辩过程中始终如一地直挺挺地站着,或者始终如一地低头俯视,即使毕业论文写得再好,但答辩效果也会受到一些影响。

2. 答辩时应注意的细节

(1) 答辩时要携带必要的资料和用品

答辩学生进入答辩会场要携带毕业论文底稿、自述报告和一些主要的参考资料。虽然答辩老师提出问题后一般不给答辩学生准备时间,要求当场作答,但在回答过程中,也是允许翻看自己的毕业论文和有关参考资料的,答辩时虽然不能依赖这些资料,但带上这些资料,当遇到一时记不起来的地方时,稍微翻阅一下有关资料或许就会找到提示,也可以缓解回答不上来问题的慌乱心情。

如果需要用相关的图表来介绍毕业论文,也一定要提前准备好,且图表应大小合适,符合规范,清晰整洁,布局合理,能让答辩老师看清楚。

答辩学生到答辩现场最好带上笔和本,以便把答辩老师所提出的主要问题和有价值的意见、见解记录下来。通过记录,可以更好地理解老师所提问的关键是什么,还可以边记边思考,而且也是今后修改好毕业论文的需要。

(2) 答辩时穿着要朴素大方

所谓答辩学生穿着要朴素大方,是指穿着要适合做学生的身份,不可过分夸张和讲究。在当今生活水平普遍提高的情况下,答辩学生穿得好一些本无可厚非,但如果过分注重打扮,过分注重外表,就与自己的学生身份不太符合。假若有一名女同学浓妆艳抹,头发的颜色和造型很特别地出现在答辩会上,可能就会引起答辩老师的不悦。相反,如果答辩学生进入答辩会时蓬头垢面,不修边幅,衣服不整洁,也会让答辩老师看着很不舒服。虽然答辩学生的穿着不会对毕业论文的成绩有什么影响,但却会给人留下不同的印象。所以,答辩学生在答辩时的穿着一定要朴素大方,干净整洁。男同学在答辩时可以穿上西装打个领带或其他干净朴素的衣服,女同学也要选择合适得体的服装。总之,答辩学生的外表要给人一种精神振奋、正气充足、蓬勃向上、青春灿烂的感觉。

(3) 答辩时要镇定自若

在答辩学生作好充分准备的基础上,应自信自己一定可以顺利通过答辩,不要被毕业论文答辩现场的气氛吓到,一定要克服紧张、不安、焦躁的情绪,过度的紧张会使本来可以回答出来的问题也答不上来。只有充满自信,沉着冷静,从容应对,才会在答辩时有良好的表现。

此外,答辩学生在答辩时还要注意仪态与风度,有人将人的体态分解为最小单位来研究(如头、肩、胸、脊、腰等),认为凹胸显现怯懦、自卑,挺胸显示情绪高昂,但过分则为傲慢自负;肩平颈正显示正直、刚强,脊背挺拔体现严肃而充满自信,但过分就会被人看做拘泥刻板保守,略为弯腰有度,稍稍欠身可表示谦虚礼貌。

(4) 答辩时要控制时间

通常除了答辩学生进行自述报告有时间要求外,回答问题的时间一般也会有所限制,除非答辩老师特别强调要求展开论述,否则不必过细展开,直接回答主要内容和中心思想,简单干脆,切中要害。因此,答辩学生在进行论文答辩时应重视时间的掌握,在答辩前应该对将要答辩的内容有时间上的估计,尽量避免出现时间不足或超过时间的现象,到该截止的时间立即结束,这样,显得有准备,对内容的掌握和控制也轻车熟路,容易给答辩老师留下一个良好的印象。

(5) 答辩时要用好人称

答辩学生在毕业论文答辩过程中必然涉及人称使用问题,建议尽量多地使用第一人称,如"我"、"我们",即使论文中的材料是引用他人的,也要用"我们引用"了哪儿的数据或材料。毕业论文是自己的成果,可以大胆地使用第一人称,这样会使答辩老师产生东西是你的,工作做了不少这样的印象。

(6) 答辩时要有答有辩

在毕业论文答辩中,有时答辩老师可能会提出与你的毕业论文中基本观点不同的观点,然后请你谈谈看法,此时就应全力为自己观点辩护,反驳与自己观点相对立的思想。当答辩老师提问的是学术探讨性问题时,如果你所写的毕业论文的基本观点是经过自己深思熟虑,又是言之有理、持之有据、能自圆其说的,就不要因为答辩老师提出不同的见解,就随声附和而放弃自己的观点,这样就等于是你自己否定了自己辛辛苦苦写成的毕业论文。要知道,有的答辩老师提出的与你毕业论文相左的观点,并不是他本人的观点,他提出来无非是想听听你对这种观点的评价和看法,或者是考考你的答辩能力或你对自己观点的坚定程度。退一步说,即使是提问老师自己的观点,你也应该以"吾爱吾师,吾更爱真理"的态度,据理力争,与之展开辩论。

不过,答辩学生与答辩老师展开辩论要把握尺度,讲究分寸,切不可强词夺理,进行狡辩,应以维护自己的观点为主,反驳对方的论点要尽可能采用委婉的语言,请教的口气,用旁说、暗说等办法让提问的答辩老师接受你的观点。

毕业论文答辩之后,答辩学生要进一步思考答辩老师提出的意见,总结毕业论文写作的经验教训,搞清通过这次毕业论文写作,自己学习和掌握了哪些科学研究的方法,在提出问题、分析问题、解决问题以及学术科研能力上得到了哪些提高,还存在哪些不足,以求得纵深发展,使自己在知识上和能力上有更大的提高。

3. 答辩应注意的其他问题

答辩学生在答辩结束后的当场不要询问毕业论文答辩成绩,这既是对答辩老师的礼貌问题,也可避免影响其他答辩同学的答辩情绪。

如果答辩学生对最终宣布的毕业论文答辩成绩有意见,可以向上级反映或提交书面意见。尽管答辩学生有申诉的权利,但一定要慎重使用这个权利,不到万不得已时不要这样做。答辩学生要相信答辩老师给每个答辩学生的成绩都是公平的,而且这个成绩是经过反复核准的,绝大多数情况下是不会出现什么问题的。由于答辩委员会(或答辩小组)是由若干位老师组成的,即使有个别答辩老师对你的毕业论文有些偏见,但在多数答辩老师中仍占少数,也不能起到决定作用,不会影响到答辩学生的基本成绩。如果答辩学生的成绩偏低,主要还是应从自身方面找原因和差距。只有答辩学生确实认为自己的答辩成绩给得过低,实在不公平,或者毕业论文答辩没有通过,再考虑提交书面申诉意见。

思 考 题

8.1 谈谈你对毕业论文答辩必要性的认识。
8.2 如何做好毕业论文答辩前的各项准备?
8.3 为什么答辩学生要了解毕业论文答辩的一般程序?
8.4 毕业论文答辩容易出现哪些方面的问题?
8.5 毕业论文答辩的要领和技巧有哪些?
8.6 同学之间演习一下毕业论文答辩的过程,然后谈谈体会和感受。

第 9 章

毕业论文的指导

学生只有在教师的指导下才能更好地完成毕业论文的写作和答辩,而教师在指导的过程中也能提高自己。本章主要介绍了毕业论文指导的意义和内容以及如何争取指导教师的最佳指导等。

9.1 毕业论文指导的意义

在我国的高等院校中,毕业论文是高校本科教学工作中的一项常规性内容,是加强和完善本科学习阶段的最后环节,是学生对在校期间所学知识的全面检验、总结,是高等学校毕业生在毕业前接受课题任务,在教师指导下独立进行科学研究,获得科研基本训练并取得成果的过程。在此过程中,教师对学生毕业论文的指导是一项必不可少且要求很高的工作。它体现了学校专业培养的目标、方向与要求。论文工作是高校实现人才培养目标的综合性实践教学环节,既是高校培养创新性人才目标的重要措施,也是培养学生运用所学的基本理论、基本知识和基本技能分析解决实际问题的能力、独立工作能力、增强创新意识的重要途径。

平时布置练习、批改作业以及考试测验等,固然也是检查教学效果的重要手段,但那是单项的、零碎的,唯有毕业论文写作,是学生对所学知识的综合运用,是学生应用理论知识分析实际问题、解决实际问题能力的生动反映,也是对教学效果的一次全面反馈。毕业论文的指导过程是教学相长的过程,是教师检验其教学效果、改进教学方法、提高教学质量的绝好机会。尽管有的学生平时学习成绩不错,对书本的内容掌握较好,但未必能写出一篇有质量的毕业论文。这里,除了学生的学习基础、整体素质等方面的原因外,从教师的教学方面来看,是否也存在某些问题和不足,今后怎样改进之,对教师来说,这正是指导学生写作毕业论文的一大收获。

另外,毕业论文也是学生留给学校的一份宝贵财富。教学是一种双向交流的过程,学生从学校获得的是知识,接受的是文化和道德的熏陶;同时,学生也以各种方式影响学校,许多学生的才华、见识、经验以及党性修养等,都给学校和教师留下深刻的印象。而毕业论文则是学生留给学校的另一份特殊的精神财富。每届学生毕业,都留下一批毕业论文,其中不乏优秀之作。学校可以用它来丰富教师的教学内容,启发教育后来的学生;可以用它来分析解决某些实际问题或理论问题,填补这些领域科研的空白;还可以推荐给有关部门或报刊杂志,以扩大影响。

总之,毕业论文的指导过程是学生在校期间向学校递交最后一份书面作业的过程,也是教师对学生作最后一次执手训练的过程。无论是教师还是学生都能在整个毕业论文的写作过程中获益颇多,而指导学生写好毕业论文,无论对国家、社会,对学校、学生和教师,都具有重要而实际的意义。

9.2 毕业论文指导的内容

毕业论文是在教师指导下,由学生独立完成的一篇习作性论文。教师对学生毕业论文的指导是一项必不可少而且要求很高的工作,在学生完成毕业论文写作的过程中,指导教师的任务很重,对学生毕业论文指导的内容也很多。学生对这些指导内容的了解也能让学生对自己的毕业论文工作流程有个大概的了解,能更好、更快地进入到毕业论文的创作中,事半功倍地完成自己在大学期间的最后一项科目。本节归纳了指导教师在毕业论文指导工作中的几个主要方面。

1. 指导学生做毕业论文的心态

少数大学生对毕业论文写作的意义认识不够,甚至有个别学生错误地认为这是学校强加给他们的额外负担。所以对于学生们的种种错误心态,指导教师很有必要在学生的毕业论文写作过程中自始至终地对他们进行鼓励、帮助和指导。

指导教师要对学生进行科学道德规范教育,使他们充分认识到毕业论文在大学阶段学习中的地位和作用,使学生树立勤奋学习、勇于实践、实事求是的态度,坚决反对弄虚作假、抄袭剽窃等不良行为。指导教师应使学生认识到毕业论文写作不是一蹴而就的,它是对学生在大学阶段学习成果的总检验,学生必须在毕业论文写作前掌握比较扎实的专业知识和技能,了解本专业的发展近况,具备一定的写作能力,掌握相应的毕业论文写作程序和规范,才能写出高质量的毕业论文。

2. 指导学生合理安排时间和具体的实施计划

大学生进行毕业论文写作的时间相对较短,而且在这短暂的时间里还要忙于就业等事情。因此,指导教师要根据学校以及院系本专业教学的具体要求和安排,指导学生制订好毕业论文写作计划,帮助学生制订阅读参考资料目录、研究计划和撰写毕业论文的具体进度,为更快更好地完成毕业论文写作打下基础。

3. 指导学生进行选题

选题是毕业论文写作的开端,好的选题可以使学生少走弯路,充分发挥自己的聪明才智,所谓"题好文一半",这开始的第一步迈向何方,是具有决定性意义的,选题的方法和原则详见第2章。

4. 指导学生收集整理材料

在论文的选题确定了之后,接下来的重要工作则是如何搜集材料的问题。在某种意义上说,撰写论文的过程就是搜集材料、消化材料的过程。因此,材料搜集丰厚或单薄,在某种意义上往往能够决定论文的成败。材料是文章的血肉,写文章不能没有材料,材料的收集和整理详见第3章。

5. 指导学生撰写文稿

如果说前面的阶段都是思考和准备的过程,那么,毕业论文的撰写则是进入到了核心的关键阶段。在确定了毕业论文主题,理清了具体思路,而且材料都已经准备完毕的时候,学生就可以根据自己的思考,合理地组织材料,根据自己论述的需要,选择一种结构形式,进行自己的毕业论文写作了。在以前章节介绍的有关内容的基础上,指导教师可从以下几方面给予学生具体写作方面的指导。

(1) 指导立意

立意就是确立毕业论文的主题。主题在毕业论文中处于核心地位,是"灵魂"和"统率"。教师指导学生立意,要遵循以下原则:第一要符合现实需要,体现时代精神;第二要反映客观事物本质,揭示其内部的规律性;第三要有独到的见解。要获得独到的见解,关键在于多思,其次要有胆识,敢于标新立异。指导教师要指导学生站在时代的高度,深入事物的本质,多思深思,确定有现实意义、有独到见解、有理论深度的主题。

(2) 指导谋篇布局

所谓谋篇布局,就是考虑和统筹安排毕业论文的整体结构。毕业论文的结构形式多种多样,从总体上讲,结构应服务于内容,学生可以根据自己论述的需要,将几种形式结合起来,综合运用。结构是文章的骨架。确定了主题,选定了材料,接着就要把文章的框架搭起来。主要指层次和段落的安排,明确如何开头和结尾,论文的主体部分如何展开,上下文如何衔接,前后如何照应等。

(3) 指导撰写初稿

在撰写初稿的执笔顺序方面,一般是按提纲排列的自然顺序进行,从开头写起,依次写到结尾,这样便于论文的前后风格保持统一,衔接紧凑,自然流畅。也可以从本论写起,先写好本论、结论后再写序论部分,这样可以先易后难,容易起笔。

(4) 指导修改定稿

修改是毕业论文定稿前必不可少的步骤,指导学生修改毕业论文可从思想内容和表现形式两方面考虑。思想内容包括论点和材料,表现形式包括结构和语言,通过修改,使尽可能正确的思想内容和尽可能完美的表现形式二者相统一,以提高毕业论文的水平。最终,经过指导教师对学生论文初稿进行审核之后,就可以把它作为定稿了。

6. 指导学生进行答辩

答辩是毕业论文的最后"验收"阶段,旨在了解学生对所选择课题研究的深广程度和真实程度,并引导学生对本课题作进一步的深入研究,在指导学生答辩工作中,要让学生了解答辩程序和应注意的一些问题,指导学生撰写自述报告。有关毕业论文答辩的内容详见第8章。

9.3 如何选择适合自己的指导教师

学生在了解了毕业论文指导的必要性和主要内容之后,就要考虑在自己的毕业论文创作中如何选择指导教师的问题了。其中的关键就是要选择一个适合自己的指导教师。有的教师水平高,但是不一定有时间来指导学生的毕业论文写作;有的教师有时间,但是有可能指导学生的数量有限;有的条件都合适,但是也可能其他不可知的原因导致选导师的失败。所以在确定选导师的时候,学生都应该仔细斟酌,选择适合自己的指导教师。

对每一个学生来说,选择导师的时候,都可能有自己碰到的具体问题。此时,学生应该和自己打算选择的指导教师充分交流,听取教师的意见,合理安排自己的时间,充分利用教师的建议,找到适合自己的导师。

除了这些具体的、非共性的问题外,学生在选择指导教师的时候就是要看这些教师的水平高低了。毕业论文指导教师首先必须要达到一定的思想修养标准才能胜任指导毕业生毕业论文的工作;其次扎实的专业理论知识和文字水平也是评价一个毕业论文指导教师是否合格的基本标准;最后还要看毕业论文指导教师在指导学生毕业论文工作中是否有着积极、负责、认真的态度和合理详尽的工作计划来做好指导工作。

1. 思想修养

"传道授业解惑"中的"传道"即要求教师在给学生传授专业知识的同时还要以自己的思想品格去影响学生,所以担任毕业论文指导教师的人,其本身必须具有较高的素质和修养,其中最主要的就是思想方面的修养。

合格的指导教师,首先应具有较高的政治觉悟、思想水平和强烈的责任感,要有"燃烧自己、照亮别人"的"蜡烛"精神和甘为"人梯"的精神,要把指导学生顺利撰写并通过毕业论文看成是学校交给自己的一项严肃任务。

指导教师不仅要凭自己的业务水平帮助学生提高毕业论文质量,更要表现出为人师表的良好风范,用实际行动去影响学生,使之在完成毕业论文的同时,心灵上也能再次受到良好教育。

2. 理论修养

"要给学生一杯水,教师就要有一桶水。"学生毕业论文所涉及的学科是非常广泛的,不仅有本专业知识,还会有其他相关专业领域的内容。担任毕业论文指导教师的人,应当是个"通才"和"杂家",对本专业理论要有扎实的基础,对当代各种新理论、边缘科学要有广泛的涉猎,还要有丰富的自然常识与社会知识。即使可以通过分工,实行分类指导,但往往不可能分得那么细,学生论文中所涉及的知识也不可能那么单纯专一,更何况学生论文的一个通病是写得太实,理论性欠强,指导教师应帮助他们在文章里"加进"一些理论分析的内容。

3. 文字修养

毕业论文是写出来的,指导教师应具备较高的写作水平才能指导学生进行写作,这不仅需要熟练掌握毕业论文写作知识,具备一定的语法、修辞和逻辑知识,而且还要有扎实的文字功底和较高的实际写作能力。

俗话说,名师出高徒。毕业论文指导教师不必都是"名师",但都应有"名师意识",要意识到教师有意无意地以自己的面貌影响和塑造着学生,所以,指导教师也应注重自身修养的提高,绝对不能"以其昏昏,使人昭昭"。

9.4 如何争取指导教师的最佳指导

毕业论文指导教师一般由具有中级(讲师、工程师、助理研究员)及以上专业技术职务和具有相应专业本科及本科以上学历的专业教师担任。当然,也有一些特殊情况,如行政管理干部中有部分人员有学历和一定的学术研究成果,在某一方面有较深的造诣,只是由于工作需要不在教学岗位上工作,考虑到学生的某些选题和指导毕业论文工作的实际需要,经研究也让这部分人担任指导教师。又如,有少数助教由于实际具有相当于讲师的资格,经研究也可让其担任指导教师,还有刚毕业到高校工作的博士或硕士生,还来不及评聘技术职务,经批准也可以担任指导教师。通常作为研究生以下的毕业论文,上述任何教师的指导能力是没有问题的。

每个学生根据平时对教师的了解情况,都想选一位技术职务较高、各方面能力较强的教师作为自己毕业论文的指导教师,这是很正常的现象。但由于学生人数较多,每位教师指导学生的数量有限,而且现在毕业论文的指导一般也是采用双向选择的方式,学生可以选择指导教师,指导教师也可以选择学生,所以,每名学生不一定能选到自己所希望的教师来指导。这个问题应辩证地来看,选择最强的老师固然好,但也不会十全十美,有些被认为最强的教师其他事情也会很多,指导学生的数量也多,用在具体指导某一个同学毕业论文的时间可能就会少,在这种情况下,还不如其他教师指导得有力。

1. 如何争取指导教师的最佳指导

对于学生来说,一定要争取得到指导教师的最佳指导,这里所说的"争取",是指学生在毕业论文写作过程中,在与指导教师的互动过程中,主动向教师请教,发挥主动学习的积极性,使指导教师认识到自己是个品学兼优的学生,从而更加热情地指导自己的毕业论文写作。这就要求学生在思想上要高度重视毕业论文,在进行毕业论文写作的时候,学生思想上重视与否对于老师来讲是很容易看清楚的,一个对自己毕业论文工作都不重视的学生,教师就是想给予最佳的指导,也无从下手。

在写作毕业论文的过程中,学生必须充分尊重教师的指导意见,争取得到指导教师的全程指导非常关键。全程指导包括选题、收集整理材料、写作、修改、定稿、答辩阶段和答辩以后的毕业论文修改阶段等。在整个毕业论文写作过程中,指导教师会对学生提出一系列的意见和建议,有时还会直接帮助学生修改论文初稿等,指导教师的学识和经验比较丰富,作为学生要充分尊重教师的指导意见和建议,认真地分析与回味教师的意见和建议,并按照指导教师的要求去做。

当然,这里的意思并不是让学生无原则地盲目服从指导教师的一切,学生要认真思考,多提出些自己的意见,有讨论才有"火花",这样才能使学生自己的毕业论文工作进行得又快又好,达到预期的目的。此外,如果学生确实能够确定自己的观点正确,而指导教师的观点存在问题时,也可以坚持自己的观点,但要客观地用商讨的口气向指导教师提出,争取让指导教师同意或接受你的观点。例如,学生可以这样和教师说:"老师,我看了您给我修改的论文初稿很受启发,我会按照您的意见将论文进一步修改,然后再请您审阅。不过,您给我提出的××问题,根据我掌握的材料,我还想请老师帮我再考虑一下,如果老师仍不同意我的观点,我再改。"只要你这样与教师商讨,教师会很高兴的,只要学生说得对,教师是不会固执己见的。

"青出于蓝而胜于蓝"、"师不必贤于弟子",教师在某些方面不如学生也是正常的事情,作为学生切不可因此就觉得这个教师水平低,自己从中学不到什么东西,甚至趾高气扬,忘乎所以。要看到,作为大学生在学业的道路上才刚刚开始,还处于蹒跚学步阶段,在理论体系和知识的系统性上还差得很多。即使已经是硕士、博士了,就算是某一点上或某个方面确实已经超过了自己的教师,但也要保持谦虚谨慎的态度,也要尊重自己的教师。

总之,学生要想在毕业论文写作过程中获得教师的最佳指导,一定要端正自己的思想,刻苦认真,虚心好学,善于思考,在自己做好的同时,必然能得到教师的悉心指导,出色地完成自己的毕业论文。

2. 在指导过程中学生应注意的一些问题

在我们多年的指导学生的毕业论文写作实践中,发现一些学生对与指导教师的关系了解不是很清楚,如有的对指导教师过分依赖,不利于培养自己的钻研精神和独立工作的能力;有的则不善于接近指导教师,缺乏与人沟通和相处的能力,也使自己的毕业论文得不到有利的指导。在学生与指导教师的互动过程中,一些问题应引起学生的注意。

(1) 指导地点和指导时间的约定

指导教师指导学生的地点一般在教室或办公室,还有的愿意在其他任何可以进行指导的场合,作为学生,应当尊重教师,不可强求教师在什么地点,更不可贸然自己指定地点。

至于指导时间,也是因人而异,由于每个人的生活节律不同,有的喜欢利用课后的间隙,有的喜欢在中午,有的则喜欢在晚上,学生应根据教师的时间来确定指导时间,但不管在什么时间,最好都要与教师事先约定。

(2) 指导时间长短和次数的把握

有的学生在请教教师的过程中,每一次占用的时间都很长,甚至连到了中午吃饭的时间还要问这问那,这就不是很合适。虽然教师有指导毕业论文的责任和义务,但就一次指导时间来说不宜过长,一般以一节课为宜,如果占用时间过多,就会影响教师处理其他事情,或影响到对其他学生的指导。尽管一次过多地占用时间,教师可能并不在意,但学生还是应尽量把握好时间的长短。

还有的学生事先不作准备,每遇到一个问题就去找老师,有时一天要反复多次,这样就会影响教师的其他工作。所以请教教师的次数也要有个度。恰当的做法是在向教师请教前,先将平时积累的问题记录下来,然后进行一下整理和分析,最后再将自己思考的问题集中起来向教师请教,这样做的好处是能提高时间的利用率,也可以使自己的问题有一定的深度和广度。

(3) 要讲礼貌礼节并真诚相处

有少数学生在与教师的交往中不太注意礼貌礼节,如进教师的办公室时敲门声音特别大,或者不敲门就直接而入;有的在教师面前夸夸其谈,教师讲一句,他要讲十句;有的在与教师交谈中坐姿不雅等,这些都是要不得的。

还有少数同学与教师交往显得过分热情,甚至与教师见面时还要带上一些小礼物,这也大可不必,教师最喜欢的是学生学业的进步,综合素质的提高,更希望见到学生写出的高质量的毕业论文。当然,并不是说不可以热情,而是热情要有度,如在教师节或春节给教师打个电话或发个短信问候一下就比什么都好,会让教师感到很欣慰。教师和学生一定要真诚相处,共同保持这块人间人际关系的可贵净土。

思 考 题

9.1 学生如何争取指导教师的最佳指导?
9.2 指导教师指导学生毕业论文主要有哪些内容?
9.3 为什么教师要对学生进行毕业论文的指导?
9.4 怎样才能称得上是一个合格的毕业论文指导教师?

第 10 章

信息检索基础知识

在当今信息社会中,科学技术上的借鉴、继承、交流和综合的一个主要途径是通过信息检索来实现的。本章主要介绍了有关信息检索的一些基础理论以及信息检索的类型、原理和方法。

10.1 信息、知识、情报和文献

10.1.1 基本概念

1. 信息

由于人们研究信息的角度和目的不同,所以提出的信息定义有很多,一般认为,信息是人对现实世界事物存在方式或运动状态的某种认识。表示信息的形式可以是数值、文字、图形、声音、图像以及动画等,这些表示媒体归根结底都是数据的一种形式,是数据的内容和解释。

我国国家标准《情报与文献工作词汇基本术语》(GB/T 4894—1985)中定义:信息是物质存在的一种方式、形态或运动状态,也是事物的一种普遍属性,一般指数据、消息中所包含的意义,可以使消息中所描述事件的不确定性减少。

2. 知识

韦伯斯特(Webster)词典 1997 年定义:"知识是通过实践、研究、联系或调查获得的关于事物的事实和状态的认识,是对科学、艺术或技术的理解,是人类获得的关于真理和原理的认识的总和。"

知识可分为理性知识和感性知识。理性知识是人们对客观事物本质和规律性的认识,是经过思维、逻辑加工的知识,构成知识体系;感性知识是对客观事物的描述和对现象、事实的感知,是未经过逻辑加工的知识。从中可以看出,知识是主客体相互统一的产物。它来源于外部世界,所以知识是客观的,但是知识本身并不是客观现实,而是事物的特征与联系在人脑中的反映,是客观事物的一种主观表征,知识是在主客体相互作用的基础上,通过人脑的反映活动而产生的。

通过上面的各种观点可以看出,知识是人们在认识和改造客观世界的实践中所获得的认识和经验的总和,即人类通过有目的、有区别、有选择地利用信息,对自然界和人类社会及思维方式与运动规律的认识、分析与掌握,并通过人类的大脑进行思维整合,所以知识只存在于人类社会,是一种特定的人类信息。

知识和信息的关系如下:信息是生成知识的材料,知识是理性对信息进行加工处理后形成的产物。知识与信息的区别在于知识比信息经过了更高层次的组织,也更具有价值。由此可见,知识是信息的一部分。但信息能否转化为知识,转化得是否充分、完整,则完全因人而异,这主要取决于信息接受方的认知能力。例如,不同的读者读同样一本书,由于每个读者的认知能力是不同的,他们所获得的信息量就会有显著的差别。

3. 情报

情报与信息在英文中为同一个词"Information",但信息的外延比情报广,信息包括情报。情报是在特定时间,对特定对象的特定知识或有价值的信息。其一部分在知识之内,另一部分则在知识之外,信息之内。情报自产生开始就带有鲜明的定向性。"情报"一词在我国最初的含义多与战事有关,带有相当的神秘色彩。在现代,学术界对情报的理解存在认识上的共性:一是情报来自知识,来自于对知识的加工处理;二是情报不等同于广义的知识和信息,而只是作为交流对象的有用的知识和信息。现代情报概念已经进入了社会各个领域,如商业情报、技术情报、科学情报、军事情报等。

4. 文献

《辞海》对文献一词的解释为:"记录有知识的一切载体的统称,即用文字、图像、符号、声频、视频等手段将人类知识记录在各种载体(如纸张、胶卷、磁带等)上。"

《中华人民共和国国家标准·文献著录总则》对文献定义为:"文献是记录有知识和信息的一切载体。"

国际标准化组织《文献情报术语国际标准》对文献的描述是:"在存储、检索、利用或传递记录信息的过程中,可作为一个单元处理的,在载体内、载体上或依附载体而存储有信息或数据的载体。"

现在通常理解为:文献是记录有知识的一切载体,即知识信息必须通过文献载体进行存储和传递。文献是记录、积累、传播和继承知识的最有效的手段,是人类社会活动中获取情报的最基本、最主要的来源,也是交流传播知识的最基本的手段。文献的构成要素包括知识信息内容、信息符号、记录方式和载体材料。

(1) 知识信息内容

文献记录的内容是人类在生产和社会活动获得的、经过总结和积累的、希望广泛流传和长期保存的知识。文献的本质是知识信息,没有知识信息为内容就不能成为文献。所以说,知识信息是文献的核心和灵魂。知识信息内容是文献最基本的要素。

(2) 信息符号

文献中的信息符号是指图画、文字、图表、编码、声像和电磁信息符号等。

(3) 记录方式

文献记录方式就是将知识和信息通过特定的人工记录方式物化到人工载体上,或者是把信息符号和信息从一种载体上物化到另一种载体上。文献的记录方式主要有:手工记录、机械记录、光记录、电记录、声记录和磁记录。

(4) 载体材料

载体材料是记录知识和信息符号的物质材料,也是信息和知识内容传播的媒介。知识信息内容固然重要,但如果离开载体材料,知识信息内容也就无从传播交流。

5. 信息、知识、情报和文献 4 个概念之间的关系

信息是广泛存在于自然界、人类社会、人类思维之中的事物普遍联系方式；知识是人类社会中经过人类加工的系统化信息；情报尽管不全部是知识，但绝大部分的情报表现为运动着、传递着的知识。因此，信息包含知识和情报；知识和情报是信息之下具有交叉关系的概念，如图 10-1 所示。文献是记录有知识的一切载体，因此知识包含文献。

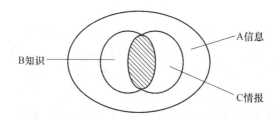

图 10-1　信息、知识和情报关系图

10.1.2　文献信息的分类

1. 按文献信息的载体材料和制作方式划分

（1）纸介质型

以纸质材料为载体，采用各种印刷术把文字或图像记录存储在纸张上而形成。它既是文献信息资源的传统形式，也是现代文献信息资源的主要形式之一。它的主要特点是便于阅读和流通，但因载体材料所存储的信息密度低，占据空间大，难以实现加工利用的自动化。

（2）缩微型

以感光材料为载体，采用光学缩微技术将文字或图像记录存储在感光材料上，有缩微平片、缩微胶卷和缩微卡片之分。主要特点有：存储密度高（存储量高达 22.5 万页的全息缩微平片已问世）、体积小、质量轻（仅为印刷型的 1/100）、便于收藏；生产迅速、成本低廉（只有印刷型的 1/15～1/10）；但是需借助缩微阅读机才能阅读，且设备投资较大。现在可以通过计算机缩微输入机（CIM）把缩微品上的信息转换成数字信息存储在计算机中，使缩微品转换为磁带备用，也可以通过计算机输出缩微机（COM）把来自计算机中的信息转换成光信号，摄录在缩微平片或胶卷上，摄录速度可达每秒 12 万字符，从而大大缩短了缩微型信息资源的制作周期。

（3）声像型（视听型）

以磁性和光学材料为载体，采用磁录技术和光录技术将声音和图像记录存储在磁性或光学材料上，主要包括唱片、录音录像带、电影胶卷、幻灯片等。它的主要特点是存储信息密度高，用有声语言和图像传递信息，内容直观、表达力强、易被接受和理解，但要借助于一定的设备才能阅读。

（4）电子型（机读型）

按其载体材料、存储技术和传递方式，主要有联机型、光盘型和网络型之分。联机型以磁性材料为载体，采用计算机技术和磁性存储技术，把文字或图像信息记录在磁带、磁盘等载体上，使用计算机及其通信网络，通过程序控制将存入的有关信息读取出来。光盘型以特殊光敏材料制成的光盘为载体，将文字、声音、图像等信息采用激光技术、计算机技术刻录在光盘盘面上，使用计算机和光盘驱动器，将有关的信息读取出来。网络型是利用国际互联网

Internet 中的各种网络数据库读取有关信息。电子型信息资源具有存储信息密度高、读取速度快、易于网络化和网络化程度高、远距离高速传输信息的特点，可使人类知识信息的共享得到最大限度的实现。

2. 按文献信息的产生秩序与整理加工的深度划分

文献信息按其信息加工深度划分，可分为零次文献信息、一次文献信息、二次文献信息和三次文献信息。

(1) 零次文献信息

零次文献信息是指未以公开形式进入社会使用的实验记录、会议记录、内部档案、论文草稿、设计草稿等。它具有信息内容新颖、不成熟、不定型的特点，由于不公开交流，故难以获得。

(2) 一次文献信息(primary information)

一次文献信息是指以作者本人的研究工作或研制成果为依据撰写，已公开发行进入社会使用的专著、学术论文、专利说明书、科技报告等。因此，一次文献信息资源包含了新观点、新发明、新技术、新成果，提供了新的知识信息，是创造性劳动的结晶，具有创造性的特点，有直接参考、借鉴和使用的价值，是人们检索和利用的主要对象。

(3) 二次文献信息(secondary information)

二次文献信息是对一次文献信息进行整理、加工的产品，即把大量的、分散的、无序的一次文献信息资源收集起来，按照一定的方法进行整理、加工，使之系统化而形成的各种目录、索引和文摘。因此，二次文献信息资源仅是对一次文献信息资源进行系统化的压缩，没有新的知识信息产生，具有汇集性、检索性的特点。它的重要性在于提供了一次文献信息资源的线索，是打开一次文献信息资源知识宝库的钥匙，可以节省人们查找知识信息的时间。

(4) 三次文献信息(tertiary information)

根据一定的目的和需求，在大量利用一、二次文献信息资源的基础上，对有关知识信息进行综合、分析、提炼、重组而生成的再生信息资源，如各种教科书、技术书、参考工具书、综述等都属三次文献信息的范畴。三次文献信息资源具有综合性高、针对性强、系统性好、知识信息面广的特点，有较高的实际使用价值，能直接提供参考和借鉴。

3. 根据出版形式和内容公开的程度划分

文献可划分为白色文献、灰色文献、黑色文献 3 种类型。

(1) 白色文献

白色文献是指一切正式出版并在社会成员中公开流通的文献，包括图书、报纸、期刊等。这类文献多通过出版社、书店、邮局等正规渠道发行，向社会所有成员公开，其蕴涵的信息大白于天下，人人均可利用，这是当今社会利用率最高的文献。

(2) 灰色文献

灰色文献指非公开发行的内部文献或限制流通的文献。因从正规渠道难以获得，故又被称为"非常见文献"或"特种文献"，其范围包括内部期刊、会议文献、专利文献、技术档案、学位论文、技术标准、政府出版物、科技报告、产品资料等。这类文献出版量小，发行渠道复杂，流通范围有一定限制，不易收集。

(3) 黑色文献

这类文献包括两方面的情况：其一，人们未破译或未识别其中信息的文献，如考古出现的古老文字、未经分析厘定的文献；其二，处于保密状态或不愿公布其内容的文献，如未解密的档案、个人日记、私人信件等。这类文献除作者及特定人员外，一般社会成员极难获得和利用。

10.2 信息检索的发展与分类

10.2.1 信息检索发展历史

信息检索起源于19世纪前期，随着近代科学团体的涌现，集体研究效率的提高，文献逐渐增多，导致了一种社会分工的出现，即对所发表的文献及时地进行收集、加工和整理，并提供一定的手段，方便人们查找文献，信息检索工作便由此产生，并经历了手工检索、脱机检索、联机检索和网络化检索的发展过程。

1. 手工检索阶段（1876—1954年）

手工检索是人们在长期的信息检索实践中沿用的传统方法，是人们直接凭头脑进行判断，借助简单的机械工具对记录在普通载体上的资料进行检索的各种方法的通称，是由检索者通过书本式目录、卡片式目录以及后来出现的穿孔卡片目录等检索工具查找文献线索的过程。

2. 脱机检索阶段（1954—1965年）

自1946年2月世界上第一台电子计算机问世以来，人们一直设想利用计算机查找文献。进入20世纪50年代后，在计算机应用领域"穿孔卡片"和"穿孔纸带"数据录入技术及设备相继出现，用它们作为存储文摘、检索词和查询提问式的媒介，使得计算机开始在信息检索领域中得到了应用。

3. 联机检索阶段（1965—1991年）

所谓联机检索，就是用户使用终端设备，通过通信线路与中央计算机直接与计算机对话进行检索，结果由终端输出。20世纪70年代卫星通信技术、微型计算机以及数据库生产的同步发展，使用户冲破时间和空间的障碍，实现了国际联机检索。计算机检索技术从脱机阶段进入联机检索时期。

4. 网络化联机检索阶段（1991年—现在）

此阶段是从20世纪70年代初到现在。由于电话网、电传网、公共数据通信网都可为情报检索传输数据。特别是卫星通信技术的应用，使通信网络更加现代化，也使信息检索系统更加国际化，信息用户可借助国际通信网络直接与检索系统联机，从而实现不受地域限制的国际联机信息检索。尤其是世界各大检索系统纷纷进入各种通信网络，每个系统的计算机成为网络上的节点，每个节点连接多个检索终端，各节点之间以通信线路彼此相连，网络上的任何一个终端都可联机检索所有数据库的数据。这种联机信息系统网络的实现，使人们可以在很短的时间内查遍世界各国的信息资料，使信息资源共享成为可能。

联机网络和检索终端几乎遍及世界所有国家和地区，使得国际联机信息检索的发展达到了相当高的水平，开展商业性国际联机检索服务的大机构已达200余家，像美国的DIALOG信息公司已成为全世界最为著名的联机检索服务机构。

10.2.2 信息检索的分类

1950年，莫尔斯（Calvin N. Mooers）首次提出信息检索（Information Retrieval）一词。

其后,随着信息检索理论和实践的更新发展,人们对信息检索的认识也不断深入。信息检索具有广义和狭义双重含义,从广义上说信息检索包括两个过程,一是信息资源的存储,就是对有关信息进行选择,并对信息特征进行著录、标引和组织,建立信息数据库的过程;二是信息的检索,用户根据信息检索提问制订检索策略,利用信息数据库查找所需信息内容的过程。从狭义上说,信息检索仅指后一部分。

由于用户的信息需求多种多样,信息检索技术也在不断发展变化,进而产生了多种类型的信息检索。

1. 按检索对象划分

按检索对象划分,即按信息检索结果的内容划分,信息检索分为事实型信息检索、数据型信息检索和文献型信息检索。

(1) 事实型信息检索(Fact Retrieval)

事实型信息检索是以某一客观事实为检索对象,其检索结果主要是客观事实或为说明客观事实而提出的数据。这些数据往往需要进一步处理,才能得出与事实相应的结论,如改革开放以来上海市的经济实绩、近五年在我国申请专利的境外公司的主要变化等。事实型信息检索主要借助各种参考工具书及事实型数据库,有时还需通过文献检索系统。检索结果通常需要归纳多篇相关的文献和统计数据才能得出。

(2) 数据型信息检索(Data Retrieval)

数据型信息检索是指从各种数值数据库和统计数据库存储的数据中查找用户所需的数据信息,其检索结果包括各种参数、调查数据、统计数据、图表、图谱化学分子式等,可供直接使用的科学数据。如杨浦大桥的高度和跨度、去年我国人均GDP指数等。

(3) 文献型信息检索(Document Retrieval)

文献型信息检索是以文献为检索对象,其检索结果是文献线索,也可以是具体的文献,如检索"我国关于教育产业化研究的论文"。完成文献型信息检索主要借助于检索工具书和文献型数据库。

2. 按检索性质划分

(1) 定题检索

定题检索是查找有关特定主题最新信息的检索。其特点是只检索最新的信息,时间跨度小。定题检索需要对检索主题进行随时跟踪检索,及时在数据库中更新或加入新的文献信息,就运行一次定题检索,从而查找出特定的主题信息。这种检索非常适合于信息跟踪,以便及时了解有关主题领域的最新发展动态。

(2) 回溯检索

回溯检索是查找过去特定时期内有关主题信息的检索。其特点是既可以查找过去某一段时间的特定主题信息,也可以查找最近的特定主题信息。与每个定题检索需求要多次检索不同,回溯检索一般只从已有的文献信息库中检索一次,查找出特定主题的信息并提供用户就算完成检索任务。目前,用户利用最多的是回溯检索。

3. 按检索要求划分

(1) 强相关检索

强相关检索强调检索的准确性,向用户提供高度对口信息的检索,也称特性检索。这种检索注重查准率,只要检索得到的文献信息能够满足用户的需求即可,通常对于检索结果的数量多少不作要求。

(2) 弱相关检索

弱相关检索强调检索的全面性,向用户提供系统完整信息的检索,也称族性检索。这种检索注重查全率,要求检索出一段时间期限内有关特定主题的所有信息,为了尽可能避免漏检相关信息,一般对于检索的准确性要求较低。

有时,用户对查准率和查全率要求都较高,要完成这样的复杂检索相当困难。因为在信息检索中,查准和查全常常不能兼顾。因此,要获得比较满意的检索结果,在掌握检索语言的基础上常常要把特性检索和族性检索相结合,交替运用,以获得满意的查准率和查全率。

4. 按检索方式划分

(1) 手工检索

手工检索是以手工操作的方式,利用检索工具书进行信息检索。手工检索是信息检索的传统方式,已经经历了一个世纪的发展历程。手工检索依靠检索者手翻、眼看、大脑判断进行,是检索者与检索工具直接对话。其优点是便于控制检索的准确性,缺点是检索速度慢、漏检现象比较严重、工作量较大。

(2) 机器检索

机器检索是以机械、机电或电子化的方式,利用检索系统进行检索。计算机检索从20世纪40年代以后逐渐发展起来,自电子计算机诞生之后,计算机检索以其强大的存储能力、不断提高的处理性能以及同步降低的价格,很快便成为机器信息检索的主流和代表。因此,机器信息检索主要就是指计算机信息检索。其优点是检索速度快、能够多元检索、检索的全面性较高。相对于手工信息检索而言,其缺点主要是需要借助相应的设备进行检索。

随着计算机技术和通信技术的不断创新,计算机检索从单机检索向网络检索方向发展,向简单化、智能化、多语种化等方向发展,将来必定会逐步取代甚至是完全取代手工信息检索。但是,就目前而言,把两者之间的关系简单地理解为取代与被取代的关系,未免有失偏颇。在相当长的时期内,为了满足用户的多种需求,给予用户更多的选择,向用户提供多样化的服务形式,使得手工检索和计算机检索共同存在,相互补充,相互促进。

5. 按检索信息形式划分

(1) 文本检索

传统文本检索已经发展了几十年,它是以文本特别是二次文献为检索信息源的。查找含有特定信息的文本文献检索,其结果是以文本形式反映特定信息的文献。目前,文本检索在信息检索中依然占据着主导地位。

(2) 多媒体检索

多媒体检索是指能够支持两种以上媒体的数据库检索,查找含有特定信息的多媒体文献的检索,其结果是以多媒体形式反映特定信息的文献,如文字、图像、声音、视频等,是网络环境下发展起来的全新检索类型。目前,网络上有大量的多媒体信息,这些信息的标引、著录等处理方法与传统的文本文献有很大区别,用户需要学习全新的信息检索方式和信息检索理论,才能够高效地检索到所需的多媒体信息。

10.2.3 信息检索的作用

1. 增加信息意识

信息意识,即人的信息敏感程度,是人们对自然界和社会的各种现象、行为、理论观点等从信息的角度理解、感受和评价。通俗地讲,就是面对不懂的东西,能积极主动地去寻找答案,并知道到哪里、用什么方法去寻求答案,这就是信息意识。它的评价内容包括:① 对信息科学的认识;② 对信息的社会作用、经济价值的认识;③ 对特定信息需求的自我识别;④ 能充分、正确地表达出对特定信息的需求。

在信息社会中各种信息浩如烟海,其中凝聚着无数的事实、数据、方法、科研成果、商机等,它们都具有满足人们信息需求的价值。如果被信息意识较强者利用,则可能发挥较高的利用价值;如果被一个信息意识一般的人利用,其价值只能发挥出一部分,甚至被全部淹没。信息意识的培养已经成为信息社会人们不可或缺的能力。通过信息检索与利用课程的学习,可以培养利用信息的习惯,逐渐认识到信息的重要性,从而增强信息意识,提高检索技巧,有利于专业知识的学习,加速成才。

2. 提高独立学习的能力

学习型社会又称学习化社会、教育化社会,是关于未来的社会、教育及其相互关系的构想。"教育已不再是某些杰出人才的特权或某一种特定年龄的规定活动,教育正在日益向着包括整个社会和个人终身的方向发展。"也就是全民学习、终身学习。以前大学毕业后,保证有一份工作,分到一个单位,直到退休,知识基本够用。现在,大学生毕业自己找工作,所找到的工作不一定能用到所学专业,即使能用到所学专业,用不了多久,知识也过时了,需要更新。据估计,如果大学毕业后 5 年之内不补充新知识,原有知识的 50% 便会陈旧失效;10 年之内不补充新知识,原有知识的 100% 便会陈旧失效。因此,大学毕业后,还有很多知识需要自学。要想使自己成为一个有用的人才,就必须保持与社会发展同步的知识结构和思维方式,必须与时俱进,必须具有终身独立学习的能力。信息检索教育能够培养获取最新信息和自我知识更新的能力,对在校学生进行信息检索教育是培养独立学习能力的途径之一。

3. 避免重复研究,提高工作效率

科学技术的发展具有连续性和继承性,闭门造车只会重复别人的劳动或者走弯路。例如,我国某研究所用了约十年时间研制成功"以镁代银"的新工艺,满怀信心地去申请专利,可是美国某公司早在 20 世纪 20 年代末就已经获得了这项工艺的专利,而该专利的说明书就收藏在当地的科技信息所。科学研究最忌讳重复,因为这是不必要的浪费。在研究工作中,任何一个课题从选题、试验直到出成果,每一个环节都离不开信息。研究人员在选题开始就必须进行信息检索,了解别人在该项目上已经做了哪些工作、哪些工作目前正在做、谁在做、进展情况如何等。这样,用户就可以在他人研究的基础上进行再创造,从而避免重复研究,少走或不走弯路。

4. 为科学决策提供帮助

在日常工作和生活中,人们经常要作决策,一些重大决策关系到国家的兴衰、团体的成败和个人的前途,为此,必须进行科学决策。信息在决策中起着重要作用,它是决策的前提和基础。正确的决策受多种因素的影响和制约,其决定因素在于决策者对决策对象有确切的了解和把握,对未来的行动和后果有正确的判断,这就取决于及时、准确、全面地掌握信息。

信息的重要性在于消除不确定性,做到知己知彼,只有情况明,才能决心大。而且信息的作用贯穿于决策的全过程,从提出问题到选择方案,从确定目标到具体实施,每一步骤都离不开信息。生产关系与生产力之间的矛盾,在一定程度上是信息模糊、不畅与失真所致,通过信息生产力的作用,有助于缓解和消除矛盾,减少冲突,使生产关系更加适应生产力的发展。知识经济是以知识决策为导向的经济。知识和信息对社会各生产要素的作用,就如同人的大脑与其他器官一样,居于支配地位,发挥主导作用。信息既是资本经营的指挥棒,也是有限资本的倍增器,它可以通过杠杆的作用,对国家的经济运行产生巨大的影响。信息化使以市场为导向的生产经营的盲目性大大降低。高效的信息传递,不但在很大程度上避免了不必要的浪费,而且通过信息的导向为宏观政策制订灵活的发展战略,并根据实际情况不断调整自身的经营方针。把握了瞬息万变的信息,就意味着把握了稍纵即逝的商机。在知识经济时代,科学技术及信息将超越土地、人才和资源等生产要素,成为第一生产力。科技的迅猛发展不仅提高了劳动生产率,而且日益成为拉动消费,推动社会发展,实现经济增长的动力。无论是国家、部门还是企业都将更多地依赖于数据等信息的迅速交流、传播和利用。智能技术日益成为制订政策的手段。知识和信息日益成为科学、民主、合理决策之源泉。而信息检索则是获取信息的重要途径,是科学决策的必要前提。

10.3 信息检索的基本原理和方法

10.3.1 信息检索原理

信息检索原理是将用户的检索提问标识与存储在检索系统中的文献特征标识进行匹配运算,凡是文献特征的标识与检索提问标识相匹配,或者文献特征的标识包含着检索提问的标识的,具有该特征标识的文献即为命中文献。

广义:信息检索是指将信息按一定的方式组织和存储起来,并根据信息用户的需要找出有关信息的过程。所以,它的全称又叫信息存储与检索。

狭义:仅指该过程的后半部分,即从信息集合中找出所需信息的过程,相当于人们所说的信息查询,文献存储与检索示意图如图 10-2 所示。

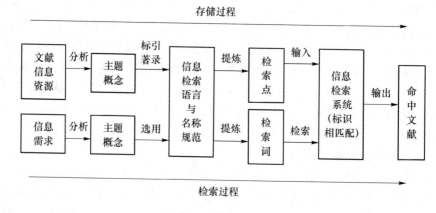

图 10-2 文献存储与检索示意图

信息存储过程：专业信息检索人员用手工或自动方式将大量的原始信息进行收集加工，分析原始文献的主题概念，并根据主题语言抽取出其主题词、分类号以及其他特征（主要包括题名、作者、出版社、出版年等）进行标识或者写出文献的内容摘要，再把这些信息按一定格式输入信息检索系统中存储起来，形成各种类型的数据库以供检索。

信息检索过程：用户对检索课题进行分析，明确检索范围和主题概念后，用检索语言来表达检索课题的主题概念，形成检索标识及检索策略，并输入信息检索系统进行检索。检索的过程实际上是一个比较、匹配的过程，用户提问的检索标识与数据库中的信息特征标识一致或包括其内容，即为"命中"，找到了符合要求的文献。

信息存储与信息检索是一个互逆过程。信息检索过程是针对已存储的信息数据进行的，是信息存储的逆过程；信息存储是为了信息检索而进行的，为了快速准确地检索到所需要的信息，就必须有信息存储，没有信息存储，信息检索也就毫无价值了。可见，信息存储与信息检索是相辅相成、缺一不可的。

10.3.2 检索策略与检索步骤

1. 检索策略

所谓检索策略，就是在分析检索提问的基础上，确定检索的数据和检索词，并明确检索词之间的逻辑关系和查找步骤的科学安排。检索式（即检索用词与各运算符组配成的表达式）仅仅是狭义上的检索策略。事实上，在构造检索策略的过程中，要涉及许多方面的知识与技能。诸如，用户对检索课题的明确程度，对检索课题的分析；对数据库及其系统特性和功能的掌握；编制逻辑检索式的技巧以及调整检索策略的方法等方面都会影响用户检索的整体效果。因此制订检索策略是一种全面的知识与技能，也是一种经验，掌握了这种技能和经验，再通过广泛实习，可以获得比较好的检索效果。

2. 检索步骤

（1）明确检索目的

① 开始某一项科学研究或承接某项工程设计，需要对课题进行全面的文献普查，并从中筛选出所需的资料，用以编写可行性报告、计划任务书等。对这样的课题，应选择一个年限比较长的、收录比较广泛的相关专业的二次文献数据库，在全面回溯检索的基础上，选出相关的文献，再获取一次文献。

② 为撰写论文查找相关文献等。以期刊论文、学位论文等学术研究性的数据库为主。

③ 为解决某个技术难题，查找关键性的技术资料。对这样的课题，应选择工程和技术类数据库或专利数据库。

④ 为贸易与技术引进、合资谈判，了解国内外市场、产品与公司的行情。查找科学数据库以了解技术的先进性，查找市场、产品、公司等商情数据库以了解对手的情况。

⑤ 为申报专利或鉴定成果，查找参考依据。以选择国内外专利数据库为主。

（2）明确文献要求

根据所需信息的类型、语种、数量、文献范围和年代等，以确定对查新、查准、查全指标的要求及其侧重。根据这些指标的不同，将课题的类型分为查准型、查全型和查新型。

① 查准型要求检索系统完善，必须以时间为轴作纵向、深度的考察。

② 查全型应该要查阅大量文献,要求检索全面、详尽、系统。

③ 查新型要了解科学技术的最新动态、学科的进展,参考文献要有特定的类型,如专利文献和科研成果等。

(3) 主题分析

明确检索需求后,就要对用户课题的具体内容作主题分析,这是正确选用检索词和逻辑算符的关键,它将决定检索策略的质量并影响检索效果。主题分析就是对用户的课题进行主题概念的分析,并用一定的概念词来表达这些主题内容,同时明确概念与概念之间的逻辑关系。主题分析必须注意以下几点。

① 概念的表达要确切。抓住课题的实质性内容,分析出课题中有几个概念组面。

② 找出核心的概念组面,排除掉无关概念组面(包括意义不大的概念和重复概念)。用户有时会认为选取的概念组面越多,逻辑组配越细致,检索结果的针对性越强。事实上,过多过严的概念组配很可能导致大量的漏检,甚至结果为零。因此有时需要简化逻辑关系,减少概念组面,以提高检索效果。

③ 找出隐含的重要概念。数据库的标引往往使用比较专指的词,用户对标引规则不甚了解,往往会列出比较抽象的概念,而忽略了较专指的概念。

④ 明确概念组面之间的交叉关系,即明确是逻辑"与"、逻辑"或"还是逻辑"非"的关系。哪些概念可以用来扩大检索范围,哪些可以作为进一步缩小检索范围的主题词。明确这些逻辑关系,有助于编制出正确的检索式。

(4) 确定检索途径和方法

信息检索的途径是用户根据需要,以文献信息的外部特征和内部特征来确定的检索入口。一般检索工具或系统都设有多个检索途径,不同的检索途径作用不同,检索的结果和效果也不同。

① 根据文献外部特征提供的检索途径有篇名、题名、著者、出版者或研究机构、报告号、专利号等。

② 根据文献内部特征提供的检索途径有分类途径、主题途径和其他途径。分类途径包括目次、分类表、分类号索引等;主题途径包括主题词索引、关键词索引等;其他途径包括分子式索引、生物分类索引等。

选定了检索途径,还应使用科学的检索方法,才能获得较理想的检索效果。

(5) 实施检索操作,索取原始文献

通过以上各个步骤就可以实施检索操作了。

3. 制订检索式

(1) 逻辑运算符及其含义

① 逻辑与(AND)

"逻辑与"一般用符号"AND"表示,也称为合取连接词,形式上还可以写为" * "。检索词 A 和检索词 B 若用"AND"组配,则检索式可以表示为

$$A \text{ AND } B \quad 或 \quad A * B$$

"逻辑与"表示它所连接的两个检索词必须同时出现在结果中才满足检索条件,即使对

于检索式"A AND B"来说,数据库中同时含有检索词 A 和检索词 B 的文献才算命中文献。其运算含义如图 10-3(a)所示。

对于检索式"A AND B"来说,假设检索词 A 的命中文献有 m 篇,检索词 B 的命中文献有 n 篇,"A AND B"的命中文献有 s 篇(数据 m、n、s 在"逻辑或"和"逻辑非'中均可使用),则:

- 如果 A 和 B 完全无关,则没有命中文献,$s=0$;
- 如果 A 和 B 有一定的相关性,则有 $0<s<m$ 且 $0<s<n$;
- 如果 A 和 B 密切相关,则有 $s=\mathrm{Min}(m,n)$。

总之,$0<s\leqslant\mathrm{Min}(m,n)$,这说明,"逻辑与"操作可以使检索结果范围缩小,增强检索的专指性,从而提高查准率。

② 逻辑或(OR)

"逻辑或"一般用符号"OR"来表示,也称为析取连接词,形式上还可以写做"＋"。检索词 A 和检索词 B 若用"OR"组配,则检索式可以表示为

$$\text{A OR B} \quad \text{或} \quad \text{A}+\text{B}$$

"逻辑或"表示它所连接的两个检索词只要其中任何一个出现在结果中就满足检索条件,即对于检索式"A OR B"来说,数据库中的文献凡含有检索词 A,或检索词 B,或同时含有检索词 A 和 B 的,均为命中文献。其运算含义如图 10-3(b)所示

对于检索式"A OR B"来说,如果 A 和 B 完全无关,则有 $s=m+n$;如果 A 和 B 有一定的相关性,$s<m+n$;如果 A 和 B 密切相关,则有 $s=\mathrm{Max}(m,n)$。总之,$\mathrm{Max}(m,n)\leqslant s\leqslant m+n$。这表明,"逻辑或"操作可以使检索范围扩大,提高检索结果数量,从而提高查全率。

③ 逻辑非(NOT)

"逻辑非"一般用符号"NOT"或"AND NOT"来表示,也称为否定连接词,形式上还可以写做"－"。检索词 A 和检索词 B 若用"NOT"组配,则检索式可以表示为

$$\text{A NOT B} \quad \text{或} \quad \text{A}-\text{B}$$

"逻辑非"表示所连接的两个检索词应该包括第一个检索词而不包括第二个检索词才能满足检索条件,即对于检索式"A NOT B"来说,数据库凡含有检索词 A 而不含有检索词 B 的文献为命中文献。其运算含义如图 10-3(c)所示。

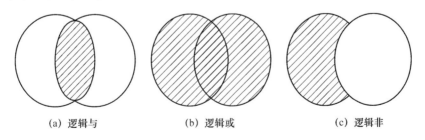

(a) 逻辑与　　　　(b) 逻辑或　　　　(c) 逻辑非

图 10-3　逻辑运算符的含义

对于检索式"A NOT B"来说,如果 A 与 B 完全无关,则 $s=m$;若 A 和 B 有一定的相关性,则 $s<m$;若 A 和 B 密切相关,则当 $m>n$ 时,$s=m-n$,当 $m<n$ 时,$s=0$。可以看出,"逻辑非"操作用于排斥某些检索词的出现,因此它与"逻辑与"的作用类似,也起到缩小检索范

围、提高检索准确性的作用。

（2）运算符的使用方法及其注意事项

上述各种运算符可以组合在一起使用，当检索课题比较复杂时，形式的检索式也会比较复杂，其中就会涉及多种运算符的混合使用。当检索式中含有多种运算符时，应该注意各运算符之间的预算次序问题，以便合理表示用户的检索请求。一般情况下，绝大多数检索系统是按照如下规则进行检索运算的。

① 同级运算符自左向右进行；

② 运算符 AND 和 NOT 先执行，OR 其次执行；

③ 先括号内，后括号外，具有多层括号时，按层次从内到外逐层进行。

用检索符表达用户的信息需求简单实用，检索匹配机制清晰，但由于采用形式上的精确匹配，检索结果有时难免会不切合实际，使用正确但不能达到应有效果的例子很多。因此，检索符使用中还应注意以下两点。

首先是"逻辑或"的使用问题。有些检索词表达的概念，存在整体与部分的关系，在检索中，这类关系如果处理不好，就不能得到满意的检索效果。例如，要检索北美洲的文献，其中包括美国、加拿大、墨西哥等的文献，然而在检索式中，"北美洲"作为一个检索词，只能代表自身，无法代表美国、加拿大、墨西哥等国家。因此，如果查全该课题的相关文献，检索式应使用"OR"进行修改。

其次，使用"逻辑非"构造检索式时也需要特别慎重。检索式中使用"NOT"，能排除含有由"NOT"指定的检索词的文献出现，协助检索出更准确的文献。但在没有审查检索结果之前，一般不使用。

（3）制订检索式的步骤

① 选择合适的检索用词

对于分析出来的每个概念组面，用具体的检索用词来表示，如"学校活动"这个概念可以用具体的"班级活动"、"课外活动"、"学生活动"等检索词来表示。一个概念可能有许多同义词、近义词，如果在规范化词表中找不到规范叙词来统一这些词的话，就必须考虑各种形式的同义自由词，以防漏检许多文献。

② 选择合适的位置算符

对于每一个概念组面选择出来的检索词，为表达位置关系，可根据各系统的规定，使用位置算符，如 Wn、W/n 等。不同系统的位置算符，间的位置关系不同，得到的检索结果也不同，需要注意。同时不同的位置算符决定检索的宽泛程度。

检索词的位置关系一般根据用户的专业知识或文献中常见的这种词的位置关系来确定。但如果资料见得较少，可以参考先检索到的一部分文献，再进行策略调整和修改。

③ 拟定合理的检索式

检索式是上述各步骤和各种检索技术的综合体现，是检索策略的表达形式。检索式编制得好坏直接关系到检索的最终结果。

4. 调整检索策略

根据初步拟定的检索式进行上机操作后，还可能会出现一些不理想的现象，如误检、漏检或者检索结果特别多等情况。对于这种情况,应调整检索策略再行检索。调整检索策略主要是两方面:缩小检索范围;扩大检索结果。

(1) 缩小检索范围的调整技术

将检索词限定在篇名或叙词字段中,增加检索词,加入 AND 算符;用时间期限或其他辅助字段来限定;用 NOT 算符排除无关概念;将 AND 改为更精确狭隘的位置算符;或者可以在检索结果中,再次用其他方面的检索点(如题名检索到 1 000 条数据,在其结果中用关键词检索到 240 条数据),这样检索出来的文献使用率较高。

(2) 扩大检索结果的调整技术

增加同义词、相关词,加入 OR 算符。减少 AND 或 NOT 的使用次数。将狭隘的位置算符改成宽泛的位置关系或 AND(例如,将"微积分"变为"高等数学")。在文摘或全文字段中检索。

但必须注意缩小检索范围会降低查全率,扩大检索范围则会降低查准率。

扩大检索结果的实例如表 10-1(a)所示。

对检索的文献记录进行检查评价,主要看的是查全率、查准率,以便修改检索式或选择数据库。本例中,所查到的文献较少,那是不是数据库中这方面的文献较少呢?回答是否定的,问题主要是出在有一些主题词的同义词较多,如果只使用其中一个就不能查全文献了。因为这一课题中的"行政程序"并不能代表其概念的唯一性,还包括"行政过程"。而用户疏忽了这一点,只取其中之一,以致造成上述后果。针对上述情况,采取了补救的方法,修改后的检索式如表 10-1(b)所示。

表 10-1 检索式示例和修改过的检索式

(a) 检索式示例		(b) 修改过的检索式	
行政腐败(1)	6 575 篇	行政腐败(1)	6 575 篇
行政程序(2)	25 867 篇	行政程序(2)	28 867 篇
反腐倡廉(3)	15 588 篇	行政过程(3)	33 004 篇
1*2	616 篇	反腐倡廉(4)	15 588 篇
1*3	461 篇	2+3	54 482 篇
2*3	47 篇	(2+3)*4	101 篇
1*2*3	2 篇	1*(2+3)	1 308 篇
		1*(2+3)*4	10 篇

10.3.3 检索方法与检索效果

1. 检索方法

(1) 直接法

直接法又称常用法,是指直接利用检索系统(工具)检索文献信息的方法。它又分为顺查法、倒查法和抽查法。

① 顺查法

顺查法是根据检索课题所涉及的专业范围,从检索课题发生时间的顺序,由远及近地利用检索系统进行文献信息检索的方法。这种方法的优点是,查找的文献全面系统,能收集到某一课题的系统文献,它适用于较大课题的文献检索。例如,已知某课题的起始年代,现在需要了解其发展的全过程,就可以用顺查法从最初的年代开始,逐渐向近期查找。在撰写综述、述评时,往往采用这种方法。这种方法的缺点是劳动量大,费时费力。

② 倒查法

倒查法与顺查法相反,是由近及远、从新到旧,逆着时间的顺序利用检索工具进行文献检索的方法。此法的重点是放在近期文献上。使用这种方法可以最快地获得最新资料。这种方法省时,可以保证文献的新颖性,但查得的文献不够全面系统。

③ 抽查法

抽查法是指针对项目的特点,选择有关该项目的文献信息最可能出现或最多出现的时间段,利用检索工具进行重点检索的方法。使用这种方法,可以利用较少的检索时间,获得较多的文献。但是,必须在熟悉该学科发展的特点和发展阶段的情况下,才能使用这种方法,否则反倒费时费力。

(2) 追溯法

追溯法是指不利用一般的检索系统,而是利用文献后面所列的参考文献,逐一追查原文(被引用文献),然后再从这些原文后所列的参考文献目录逐一扩大文献信息范围,一环扣一环地追查下去的方法。它可以像滚雪球一样,依据文献间的引用关系,获得更好的检索结果。在没有检索工具或检索工具不全的情况下,采用这种方法仍然可以获得一批相关文献。它的缺点是,所引用的参考文献有限,比较陈旧,且不齐全。

(3) 循环法

循环法又称分段法或综合法。它是分期交替使用直接法和追溯法,以期取长补短,相互配合,获得更好的检索结果。在查找文献资料时,一般先使用"常用法",主要从分类、题名、主题等途径查出一批相关文献,然后再利用这些文献所附的参考文献追溯查找,如此交替运用,循环不已,扩大检索,直到查足所需文献为止。此法的优点是:可以弥补检索工具不足或不全的困难。但是由于这些获得的资料大部分多是通过追溯法查得的,因此,漏检的可能性较大。

(4) 直查法

直查法是指不用检索工具,直接利用有关图书期刊查找所需资料的一种方法。这种方法的优点是能够直接利用新到的书刊,及时获得最新文献,但只限于获得本馆的文献,不能馆际之间查询。因此不能作为主要的检索方法。

2. 检索效果

检索效果是指信息资源检索系统检索信息的有效程度,反映信息资源检索系统的能力。检索效果包括技术效果和经济效果两方面,技术效果主要指系统的性能和服务质量,它是由线索系统实现其功能的能力所确定,质量标准主要通过查全率与查准率进行评价。经济效果主要指检索系统服务所花的成本和时间,它是由检索系统完成检索服务的代价所确定的。因此检索效果指标主要包括查全率、查准率、所需成本和时间,查全率和查准率是判定检索效果的主要标准,而后者相对来说要次要些。

(1) 查全率与查准率

① 查全率

查全率是指系统在进行某一检索时,检出的相关文献量与系统文献库中相关文献总量的比率,它反映该系统文献库中实有的相关文献量在多大程度上被检索出来。它的定义用如下公式表示:

$$查全率 = \frac{检出相关文献量}{文献库内相关文献总量} \times 100\% = \frac{a}{a+c} \times 100\%$$

例如,要利用某个检索系统查某课题,在该系统信息库中有相关信息资源150篇,而只检索出来90篇,那么查全率就等于60%。

影响查全率的因素从文献存储来看,主要有:文献库收录文献不全;索引词汇缺乏控制和专指性;词表结构不完整;词间关系模糊或不正确;标引不详;标引前后不一致;标引人员遗漏了原文的重要概念或用词不当。此外,从情报检索来看,主要有:检索策略过于简单;选词和进行逻辑组配不当;检索途径和方法太少;检索人员业务不熟练和缺乏耐心;检索系统不具备截词功能和反馈功能,检索时不能全面地描述检索要求等。

② 查准率

查准率是指系统在进行某一检索时,检出的相关文献量与检出文献总量的比率,它反映每次从该系统文献库中实际检出的全部文献中有多少是相关的。它的定义用如下公式表示:

$$查准率 = \frac{检出相关文献量}{检出文献总量} \times 100\% = \frac{a}{a+b} \times 100\%$$

如果检出的信息总篇数为80篇,经审查确定其中与课题相关的只有60篇,另外20篇跟课题无关。那么这次的查准率就等于75%。显然,查准率是用来描述系统拒绝不相关信息资源的能力,有人也称查准率为"相关率"。

影响查准率的因素主要有:索引词不能准确描述文献主题和检索要求;组配规则不严密;选词及词间关系不正确;标引过于详尽;组配错误;检索时所用检索词(或检索式)专指度不够,检索面宽于检索要求;检索系统不具备逻辑"非"功能和反馈功能;检索式中允许容纳的词数量有限;截词部位不当;检索式中使用逻辑"或"不当等等。

查准率和查全率结合起来,描述了检索的成功率。检索效果评估相关数据如表10-2所示。

表10-2 检索效果评估相关数据表

相关情况 检索情况	相关情况	非相关情况	总 计
检索出信息资源	a(命中的)	b(误检的)	$a+b$
未检索出信息资源	c(漏检的)	d(应拒的)	$c+d$
总 计	$a+c$	$b+d$	$a+b+c+d$

根据国内外有关专家所做的实验表明,查全率与查准率是呈互逆关系的。要想做到查全,势必要对检索范围和限制逐步放宽,则结果是会把很多不相关的文献也带进来,影响了查准率,反之亦然。企图使查全率和查准率都同时提高,不是很容易的。强调一方面,忽视

另一方面,也是不妥当的。应当根据具体课题的要求,合理调节查全率和查准率,保证检索效果。例如,需要了解某项研究的全面情况则要求查全率高,需要了解某项研究最新原则则要求查准率高。

③ 所需成本和时间

除了以上两个指标,用户检索所需成本和时间也是对信息资源检索系统的一个重要指标,即使一个系统的查全率和查准率再高,但所需的成本比较高、时间比较多,用户也不一定使用该系统。

(2) 提高检索效果的方法

① 提高检索系统质量

数据库收录文献内容的范围不但要广泛,而且要切合课题的要求;著录的内容详细、准确,辅助索引完备;具有良好的索引语言的专指性与网络性及其标引质量。

② 提高用户利用检索系统的能力

具备一定的检索知识,能制订优良的检索策略,选择合适的检索点,选取正确的检索词,合理使用各种检索算符,尽量准确完整地表达文献需求的主题,合理调整查全率和查准率;能灵活运用各种检索方式和检索功能,使检索系统最大限度地发挥作用。例如,选用泛指的检索词,或尽可能增加与主题概念相关的检索词的数量,则查全率就高,选用专指性的检索词或由若干个检索词组配成专指概念,则查准率就高。

思 考 题

10.1 什么是信息检索?信息检索分为哪些类型?

10.2 信息检索的意义与作用是什么?

10.3 简述信息、知识和情报三者之间的关系。

10.4 简述信息检索的原理。

10.5 信息检索的方法有哪些?

10.6 怎样正确地使用逻辑运算符?

10.7 信息检索有哪些步骤?

第 11 章

检索语言和检索工具

检索语言是存储和检索之间的桥梁,检索工具是人们用来存储、报道和查找文献的工具。进行文献检索应掌握一些基本的检索语言和工具,本章主要介绍了主题检索语言、分类检索语言等基本概念,以及常用的检索工具和光盘检索等方面的内容。

11.1 检索语言的基本概念

检索语言是根据文献检索需要创造的一种人工语言,又称检索标识。如果从反映文献特征的角度来看,那些代表了文献外表特征的著者姓名、题名、报告号、标准号、专利号、档案号等检索标识和代表了文献内容特征的类号、叙词、标题词和关键词都是检索语言。在编制检索工具时,标引人员要对各种文献进行分析,把它们所包含的内容要点都分析出来,使之形成若干能代表文献内容的概念,并用规范化的语言(如叙词、标题词或分类号)把这些概念标示出来,纳入检索系统中。检索时,用户要对提问进行主题分析,使之形成能代表信息需求的概念,并把这些概念转换成系统能接受的语言,然后才能从系统中得到用这些规范化语言所标引的文献。因此,将信息需求者的自然语言转化成系统规范化的检索语言对检索的成功与否关系极大。

当前,检索语言的种类较多,分类方法不一。通常检索语言分为两大类,表达文献外表特征的语言和表达文献内容特征的语言,如图 11-1 所示。

图 11-1 检索语言的类型

11.1.1 分类检索语言

分类检索语言是建立在文献信息可分性基础上,即按照文献信息所载知识的学科属性,根据文献信息内容之间的相关性,组织成科学的分类体系。

分类法或分类表是分类语言的具体体现。目前国际上比较常用的分类法有:《国会图书馆分类法》(LC)、《杜威十进分类法》(DDC)、《国际专利分类表》(IPC)、《国际十进分类法》(UDC)等。我国主要使用的是《中国图书馆分类法》(简称《中图法》),是国内图书情报部门对文献信息进行标引和检索的国家标准。

1.《中图法》概论

《中图法》是由基本部类和基本大类、简表、详表、通用复分表组成。其标记符号采用英文字母和阿拉伯数字相结合的混合号码,其中字母表示大类,数字表示其大类下进一步细分的小类(下位类)。一般情况下,数字位数的多少代表其类目划分的等级。

(1)基本部类和基本大类

基本部类又称基本序列,由 5 个部类组成。基本大类又称大纲,是在基本部类的基础上展开的第一级类目,分 22 个大类,由 A~Z 共 22 个字母代表,如表 11-1 所示。

表 11-1 《中图法》第五版的基本类部和基本大类表

基本部类	基本大类
1. 马克思主义、列宁主义、毛泽东思想、邓小平理论	A. 马克思主义、列宁主义、毛泽东思想、邓小平理论
2. 哲学	B. 哲学、宗教
3. 社会科学	C. 社会科学总论 D. 政治、法律 E. 军事 F. 经济 G. 文化、科学、教育、体育 H. 语言、文字 I. 文学 J. 艺术 K. 历史、地理
4. 自然科学	N. 自然科学总论 O. 数理科学和化学 P. 天文学、地球科学 Q. 生物科学 R. 医药、卫生 S. 农业科学 T. 工业技术 U. 交通运输 V. 航空、航天 X. 环境科学、安全科学
5. 综合性图书	Z. 综合性图书

(2)简表

简表是基本大类展开的二级类目,它是在基本大类的基础上进一步区分的类目。通过简表可了解分类概貌,既能够引导用户快速而准确地查检详表,又能够为文献资料不多、分类要求不高的信息用户提供标引或检索文献信息的依据。工业技术大类的简表如表 11-2 所示。

表 11-2 《中图法》T 工业技术大类简表

TB 一般工业技术	TL 原子能技术
TD 矿业工程	TM 电工技术
TE 石油、天然气工业	TN 电子技术、通信技术
TF 冶金工业	TP 自动化技术、计算机技术
TG 金属学与金属工艺	TQ 化学工业
TH 机械、仪表工业	TS 轻工业、手工业、生活服务业
TJ 武器工业	TU 建筑科学
TK 能源与动力工程	TV 水利工程

（3）详表

详表是分类法的主体，它依次详细地列出分类号、类目和注释，还有的类目下设了专业复分表，并遵循从上到下，从总到分层的编制原则，是标引和检索文献的直接证据。如表 11-3 所示。

表 11-3 《中图法》文学类部分类目

I	文学
I0	文学理论
I1	世界文学
I2	中国文学
I22	诗歌、韵文
I23	戏剧文学
I24	小说
	中、长篇小说可根据需要采用下列题材复分表分类
	1.革命斗争小说
	2.军事小说
	3.史传小说
	4.经济、政治小说
	5.科学小说、科幻小说
	6.惊险小说、推理小说
	7.社会、言情小说
	8.武侠小说
	9.其他题材小说
…	…
I246	现代作品(1919—1949 年)
I247	当代作品(1949 年—)
I247.4	章回小说
I247.5	新体长篇、中篇小说
…	…
I25	报告文学
I26	散文
…	…
I3/7	各国文学

（4）通用复分表

通用复分表是对主表中列举的类目进行细分，以辅助详表中的不足。通用复分表由总论复分表、世界地区表、中国地区表、国际时代表、中国时代表、世界种族与民族表、中国民族表和通用时间、地点表组成。

① 总论复分表

本表适用于任何一级类目,使用本表时,将所用的复分号(连同"-")加在主表分类号的后面即可。例如,《经济学辞典》的号码是 F-61;《高等数学习题集》的号码是 O13-44。

② 世界地区表和中国地区表

这两个复分表使用方法基本一样,凡主表中已经注明"依世界地区表复分"或"依中国地区表复分"的,可以用这两个表复分。凡未注明依这两个复分表复分的,应前置时代区分标识"()"。例如,《加拿大小麦育种经验》的号码是 S512.103(711);《上海地铁工程设计》的号码是 U231(251)。

③ 国际时代表和中国时代表

这两个复分表使用方法基本一样,凡主表中已经注明"依国际时代表复分"或"依中国时代表复分"的,可以用这两个表复分。凡未注明依这两个复分表复分的,应前置时代区分标识"="。例如,《欧洲中世纪的军事发展》的号码为 E5=3;《90 年代中国高等教育改革》的号码是 G649.21=75。

以上是对《中图法》体系的剖析。体系分类法对信息检索来说,它是以文献信息内容的学科性质来划分和集中文献的,能够较好地体现学科的系统性,便于人们从学科角度查询资料。为了确定被检索信息所属的主要和次要学科或专业的范围,在分类表中,被确定文献的学科或专业范围从大类到小类,从上位类到下位类,层层缩小查找范围,直到查找出课题归属类目,最后将检索信息在分类表中完整概念转换成分类号。这时,检索者根据所得分类号就能从不同的检索系统中获得有关信息。

2. 分类法的优势和缺陷

优势:能体现学科的系统性,反映事物的派生、隶属与平行关系,符合人们从科学角度检索信息的习惯,使读者能鸟瞰全貌、触类旁通;便于随时放宽或缩小检索范围;能从学科和专业角度检索信息,族性检索效果比较理想。使用分类号来表示事物的主题概念,比较简单明了,易于掌握,特别对于外文检索工具,即使不懂其文字,只要掌握其所采用的分类法也可以借助类号进行检索。

缺陷:在标引和检索概念复杂的信息上不够准确,也就是说,分类表的类目专指度不高,影响到查准率;分类表不能随时修改、补充,对边缘学科和新兴学科缺乏有效的检索方法;检索时要将信息的主题内容转换成学科与专业名称,还要将类目转换成学科,影响检索效率和准确率;不利于特性检索,同一主题的信息被分散在分类法的各类中。例如,"大气科学"、"大气卫生"、"大气污染及其防治",都是论述"大气"这个主题的,但是在分类法中被分别归入"天文学(P)"、"医疗卫生(R)"、"环境科学(X)"。

11.1.2 主题检索语言

主题检索语言是以自然语言为基础来描述文献内容的方法。其特点是以代表文献内容特征和科学概念的词语作为标引和检索的标示,并将这些标示按照这些概念的字顺来排列,并将自然语言中的名词术语经过一定程度的规范化处理,作为表达文献和提问内容的主题标示即主题词。按照字顺将主题词在检索系统中进行排列,形成主体检索系统,利用各种参照系统,显示主题标示之间的各种关系,并以此把主题词表中的众多主题词相互联系起来,构成多维的主题词体系。

主题词有多种表现形式,具体有标题词、叙词、单元词和关键词,它们所对应的检索语言是标题词语言、叙词语言、单元词语言和关键词语言。

1. 主题词和主题语言的类型

(1) 标题词和标题词语言

标题词是指从自然语言中选取并经过规范化处理,表示事物概念的词、词组或短语。标题词语言是先组式语言,它是通过主标题词和副标题词固定组配来构成检索标示,只能用"定型"的标题词进行表应和检索,所反映的主题概念必然受到限制。特别是现代科学技术主题的内容与外延越来越复杂,几乎不可能用一对主、副标题词完全、确切地表达出来,因此需要补充其他的主、副标题词,结果不仅增加了标引和检索的工作量,而且还降低了标引和检索的准确性,直接影响到检索系统存储和检索的质量和效率。因此,标题词语言已经不适应现代信息资源检索系统的发展。

(2) 叙词和叙词语言

叙词是指以概念为基础、经过规范化和优选处理的、具有组配功能并能显示词间语义关系的动态型的词或词组。叙词具有概念性、描述性、组配性,以及关联性、动态性和直观性。常用的叙词语言检索工具有《汉语主题词表》、《工程索引叙词表》、《INSPEC 叙词表》等。

叙词语言是后组式检索语言,它有一套完整的参照系统,能显示叙词之间的相互关系。不像标题词语言那样必须是"定型"的标题词进行标引和检索,它是经过规范化处理、可进行路基组配的一种肢体语言。它的基本性质是概念组配,概念组配是概念的分析和综合,而不是简单地依据字面意义进行组词和拆词。例如:

字面组配	概念组配
计算机+应用→计算机应用	计算机+应用→计算机应用
狮子+狗→狮子狗	像狮子+狗→狮子狗

在以上第一例中,无论是字面组配还是概念组配,其结果都是"计算机应用";第二例中,根据字面组配原理,"狮子"、"狗"组配成"狮子狗",如果按其概念组配出的结果应是"一种狮子和狗交配所生的动物",而这种动物根本不存在,所谓"狮子狗"只能是长得像狮子的狗,所以根据概念组配的原理,应该是"像狮子"和"狗"进行组配,才符合概念逻辑。

(3) 单元词和单元词语言

单元词又称元词,是指能够用以描述所论及主题的最小、最基本的词汇单位。经过规范化的能表达信息主题的单元词集合构成单元词语言。单元词语言也是后组语言,它将一些单元词在检索执行时组织起来使用。单元词强调单元化的组配,仅限字面组配,而且具有相对的独立性,词与词之间没有隶属关系和固定组合关系,检索时根据需要进行组配,具有灵活、自由的组配方式。但是单元词的专指度较低,词间无语义关系,对检索的查准率有较大影响,现在基本被叙词语言取代了。

(4) 关键词和关键词语言

关键词是指出现在文献标题、文摘、正文中,对表征文献主题内容具有实质意义的语词,对揭示和描述文献主题内容是重要的、关键的语词。除了禁用词,如一些介词、副词或连词外,凡在概念上有意义的词都可以用做关键词,它确保检索用词与文献记录中的词汇完全一致。但是关键词索引不能显示其间关系,不能进行缩检和扩检,对检索效率有一定的影响。

由于其表达事物和概念的直接、准确,不受词表控制,能及时反映新事物、新概念,目前,关键词语言已被广泛地应用于计算机检索系统中,特别是一些搜索引擎都是采用关键词语言来检索。

2. 主题检索语言的基本特性

(1) 直观性

主题语言源于自然语言,用户在检索时,只要根据课题对象采用平时所常用的词汇做检索点,不需要再查找工具书,既方便快捷,也符合用户的习惯。

(2) 规范化

规范化主要是指对主题词的控制,使每一个概念只对应一个主题词,这是检索语言不同于自然语言的重要一点。自然语言中存在着各种各样的同义词、多义词、同形异义词等,它们在概念、语言、事物的关系上,并不符合一一对应的关系,使其主题检索产生混乱。规范化后,同义、多义词、同形异义词等都可以总结归纳成一个词,把这个词放在《汉语主题表》或其他主题词表中进行检索。

(3) 组配性

组配就是用词表中两个或多个主题词表达和描述一个文献主题的过程。在信息检索的检索过程中,多数主题词都需要用两个或多个主题词进行描述。这样的组配方式可以根据用户的需求进一步缩小检索范围,提高检索效率。组配有两种常用的方式:一是先组式语言,是指在检索前检索词已被先用固定关系组配好,并编制在词表中。检索时,用户只能根据词表查找信息资源而不能任意组配检索词。它有较好的直接性和专指性,但灵活性较差。二是后组式语言,是指在检索前,检索词在词表中没有被预先组配,检索时用户可根据不同的检索需要对某些词进行任意组配。单元词、叙词和关键词均是属于这一类。这种后组方式提供了灵活的组配方式,使用比较广泛。

(4) 动态性

主题语言是一种动态性的语言,它随着自然语言的发展而不断地扩大。许多外来词汇和新产生的一些事物已经影响了人们的生活,所以,主题词表必须不断地更新。

11.1.3　分类-主题检索语言

在信息检索中,分类检索语言和主题检索语言是最常用的查找信息的方法。分类语言是按学科体系进行系统排列,用体系结构直接显示主题之间的关系,按学科、专业集中信息,是以分类号作为信息主题概念的标识;而主题语言是按主题词的字顺序列排列的,提供按事物名称检索信息的途径,显示概念之间的关系是用参照系统,按信息所论述的事物,也就是主题集中信息,是以受控的语词作为肢体概念的标识。

分类检索语言和主题检索语言在体系结构、组织信息、表示符号等方面均有较大差异。

1. 体系结构的差异

分类语言是按学科性质划分的层累结构的逻辑分类系统。从总到分,从上位类到下位类层层展开上下隶属的系列,揭示了事物的从属关系或派生关系,提供从学科分类检索的途径,具有较强的系统性,便于检索某一学科、某一专业的信息资源。而主题语言是以字顺系统编排主题词的顺序,形成主题语言体系的主体,再加上范畴索引、词族索引、轮排索引及附表等内容。它具有直接性、直观性和易用性,便于查找有关某一细小专深的主题,满足对事物进行特性检索的需求。

2. 组织信息的差异

分类语言既可以用来编制目录、索引等检索工具，又可以按分类号进行排架，是组织、管理信息的一种科学的方法。现在在各大图书馆、文献信息中心等都是采用分类语言来管理。而主题语言主要从信息内容的主题这一角度出发进行揭示，所揭示的是某一具体事物、对象和问题。主题语言不分学科及其关系，而是对事物的特定对象及其各方面的问题进行研究和探索。

3. 表示符号的差异

分类语言采用间接的号码标识系统，主要靠类号揭示和反映，类名和类号紧密结合，缺一不可。标引人员分编信息是把类名转换为类号，读者在检索时则把类号转换为类名。主题语言则采用直接的语词作为信息主题概念的标识系统，以规范的或不规范的自然语言作为信息内容主题的标识符号，比较直观，读者检索比较方便，不存在像分类语言那样的转换过程。

虽然分类检索语言和主题检索语言在一些方面有较大的差异，但是在长期的检索实践中，仍将两种方法融为一体，取长补短，有效地利用两者的优势，使检索结果更加理想。我国编制的《中国分类主题词表》，体现了分类主题检索的特点，为信息检索提供了方便。

《中国分类主题词表》是在《中国图书馆分类法》和《汉语主题词表》的基础上编制的分类法主题法一体化的词表，通过该表的使用，结合进行分类标引的同时促进了主题标引。

11.1.4 描述文献外表特征的语言

描述文献外表特征的检索语言主要是指直接使用文献本身的篇名、责任者、出版社、报告号等作为标引和检索的语言。将不同的文献按照题名、责任者名称的字顺或按各种代码（如 ISBN、ISSN、报告号等）序号进行排列可以为读者提供题名、责任者和代码检索。

1. 题名检索语言

题名检索语言是指直接使用文献的名称作为揭示和检索的一种检索语言。题名包括正题名、并列题名、副题名、丛书题名等。这种揭示文献特征的方法简单、直接，符合人们的检索习惯，检索效率和查准率较高。但是，有时题名不能全面地反映文献内容，有一些文献又有多个题名，因此非常容易漏检。

2. 责任者检索语言

责任者检索语言是根据已知文献著者姓名来查找文献的途径。文献的著者包括个人著者和团体著者。因为从事科学技术研究的个人和团体都是各有所长的，同一著者在一定时期内所发表的文献，在内容上常常限于某一学科或专业范围之内，因此能在一定程度上集中同类文献，但是不能满足全面检索某一课题文献的需要。

3. 代码检索语言

代码检索语言是针对事物的某方面特征，用某种代码系统来表示和排列事物概念，从而提供检索的检索语言。由于文献的类型不同，代码也有多种类型。常见的有 ISBN、ISSN、专利号等。它具有检索结果唯一性、查准率特别高的特点，但是检索时必须先知道代码，因此除了专业的工作人员，很少有使用代码检索语言的。

11.2 常用检索工具简介

检索工具是系统汇集了某一学科或各门学科的相关知识，按照一定的体例和排检方法编排，提供查阅、引证和解答各种问题功能的一种文献。其作用主要体现在三个方面：一是能够解答人们学习、生活和工作中的疑难问题；二是可以提供读书的门径，告诉你怎样读书、读什么书；三是能提供所需要信息的线索，使人们很方便地得到所需要的研究资料和研究成果。检索种类繁多，按其载体，一般可分为手工检索工具和全文数据库检索。

11.2.1 手工检索工具

信息检索工具种类繁多，手工检索工具按用途分为指示型检索工具和参考型检索工具，如图 11-2 所示。要想达到有效地利用，需要对各类工具有一个大体的了解，包括其性能、特点、内容范围编排结构、使用方法等，才能熟练地选择利用检索工具。

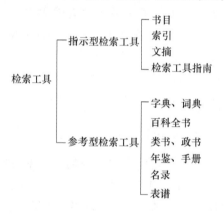

图 11-2　检索工具分类

1. 指示型检索工具

指示型检索工具是根据一定目的，把相关的资料积累起来，经过加工、整序，并按一定的方式排列，为人们提供查阅信息线索的工具。在浩如烟海的文献中，用户根据检索工具提供的线索及检索途径，能方便快捷地获取原始资料。指示型检索工具是在一次文献的基础上根据一定的目的，按照需要编制的二次文献。主要包括书目、索引、文摘等。

(1) 书目

书目(bibiographies)又称目录，是著录一批相关文献，并按照一定的次序编排而成的一种揭示与报道文献的工具。最初的书目是指一种篇章名目和内容的介绍，后来变成记录一批文献的清册。在中国历史上比较有名的书目有《别录》、《七略》、《汉书·艺文志》、《四库全书总目》，这些古代的书目大多按经、史、子、集四分法编排。现在编制的书目大多按《中图法》分类编排，较常用的有《全国中文期刊联合目录》、《全国新书目》、《中国国家书目》等。

① 书目的作用

a. 揭示与报道文献信息。专业书目选择不同的学科，将不同水平、不同文字的文献资料，按一定的方法加以编排，为专业研究提供该学科信息。

b. 指引学者读书治学。针对特定读者,按知识的连续性和发展的阶段性编纂和推荐文献,指导阅读,成为治学的门径。因此有人将书目比作在海洋中航行不可缺少的导航图。

c. 提供研究历史文献、考证学术源流的参考。书目记录的文献书名、著者、版本、内容等情况,对于研究历代图书文献、考证学术源流具有重要价值。

d. 提供科技发展信息。通过一批相关的书目记录或专题书目,可以了解某学科的发展历史及现状。

② 书目的类型

a. 按编制目的和社会功能划分:登记性目录、学科通报性目录、推荐目录、专题和专科目录、书目指南、出版发行书目。

b. 按文献收藏范围划分:馆藏目录、联合目录(OCLC)。

c. 按目录收录文献内容范围划分:综合目录、专题专科目录、个人著述目录、地方文献目录。

d. 按反映目录收录文献类型划分:图书目录、期刊目录、地图目录、专利目录、标准目录。

e. 按收录文献出版时间和目录编制时间划分:现行目录、回溯目录、预告目录。

f. 按收录文献编排方式划分:分类目录、字顺目录。

g. 按揭示文献程度划分:题录、提要目录、文摘等。

(2) 索引

索引是揭示文献内容出处,提供文献查考线索的工具书。它将图书、期刊等文献的题目、作者以及所涉及的主题、人名、篇名、地名等参考文献,根据一定的需求,经过分析摘录,并按一定顺序编排,注明其所在文献中的页码和出处。

① 索引的作用

a. 提供文献查询线索,帮助用户从大量的期刊、报纸以及其他形式的出版物中尽快检索出自己所需要的文献。

b. 把分散的信息按学科范围或专题形式加以组织整理,把同一性质的相关资料聚集起来,这种聚集在一起的相关资料能够系统地反映某学科某一阶段的研究动态,为用户提供可靠的相关资料动态线索。

c. 将文献内部有检索意义的信息加以揭示,并根据一定的方法加以编排,提供深层次的文献信息。

d. 索引除了作为单独的检索工具以外,还能作为其他检索工具的辅助部分,附录于某种检索工具之中,提供多种检索途径,为使用该检索工具提供方便。

② 索引的类型

a. 按文种划分,可以分为中文索引和外文索引。

b. 按收录范围划分,可以分为综合性索引和专题性索引。

c. 按收录文献的时间划分,可以分为近期索引和回溯性索引。

d. 按索引款目的标目划分,可以分为题名索引、著者索引、语词索引、主题索引、分类索引等。

(3) 文摘

文摘是二次文献的核心,是索引的延伸。它在系统报道和揭示一批相关文献的同时,用简明扼要的文字摘录文献内容精华,客观概括原文的要点、研究和实验方法、所争论的问题、研究成果和结论等,并按一定的方式编排。文摘一般都要注明原文出处,其内容及出版方式都类似篇目索引。

① 文摘的作用

a. 通报最新的科学成果。由于文摘所摘录的是经过筛选的某一学科或某一专业领域最新最有学术价值的文献,并把相关论题集中一处,因而通过一组文摘,能获得该学科专业领域的学术概况和最新进展。特别是首次文摘,能使最新科研成果及时公之于世,时效性强。

b. 节省阅读时间,避免重复劳动。由于文摘是对原文献主要内容的描述,每一条文摘实际上是一篇高度浓缩、信息完整的文献,因此,读者在不需阅读原文献的情况下,即可真实地了解该文献的内容,明确其基本要点,并可直接引用,从而节约阅读时间。

c. 与索引相互补充。索引的特点是揭示的文献数量多,反映时间快,但索引只提供文献线索,不介绍文献的主要内容,读者就不可能深入了解文献内容,而文摘恰恰可以弥补这一缺陷。

d. 帮助逾越语言障碍,了解国际科研动态。据有关资料,全世界拥有近 5 000 种语言,其中使用人口超过百万的 140 种。在目前出版的全部科学文献中,有一半的文献是 50% 以上的科学家没有掌握的语言出版的,这便妨碍了国际间学术信息的传递、交流和利用。用本国语言翻译的文摘,可以帮助读者克服语言障碍,了解国外有关领域的发展水平和趋势,获得因不懂外文而无法利用的文献信息。

② 文摘的类型

a. 按编写目的,可分为综合性文摘和专业性文摘。前者如《新华文摘》、《文摘报》等;后者如《社会科学文摘》、《高等学校文科学报文摘》等。

b. 按其编写方式,可分为题录性文摘、指示性文摘和报道性文摘。题录性文摘主要著录文献的外表特征,有时作少量的说明和注释,如《中国电子科技文摘》、《机械制造文摘》等;指示性文摘,主要揭示文献的主要内容和基本观点,一般不涉及具体事实、结论等,如《中国医学文摘》、《中国农业文摘》等;报道性文摘,是以原文为基础浓缩而成的摘要,包括报道原文的主题范围、基本观点、方法、推理的结果等,如《管理科学文摘》、《国际学位论文摘要》等。

c. 按其出版形式,可分为期刊式文摘、附录式文摘和卡片式文摘。期刊式文摘即文摘杂志或文摘期刊,定期或不定期出版。附录式文摘即附于书刊之后或编排在书刊之中的文摘,一般多附在学术性刊物中。卡片式文摘,即将文献的题录、正文、编号等著录在卡片上。

2. 参考型检索工具

参考型检索工具,也称事实、数据型检索工具,属于三次文献。它是汇集某一方面全面系统的知识,按照一定的方法编排,提供翻检查阅、解决各种疑难问题的工具,主要包括专业性词典、百科全书、年检、手册、名录表谱等。

(1) 词典(字典)

① 语言性词典

字典是解释字、音、义及用法的工具书,词典是词的工具书,合称辞书。

② 专业性词典

它是指提供某一特定学科的名词、术语的严格的科学定义,给读者以比较系统的科学知识的词典。专业性、知识性和科学性是它的主要特征,也使它不同于一般语文性词典。专业性词典主要按学科分类。

(2) 百科全书

百科全书是以辞典形式编排的,荟萃各门知识或一门知识,具有权威性、检索性的大型参考性工具书。其内容丰富,系统完备,条目分类编排,条目的释文往往是从历史角度出发的综述,或是有价值的学术论文,而且条目之后一般还附有参考书目,并且不定期地更新内容。百科全书的这些特点,使之成为当之无愧的"工具书之王"。

(3) 年鉴

年鉴又称年刊或年报,是一种汇集一年内的重要时事文献和统计资料,并按年度逐年出版的连续出版物。年鉴的内容包括某个地区、某个国家或国际性的政治、经济、文化、军事等方面在一年内的进展情况。年鉴有三个特点:一是以记事为主,收录的内容反映上一年的情况,信息来源于政府公报、政府文件与重要报刊,因此提供的资料内容十分准确、权威、可靠;二是收录的内容包罗万象,包括最新统计数据、企业介绍、调研报告、经济团体、重要产品、大记事、法规条文以及专家学者对某一行业的综述、分析、回顾和展望等;三是采用固定专栏的编排形式,资料注明来源,有些还附有书目索引等,年鉴叙述简洁、精练,可查找原文和最新资料线索。

(4) 手册

手册是汇集某一范围内基础知识和基本数据资料以供查阅的检索工具,其内容明确、丰富、实用,而且携带方便,是专业人员手头不可缺少的参考工具书。它有4个特点:一是信息密集,通常以简单叙述和列表或图解等方式表达内容;二是内容专门、具体,一般都是针对某一学科或专业业务部门而编写收集相关的事实、数据、公式、符号、术语等具体资料;三是手册所收集的材料通常着重于已经成为现实的、成熟的知识和经验,而不是反映当前的发展状况;四是手册为了保持它的实用价值、反映最新知识和经验成果,因此手册必须经常性地增订、修改、出版新版本。

3. 参考型检索工具的排检方法

要从浩瀚如海的文献集合中查到所需要的文献和文献线索,除了要了解和掌握各类检索工具书的性质和功用外,还必须熟悉各类检索工具书的排检方法。常用的排检方法归纳如图11-3所示。

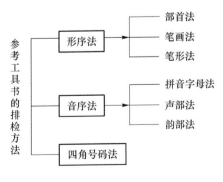

图11-3 汉字常见排检方法

(1) 形序法

形序法是根据汉语的形体结构特点编排的。汉字是世界上最古老的文字之一,其演化过程体现了它的形、音、义的特点,它是形声、会意、象形的结合,其中形声字占了 80%,所以形序法成了最早的汉字排检方法。

① 部首法

部首法是根据汉字的字形结构分出部首,按部首笔画多少编排,每个部首下的字再按笔画多少排列。其优点是把大量形体复杂而极不规则的汉字归入若干部首中,便于查找,符合汉字结构。

② 笔画法

笔画法是以汉字笔画数目多少为序的一种排检方法,与部首法使用顺序正好相反,笔画法是先数笔画,再看部首和笔形。部首法原理简单,只要会数笔画便可以检字,但是有的字笔画不易数准。汉字数量巨大,笔画又有限,有的笔画数中包含了几千个字,因而检索效率不高。

③ 笔形法

笔形法是按汉字起笔的笔形或笔顺来确定编排顺序的排检法。笔形法使用简单,但是适应性不强,如遇异体字或下笔顺习惯不同,便会造成检字困难。

(2) 音序法

音序法是按汉字读音的语音符号排列汉字的方法,主要包括拼音字母法、注音字母法和声韵法。

① 拼音字母法

此法按《汉语拼音方案》字母表顺序来编排条目,统一字母下又按第二字母排列,同音字再按声调排列。拼音法使用速度快,检索率高,属于一次性检索,但是不认识的字无法查检。

② 声部法

声部法是把书中的词或单字按其所属声部汇集在一起,以供查检。现在沿用的是唐宋时归纳的 36 个字母。代表作品有《经传释词》。

③ 韵部法

韵部法是按汉字韵部顺序排列的方法。古代汉字按韵母归纳出 106 类,即 106 韵。编排时,又按上平、下平、上、去、仄五声的顺序排列。

(3) 四角号码法

它将每个汉字的左上、右上、左下、右下四个角的笔形,归纳为 10 种,分别用 0~9 表示,每个四角各以一个数字代表,将四个数字联为四角号码,按四角号码的由小到大顺序排列。为了避免同码字过多,再取一个小符号作区别。四角号码法的使用口诀:"1 横 2 竖 3 点捺,叉 4 插 5 方框 6,7 角 8 八 9 是小,点下有横变 0 头。"此码见形知码,知码即可查检,而且是一次性查检,速度快,效率高。但其复杂的规则必须记熟。

11.2.2 全文数据库检索

全文数据库集文献检索与全文提供于一体,是近年来发展较快和前景看好的一类数据库。全文数据库的优点之一是免去了检索书目数据库后还得费力去获取原文的麻烦,优点之二是多数全文数据库提供全文字段检索,这有助于文献的查全。

目前的中文全文数据库有:《中国知网》(CNKI)、《万方数据库》、《维普信息资源系统》等,常用英文全文数据库有:荷兰的 SDOS、美国 EBSCOhost 学术商业信息全文数据库等。

1. 中国知网(CNKI)

(1) 简介

国家知识基础设施(National Knowledge Infrastructure,CNKI)的概念,是由清华大学、清华同方发起,始建于 1996 年 6 月。在党和国家的领导以及教育部、科技部、新闻出版总署、国家版权局和国家计委的大力支持下,在全国学术界、教育界、出版界等社会各界的配合下和清华大学的直接领导下,CNKI 工程集团经过多年的努力,采用自主开发并具有国际领先水平的数字图书馆技术,建成了世界上全文信息量规模最大的数据库。

截至 2011 年 6 月,CNKI 一共收录文献 10 190 万篇,其中科技学术文献 3 330 万篇;人文与社科学术文献 3 043 万篇;国际学术文献 3 600 万篇。文献类型包括:学术期刊、博士学位论文、优秀硕士学位论文、工具书、重要会议论文、年鉴、专著、报纸、专利、标准、科技成果、哈佛商业评论数据库、古籍等。详见表 11-4。

表 11-4 中国期刊网的资源

序号	数据库名称	文献种类	收录时间	总数量
1	中国期刊全文数据库	期刊/杂志	1994—2011 年 6 月	36 814 960 篇
2	中国期刊全文数据库(世纪期刊)	期刊/杂志	1979—1993 年	5 520 484 篇
3	中国博士学位论文全文数据库	学位论文	1999—2011 年 6 月	191 605 篇
4	中国优秀硕士学位论文全文数据库	学位论文	1999—2011 年 6 月	150 314 4 篇
5	中国重要会议论文全文数据库	会议论文	2000—2011 年 6 月	1 831 505 篇
6	中国重要报纸全文数据库	报纸	2000—2010 年 12 月	1 196 751 6 篇
7	中国引文数据库	综合	1979—2008 年	8 231 227 篇
8	中国和国外标准数据库			440 000 篇
9	国家科技成果数据库	综合	1978—2011 年 6 月	404 523 篇
10	中国年鉴全文数据库	年鉴	1915—2011 年 6 月	14 940 776 篇
11	中国工具书网络出版总库	工具书	1990—2010 年 12 月	7 990 817 篇
12	中国图书全文数据库	图书	1949—2010 年 12 月	9 234 篇
13	哈佛商业评论数据库		2002—2010 年 12 月	1 200 篇
14	外文期刊库(NSTL)	期刊	1995—2010 年 12 月	2 000 多万篇
15	外文会议论文库(NSTL)	会议论文	1985—2010 年 12 月	400 多万篇
16	外文学位论文库(NSTL)	学位论文	2001—2010 年 12 月	20 万篇

(2) 检索步骤

图 11-4 所示的是 CNKI 知识资源系统检索步骤示意图。介绍了 CNKI 的两种检索方式,其中关键词检索使用得比较普遍。

① 初级检索

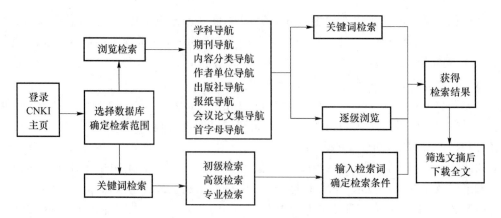

图 11-4　CNKI 检索步骤示意图

初级检索能够快速方便地检索信息,适用于不熟悉多条件组合查询的用户。对于一些简单查询,可使用这种检索方式。

② 高级检索

利用高级检索系统能进行快速有效的组合查询,查询结果冗余少,命中率较高,对于复杂的查询,可使用这种检索方式。高级检索常用 AND、OR、NOT 运算符号。

③ 专业检索

专业检索是指用户可以根据自己的需要组合逻辑表达式进行更精确的检索。专业检索对数据库中可操作的字段提供了英文的缩写代码。用户只要在检索框中输入英文缩写代码="检索词",正确拼写条件即可。检索字段的英文缩写代码如表 11-5 所示。

表 11-5　检索字段和英文缩写对照表

代码	字段	代码	字段	代码	字段
TI	篇名	AU	作者	KY	关键词
AF	机构	AB	中文摘要	RF	引文
FU	基金	FT	全文	JN	中文刊名
	ISSN	TO	主题词	TS	篇名/关键词/摘要

检索示例:

TI='英语' AND KY='语法'

(AU='孙丽芳' OR AU='刘英华') AND TI='信息检索'

(3) CNKI 检索字段

CNKI 的检索字段如表 11-6 所示,限定字段时,采用的是后缀式,字段代码前后不能为空。例如:

篇名=电子技术 OR 关键词=电子技术

表 11-6 中国期刊网的检索字段表

数据库名称	字段数	字 段 名
中国期刊全文数据库	17个	主题、篇名、关键词、摘要、作者、第一责任人、单位、刊名、参考文献、全文、智能检索、年、期、基金、中国分类号、ISSN、统一刊号
中国博士学位论文全文数据库和中国优秀硕士学位论文全文数据库	22个	主题、篇名、关键词、摘要、作者、作者单位、导师、第一导师、单位、网络出版投稿人、论文级别、学科专业名称、学位授予单位、学位授予单位代码、目录、参考文献、全文、智能检索、中国分类号、学位单位、论文提交单位、网络出版投稿时间
中国重要会议论文全文数据库	24个	主题、篇名、关键词、摘要、论文作者、第一责任人、单位、会议名称、会议录名称、参考文献、全文、智能检索、年、期、基金、中国分类号、主办单位、学会、主编、编者、出版单位、会议地点、ISSN、统一书刊号、ISBN
中国重要报纸全文数据库	12个	主题、标题、关键词、作者、第一责任人、全文、智能检索、报纸名称、日期、版号、栏目、统一刊号

2. 万方数据库资源系统

万方数据库资源系统由中国科技信息研究所和万方数据股份有限公司开发,是一个以科技信息为主,集经济、金融、社会、教育、卫生等各行业信息于一体的大型信息服务系统。万方数据资源系统的资源包括科技信息子系统、数字化期刊子系统、商务信息子系统、会议论文全文子系统和学位论文全文子系统。内容涉及自然科学和社会科学各个领域,收录范围包括期刊、会议、文献、题录、报告、标准专利、连续出版物、工具书、最新科技成果等。

(1) 科技信息子系统

该子系统是中国唯一完整的科技信息群。它汇集科研机构、科研成果、科研名人、中外标准、政策法规等近百种数据库,信息总量达 1 900 多万条,为广大科研单位、公共图书馆、科技工作者和高校师生提供最丰富、最权威的科技信息。该系统包括科技文献、名人与机构、中外标准、政策法规、专利成果、公共信息等。

(2) 数字化期刊子系统

该子系统包括了我国文献计量单位中自然科学类统计源刊和社会科学核心源期刊的全文资源,是了解因特网上中文期刊的重要窗口。该库内容采用国际流行的 HTML 格式和 PDF 格式制作上网,整体数字化期刊遵循电子期刊以刊为单位的原则,按理、工、农、医、人文排列,交叉入类,按刊查询,符合一般用户的阅读习惯,可以多角度、全方位地检索。数据库收录了中文期刊 5 636 种,文献量约 732 万条。

(3) 商务信息系统

该子系统是万方凭借数十年的商务信息采集经验,面向用户推出的企业/产品信息、商务动态、政策法规、中外标准、成果专利等服务内容;其主要产品有:《中国企业、公司及产品数据库》、《政策法规数据库》、《中国科研机构数据库》、《科技名人数据库》。主要的检索方式有个性化检索(或称简单检索)和字典检索(或称索引)。

(4) 会议论文全文子系统

该子系统由万方数据有限公司开发,是国内唯一的学术会议文献全文数据库。该库收录了 1998—2008 年国家级学会、协会、研究会组织召开的自然科学、工程技术、农林、医学等领域的全国性学术会议近 3 000 个,论文全文 130 万多篇,每年涉及 3 000 个重要的学术会议,每年增补论文 20 万篇。

(5) 学位论文全文子系统

该子系统由国家法定学位论文收藏机构——中国科技信息研究所——提供,并委托万方数据加工建库。该库收录了自 1980 年以来我国自然科学领域博士后、博士和硕士论文,已达 150 万余篇,还推出了最近 3 年的论文全文 15 万多篇,并年增全文 5 万篇,制成中国学位论文全文数据库,非常适合大学院校及科研机构使用。

3. 维普信息资源系统

(1) 简介

维普信息资源系统是由重庆维普资讯有限公司研制开发。该公司于 1989 年以来,一直致力于期刊等信息资源的深层次开发和推广应用,集数据采集、数据加工、光盘制作发行和网上信息服务于一体。其中收录了中文期刊 12 000 多种,中文报纸 1 000 多种,外文期刊 11 300 余种,已标引加工的数据总量达 1 500 万篇、3 000 万页次,拥有固定客户 2 000 余家,在国内同行中处于领先地位。

维普信息资源系统包含中文科技期刊数据库、中文科技数据库(引文版)、外文科技期刊数据库、中国科技经济新闻数据库 4 个数据库,收录内容和特点如表 11-7 所示。

表 11-7 数据库的收录内容和特点

	文献总量	更新周期	更新速度	资源来源	学科范围
中文科技期刊数据库	1 900 万篇	中心网站日更新	100 万/年	中文期刊 12 000 种	社会科学、自然科学、工程技术、农业科学、医疗卫生、经济管理、教育科学和图书情报
中文科技期刊数据库(引文)	622 万篇 参考文献 2 240 万篇	每周	50 万/年	中文期刊 8 000 种	
外文科技期刊数据库	935 万篇	每周	80 万/年	外文期刊 11 300 种	自然科学、工程技术、农业科学、医疗卫生、经济管理、教育科学和图书情报
中国科技经济新闻数据库	335 万篇	每周	15 万/年	报纸 440 多种和期刊 9 000 种	工业 A、工业 B、工业 C、农业、医药、商业、经济、教育

(2) 检索步骤

维普资源系统的检索步骤示意图如图 11-5 所示。

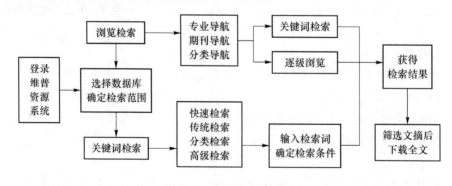

图 11-5 检索步骤示意图

① 浏览

提供专辑导航、分类导航和期刊导航方式。分类导航方式提供中图法列表分类；期刊导航方式提供期刊字顺导航、期刊学科导航和期刊刊名/刊号搜索。

② 查询

维普中文科技期刊数据库提供快速检索、传统检索、分类检索和高级检索方式。

4．EBSCOhost 学术商业信息全文数据库

(1) 简介

EBSCOhost 数据库是美国 Ebsco 公司三大数据库系统之一，用于数据库检索，也是目前世界上比较成熟的全文检索数据库之一，共包括 60 多个专项数据库，其中全文数据库 10 余种，主要有学术期刊全文数据库(Academic Search Premuer，ASP)、商业资源数据库(Business Source Premier，BSP)、教育资源信息中心(Education Rresources Information Center，ERIC)、医学数据库(MeDLINE)、世界杂志数据库(World Magazine News)。

(2) 检索方法

EBSCOhost 系统具有基本检索(Basic Search)(又称关键词检索)、高级检索(Advanced Search)、出版物检索(Publications)、主题词表检索(Subject terms)、索引检索(Indexes)、图像检索(Images)等检索途径。

① 基本检索

基本检索是对记录进行全文检索，检中的记录包括检索式的字或词，即可对结果进行限制检索〔如全文(Full Text)、参考文献(Reference Available)、出版日期(Published Date)、出版物(Publications)、页数(Number Of Pages)等〕。

② 高级检索

高级检索与关键词检索基本一致，只是利用下拉选单的方式将各种字段标示用逻辑算符组合出来，更方便使用，检索结果更为精确，同时也可以对结果进行限制检索。

③ 其他检索

出版物检索、主题词表检索、图像检索、索引检索等检索比较简单，其检索字段和检索词相匹配即可。

11.3　光盘检索

光盘是一种用激光束记录和再现信息的高密度存储载体。1983 年首张高密度只读式光盘存储器(CD-ROM)诞生。1984 年美国、日本和欧洲开始利用 CD-ROM 存储专利文献、技术资料和工程图纸等。1985 年，世界上第一个商品化的 CD-ROM 数据库推出。进入 21 世纪以来，以光盘数据库为基础的光盘检索系统，以其高性能、大容量、多功能、易携带、低成本的诸多优点，为人们提供了一种全新的检索环境和检索模式。

光盘检索，即用户通过计算机对特定的光盘数据库进行访问，经过一系列的检索指令和逻辑算符操作，查询到所需要信息的过程。光盘检索系统的发展经历了单机检索和联机检索两个阶段。

1．光盘检索系统提供的服务

(1) 追溯检索服务

目前，引进的 CD-ROM 数据库一般存储 5～10 年的文献，光盘检索能够利用其参考文献追溯到较多的文献,而且文献发表的时间也不太长,对科研人员查找文献有较大的帮助。

(2) 定题检索服务

定题检索服务是为了跟踪某课题的最新动态,按用户事先预定的检索内容,主动连续地从新到的文献库中检出有关信息,提供给用户。CD-ROM 数据库一般都是 1～3 个月更新一次,可利用更新数据,提供定题服务。由于 CD-ROM 数据库检索软件具备重新执行检索策略的功能,还可以任意修改补充,因此实施定题服务是比较方便易行的。

(3) 专题追溯检索服务

研究工作者在开始一项新课题研究时,需要系统、全面地了解这一课题的进展情况,需要查找过去若干年中前人有关此课题的信息资料。CD-ROM 数据库的使用几乎不受时间限制,因此可以为特定用户的指定提供专题追溯检索服务。

2. 光盘检索的基本过程

虽然国内外的光盘数据库种类繁多,所提供的检索途径和记录格式各异,但是其检索原理是相同的,其基本检索方法是有规律可循的。一般而言,光盘检索的基本过程如下。

(1) 分析研究主题,明确查找要求

明确所需信息及文献内容、性质、水平等情况;在分析课题的基础上形成主题概念;根据检索主题概念的学科性质,确定检索的学科范围。

(2) 选择光盘数据库

由于当前光盘数据库种类繁多,各数据库的内容相差又很大,因此正确选择适当的数据库往往会起到事半功倍的效果。一般从以下 3 个方面来确定数据库的内容范围。

① 根据数据库的学科范围

任何光盘数据库所收录的文献信息,总是有一定的学科范围的,没有一种数据库是包罗万象的,可以从数据库所收录文献侧重的学科来确定数据库的内容范围。

② 根据数据库的文献类型范围

有许多数据库是以文献的类型作为收录标准的,如《中国重要会议论文数据库》、《中国专利文摘》、《美国政府报告通告及索引》等,这些数据库都按一定的文献类型来编制,所涉及的学科范围非常广泛。

③ 根据数据库的国别或语种范围

有些数据库以国别或者语种来限制收录范围,如《中国专利数据库》、《英国专利数据库》、《中国重要报纸全文数据库》等都是按国别或语种来限定收录范围的数据库,这类数据库往往收录的学科范围广泛,适合于查找某一地域的科技文献和一个国家的科技成果。

(3) 确定检索词和编写检索式

检索词是用来描述检索课题的简洁概括性词语。检索词的选择必须符合两个要求:一是能准确反映课题的检索要求;二是必须符合光盘数据库对输入词的要求。不同的数据库所提供的检索途径是有差别的,所以在检索之前应了解要检索的数据库有哪些检索途径,各个检索途径的要求,从而有的放矢地选择检索词。

有时一个课题往往需要用多个检索词来描述其含义,而且这些检索词往往需要用运算符来连接起来形成检索式。

(4) 检索结果的显示及分析

根据检索文献信息的内容和篇数,可以判断检索结果是否符合要求,如果结果不符合要求,则要调整检索词和检索式,进行第二次检索。

3. 光盘数据库

自1985年世界上第一个商品化的光盘数据库问世以来,光盘数据库得到迅速发展,到目前已经形成了数量庞大、种类繁多的光盘数据库群。从数据库类型上来说有题录型、文摘型、全文型、事实型、多媒体型等。从数据库收录的学科范围来说有综合型光盘数据库、专门型光盘数据库,用户检索式要根据不同的信息需求选用不同类型的光盘数据库。下面将介绍一些国内外的光盘数据库。

(1) 国内主要的光盘数据库

① 《中文科技期刊数据库》

该数据库由中国科技信息研究所重庆分所于1989年建立,它是国内目前数据量最大的综合性文献数据库,报道自然科学领域及部分社会科学的中文期刊文献,收录期刊9 000多种,共刊载1 500余万篇文献,并以每年300万篇的速度递增。该光盘数据库每季度更新一次。

② 《中文报刊资料系列光盘数据库》

该数据库系列由中国人民大学书报资料中心和北京新北城公司合作开发,以最新科技手段将该中心累积的资料进行数字化处理,汇编成我国人文科学文献宝库,主要产品有《复印报刊资料》专题目录索引、《复印报刊资料》全文数据库和《中文报刊资料摘要》光盘数据库。

③ 《中文社科报刊篇名数据库》

该数据库是文化部委托上海图书馆研制的覆盖国内中文、社会科学报刊文献篇名的综合性文献题录数据库,收录了全国社会科学类期刊6 000多种,报纸200余种。自1993年1月至2008年12月累积数据已近320万条,为目前国内特大型文献数据库之一,现在仍然以每年25万条的速度递增。该数据库每季度以光盘形式发行,年底出累积性光盘。

④ 《中国国家书目数据库》

该数据库是由国家图书馆主持研制,系统揭示和报道中华人民共和国成立以来中国内地出版的所有图书的书目信息。该数据库始建于1988年,目前有书目记录190万条。其中包括两张"中国国家书目回溯光盘"和三张"中国国家书目光盘"。

- 中国国家书目回溯光盘(1949—1974年)24万条
- 中国国家书目回溯光盘(1974—1987年)15万条
- 中国国家书目光盘(1988—1998年)40万条
- 中国国家书目光盘(1999—2003年)45万条
- 中国国家书目光盘(2004—2008年)66万条

该光盘数据库中的数据采用CNMARC格式,格式结构遵循"文献目录信息交换用磁带格式"标准编制,每条书目记录包含书名、著者、出版社、出版年、页数、中图法分类号和主题词等项。其检索途径多、操作方便,能够准确、详尽、迅速地获取所需的书目数据。

(2) 国外主要的光盘数据库

① 《化学文摘》光盘数据库

《化学文摘》光盘数据库由美国化学学会制作,内容与印刷版的《化学文摘》相对应,该数据库收录了世界范围内有关生物化学、物理化学、无机和有机化学等有关化学及化工方面的科技文献,年文献量达81万条,其中约12.3万条专利。数据库文献内容及检索按月更新,其出版形式包括年度光盘和累积光盘,年度光盘从1996年开始推出至今,累积光盘分为1977—1981年度、1982—1986年度、1987—1991年度、1992—1996年度、1997—2001年度、

2002—2006 年度。

②《科学引文索引》光盘数据库

《科学引文索引》光盘数据库是美国科技信息研究所推出的,其内容与书本式相对应。它收录了全世界 3 300 多种科技期刊的实质论文,文献覆盖的领域有生命科学、临床医学、物理、化学、生物、工程技术等。该光盘数据库所收集的资料每年以 60 万条新纪录及 900 万条以上引文参照的速度增长,分为文摘版和题录版两个版本,文摘版按月更新,题录版按季度更新。

思 考 题

11.1 什么是分类检索语言？什么是主题检索语言？两者的区别在哪里？

11.2 简要介绍《中图法》的分类体系。

11.3 主题词和主题检索语言的类型有哪些？

11.4 常用的手工检索工具有哪些？它们有哪些作用？

11.5 简要介绍几种中文全文数据库。

11.6 什么是光盘检索？其类型有哪些？

第 12 章

因特网信息资源检索

网络信息资源是指通过计算机网络可以利用的各种信息资源,目前网络信息资源以因特网信息资源为主,同时也包括其他没有连入因特网的信息资源。本章主要介绍了因特网信息检索的策略和方法、检索工具的使用以及因特网信息检索的发展趋势。

12.1 因特网信息检索概述

以计算机技术、通信技术和网络技术为代表的现代信息技术的飞速发展,改善了信息检索技术的软硬件环境,促进了信息检索理论与技术的发展。

1. 因特网(Internet)简介

因特网又叫做国际互联网。它是由那些使用公用语言互相通信的计算机连接而成的全球网络。一旦用户连接到它的任何一个节点上,就意味着其计算机已经连入了 Internet。如今,因特网已经发展成全球性的信息网络。因特网中的信息数量巨大,种类繁多。

(1) 因特网信息资源的类型

因特网上信息资源可以从不同的角度进行归类,依据不同的分类标准,因特网信息资源可分成不同的类型。

① 按信息的内容分类,因特网中的信息包括:学术信息、教育信息、政府信息、文化娱乐信息、有害和违法信息等。

② 按信息的发布形态分类,因特网中的信息包括:书目信息、电子报刊、文本文档,以及网上电子邮件、电子公告、专题讨论栏目等形式的信息。

③ 按信息的学科领域分类,因特网中的信息包括:社会科学、人文科学、自然科学、技术科学等领域的信息。

④ 按信息的组织形式分类,因特网中的信息包括:万维网(WWW)、论坛、博客、电子邮件、FTP、Telnet、Usenet/Newsgroup、Gopher 等形式的信息。

(2) 因特网信息资源的内容

因特网信息资源的内容涉及人类面对和从事的各个领域、行业及各种话题。例如,在一般综合类门户信息网站中,信息资源的内容通常包括商业、经济、体育、人文、艺术、教育、娱乐、健康、医药、新闻、媒体、参考资料、区域、科学、社会科学、社会与文化等众多大类以及下属的众多小类。

(3) 因特网信息资源的特点

因特网中的信息资源与传统载体上的信息资源相比,具有无可比拟的优势,其主要优点表现在内容丰富、种类繁多;超文本、超媒体;有大量免费信息资源;信息传播和更新速度极快,能广泛、直接交流。但因特网信息也存在着无序、多变和难以控制等缺点。

(4) 因特网提供的服务方式

因特网提供的服务方式分为基本服务方式和扩充服务方式两大类。基本服务方式包括电子邮件、远程登录和文件传输。扩充服务方式包括基于电子邮件的服务(如新闻组、电子杂志等)、名录服务(如 Whose)、索引服务(如 Archie)、交互式服务(如 Gopher、WWW 等)。其中 WWW 服务是一个集文本、图像、声音、影像等多种媒体的最大信息发布服务,同时具有交互式服务功能,是目前用户获取信息的最基本手段。

(5) 因特网有关技术术语

随着网络信息技术的飞速发展,因特网中的术语也不断增加,下面仅对使用因特网的过程中所涉及的基本的因特网术语作简单介绍。

① 超文本与超链接

超文本是带有链接的文本,通常用带有下划线的字符串的形式表示超链接文字。超链接可以指向任何其他位置的文件,传统印刷型文本从头到尾线性的秩序被打破。超文本允许在文件与文件之间任意跳转,这种文本与文本之间的链接关系就称为超链接。

② 浏览器

浏览器是客户用于浏览网页的应用程序,是一种在窗口环境下浏览互联网资源并获得信息的多媒体工具。通过浏览器,用户可以浏览因特网中的海量信息。

③ IP 地址与域名

因特网上连接了无数的计算机(主机),用户如何找到网络中的一个指定的主机呢?人们根据 TCP/IP 协议给每一个主机分配一个二进制数字编码,这个编码称为 IP 地址。它可以由四组用圆点分隔的十进制数字表示,如 209.32.125.8。由于 IP 地址难于记忆,也可以通过服务器把 IP 转换成域名来表示主机,域名可以用英文字母、数字等字符来表示,可具有一定含义,便于记忆。例如,www.hit.edu.cn 为哈尔滨工业大学的网站域名。

④ 统一资源定位器(URL)

URL 是用来表示网络中主机文件地址的一串字符串。通过 URL 把主机域名和主机内部的文件目录系统对应起来,URL 作为浏览器浏览网络主机文件的地址。URL 的构成从左到右依次为:协议、主机域名或 IP 地址、文件路径、文件名,如哈尔滨工业大学党群组织机构的 URL 为 http://www.hit.edu.cn/department/dqjg.htm。通过 URL,并在拥有相应权限的情况下,可以直接访问某网站主机内部文件。

网络检索的最直接检索对象就是某个信息资源的 URL,这也是一种基本的检索原理。

2. 因特网信息检索的发展

随着因特网的迅猛发展,如何快速而准确地查找网上信息,已成为日益突出的问题。对这个问题的不断探索和研究推动了网络信息检索技术的快速发展,先后产生了多种信息检索服务方式。

(1) 文档查询服务(Archie)

为了帮助用户在遍及全世界的大量文件传送协议(File Transfer Protocol,FTP)服务器中寻找到想要的文件,因特网上提供了文档查询服务器(Archie Server)。用户只要给出所需查找的关键字,文档查询服务器就会查询出在哪些 FTP 服务器上存放着符合要求的文件。

文档查询服务器的工作方法是每个月运行一次专门的文档索引程序,自动搜索一遍它所收集的 FTP 服务器上的文件系统,以获得这些服务器上的全部文件目录,并对所收集到的全部文件目录编制索引,以供用户查询使用。因此,它是一种基于文件名的信息查询工具。

文档查询服务器通常支持远程登录(Telnet)、电子邮件(E-mail)和使用文档查询客户程序等查询方式。

(2) 基于菜单的信息检索服务(Gopher)

Gopher 是菜单驱动的因特网信息检索服务。它可将用户的请求自动转换为 FTP 或 Telnet 命令。用户通过选取自己感兴趣的信息资源,逐步展开多层次的菜单,就可以对因特网上的远程信息系统进行实时访问。

Gopher 因特网信息查询中,获得了极大的成功,成为当今因特网信息检索工具的先驱。后来,还出现了两种配合 Gopher 的软件工具 Veronica and Jughead。用户可以利用它们按检索词搜索因特网上的 Gopher 服务器,这两个工具可以将检索结果自动生成 Gopher 菜单,供用户进一步查询使用。它们已成为 Gopher 服务器提供的一种标准服务。

(3) 基于关键词的文档检索服务(WAIS)

WAIS 是一种基于关键词的因特网信息检索服务,其含义是广域信息服务器(Wide Area Information Servers),使用 WAIS 的前提是要先访问因特网上的 WAIS 服务器。网络上的任何文献或数据,只要经过它们加以索引,用户即可利用这种工具进行信息检索。对于文本文件而言,通常需要作全文标引。

使用 WAIS 服务进行信息检索时,可以分为两个阶段。首先,用户在 WAIS 给出的信息资源列表中选取希望查询的信息资源名称,并键入检索的关键词,系统就能自动进行网络检索。然后,WAIS 将所有包含检索词的记录条目列表显示出来,并根据检索词与每条记录的相关程度进行评分排序。

(4) 基于超文本的搜索引擎服务(Search Engine)

万维网(WWW,World Wide Web)采用超文本技术,融入多媒体技术,界面友好灵活,易于操作使用,支持多种网络协议,可以同时使用 FTP、Gopher 等因特网服务。WWW 已成为因特网上发展最快和应用最广的信息服务。

3. 影响因特网信息检索的一些因素

(1) 信息资源质量对信息检索的影响

丰富的信息资源为因特网信息检索系统提供了庞大的信息源,但由于其收集、加工、存储的非标准化,给信息检索带来很多难题。

① 信息资源收集不完整、不系统、不科学,导致信息检索必须多次进行。

② 信息资源加工处理不规范,使信息检索的查全率、查准率下降。

③ 信息资源分散无序,更换及消亡无法预测,检索评价标准也难以统一。

④ 网上公用信息可以自由使用、共同分享,网上电子形式的文件极易被复制使用,这样就容易引起知识产权、版权及信息真伪等问题。

⑤ 目前因特网上 80% 以上的信息是以英文形式发布的,英语水平低或不懂英语的人很难有效利用因特网上海量的信息资源。

(2) 检索软件对信息检索的影响

因特网将世界上大大小小、成千上万的计算机网络连接在一起,成为一个没有统一管理的、分散的但可以相互交流的巨大信息库,这意味着人们必须掌握各种网络信息检索工具,才能检索到自己所需要的网络信息资源。

① 因特网上的信息存放地址会频繁转换和更名,根据检索工具检索的结果并不一定就能获得相应的内容。

② 基于一个较广定义的检索项,往往会获得数以千万计的检索结果,而使用户难于选择真正所需的信息。

③ 每种检索工具虽然仅收集各自范围内的信息资源,但也难免使各种检索工具的信息资源出现交叉重复现象。

(3) 用户水平对信息检索的影响

在因特网这个开放式的信息检索系统中,用户不仅要自己检索信息资源,同时还要进行信息资源的收集、整理、存储工作。因此,因特网用户的信息获取与检索能力对信息检索有着直接的影响。

12.2 因特网信息检索策略及技巧

因特网是一个开放的网络系统,网上的信息每天都在更新,其增长速度非常快。它的开放性和自由性,使得各种信息相互混杂在一起,给人们的正常应用带来了一定的麻烦。如果缺乏相关的搜索技巧,在这个浩瀚的信息海洋中搜索自己需要的信息时,效率将非常低,既浪费时间又得不到有用的资料。

12.2.1 因特网信息检索策略

1. 搜索之前的准备

在上网查找资料之前,应该先做些自身准备工作。尽管现有的因特网检索工具功能很完善,但是它们一般不可能检索到网上所有的内容,有些内容虽然存在网上,却因为种种原因,而成为漏网之鱼。所以在使用搜索引擎之前,应该先花几分钟想一下要找的东西网上可能有吗?如果有,可能在哪里?网页上会含有哪些关键词?

有些信息,可能很难用合适的关键词描述,或者不能直接用因特网检索工具找到,不妨寻找这方面的热门论坛来检索或发帖询问,这也是一种检索方法。有时,在图书馆里有网上找不到的信息,而且图书管理人员一般是受过训练的专家,他们通常会很乐意帮你找东西。另外,"人工智能搜索"将成为不同于目前的 Google 模式的新一代网络检索技术,也可以尝试使用。

2. 了解可用的检索工具

目前通用的网络检索工具大致可分为 4 种类型:搜索引擎、元搜索引擎、网络资源目录和"看不见的网页"(The Invisible Web)。这 4 种类型的搜索方式各有特点,若能充分利用其功能,往往可以收到意想不到的效果。

(1) 搜索引擎和元搜索引擎

搜索引擎和元搜索引擎使用关键词检索,将关键词与网页中出现的词精确匹配,可对网页进行全文检索;数据库由蜘蛛程序自动搜集的内容构成,人工干预很少,没有主题目录和分级浏览;检索的范围宽广,从某个狭小的专门领域的网络资源到 90% 以上的 Web 文档都能被搜索引擎检索到;元搜索引擎快速而简单地将检索提问提交给多个不同的搜索引擎,然后将返回结果以统一的格式展现(注意:通常元搜索引擎仅从普通搜索引擎的检索结果中返回大约 10% 的结果)。

目前国际上常用的搜索引擎有 Google、Alltheweb 等,元搜索引擎有 Metacrawler、Ixquick 等。

(2) 网络资源目录

网络资源目录的特点是:人工挑选的网站集合(有时编辑者是某一领域的专家),对网站内容有介绍和评估,并努力保持更新,但对于较大规模的主题目录来说要保持高频率的更新不太可能;一般以等级式的主题目录组织内容;对每一个收录的网站,通常有人工注解(但 yahoo 没有);支持浏览方式,适合主题比较宽泛的检索;没有全文检索,检索的仅仅是目录和注解,检索时不能像搜索引擎那么专指,因为在网页中出现的词未必能够用做提问关键词。

目前常用的学术性较强的主题目录有 Librarians'Index to the Internet、Infomine,大众化的主题目录有 Yahoo!、About.com 等。

(3) 看不见的网页(专门数据库)

看不见的网页(The Invisible Web),又叫隐形网页,在网上增长很快,简单说是那些因为各种原因,不能被普通搜索引擎如 Google 等搜索到的网页。

看不见的网页不能被普通搜索引擎搜到,包含许多动态信息,通过某个网页中的检索框来检索某个特定数据库的内容,可以是任何主题。通过主题目录或者通用搜索引擎都可以找到可供检索的某领域的特定数据库,然后可进入这些数据库中利用其站内检索工具进行进一步的查询。也可以通过一些"看不见的网页"或免费数据库资源站点进入这些数据库,如 The Invisible Web Directory(http://www.invisible-web.net)。

3. 分析信息需求并选择合适的检索工具

在检索之前先考虑清楚自己要找的是什么,并且以一系列问题的形式把它们用纸笔记下来,这对于 Internet 信息检索的新手来说绝对是个好习惯。检索是以找到某个问题的精确答案为目标,还是希望通过检索扩展自己在某个领域的知识?检索的是否是一个非常特殊的主题,还是检索时会返回大量相关信息的宽泛主题?检索词是否存在同义、近义词?思考这些问题将有助于准确定位自己的检索起点,不至于在后面的检索中迷失目标。当积累了足够的经验之后,就可以跳过这一步直接进行检索了。

对自己的需求有一定的认识之后,便可以选择工具帮助自己找答案了。每一种检索工具都有自己的特点,它们在搜索范围、功能和质量方面大相径庭,没有绝对的高下之分。但就某一次特定的检索而言,选择不同的检索工具,检索结果的差别却很大,错误的选择不仅可能颗粒无收,还会浪费掉大量的时间。如果为每一次检索都选择合适的检索工具,那么每次得到满意结果的概率将会大大增加。

根据自己对检索主题的已知部分和需要检索部分的了解,可以从几种不同类型的网络检索工具开始。最常见的选择是使用搜索引擎或网络资源目录。一般的规则是:如果找特殊的内容或文件,那么使用全文搜索引擎,如 Google、百度;如果想从总体上或比较全面地了解一个主题,那么使用网络资源目录,如 Yahoo!。对于特殊类型的信息考虑使用特殊的搜索工具。例如,找人或找地点,那么使用专业的寻人引擎或地图和位置搜索网站。事实上,几乎每种主题都有特殊的搜索工具,可以参考中文搜索引擎指南网(http://www.sowang.com)上各类搜索引擎的相关介绍。

12.2.2 因特网信息检索技巧

搜索引擎的出现大大方便了用户搜索网络信息资源,但因其本身所固有的差别,不熟悉网络搜索的用户在检索时难以获得满意的检索效果,为提高检索效率,使用搜索引擎时应注意以下几个方面。

1. 选择适当的搜索引擎

这点非常重要,不同的搜索引擎其特点不同,只有选择合适的搜索引擎才能获得满意的查询结果。用户应根据所需信息资料的特点、类型、专业深度等,选择适当的搜索引擎。

2. 注意阅读搜索引擎的帮助信息

许多搜索引擎在帮助信息中提供了本引擎的使用方法、规则及运算符说明,这些信息是用户进行网络信息资源查询时用到的基本知识。

3. 检索关键词要恰当

查找相同信息时,不同的用户使用相同的搜索引擎,会得出不同的结果。造成这种差异的原因就是关键词选择和搭配的不同。选择关键词时要做到"精"和"准",同时还要"有代表性","精"、"准"才能保证搜索到所需信息,"有代表性"才能保证搜索的信息有用。选择关键词时应注意:不要输入错别字,专业搜索引擎都要求关键词一字不差;注意关键词的拼写形式,初学者容易犯的错误之一就是检索提问中缺少足够多的关键词。根据统计,大多数用户平均每次检索使用的关键词为 1.5 个。如果想要准确地找到因特网中的信息,这个数字是不够的。因此,如果发现检索结果不理想,首先应该考虑的就是关键词数量是否充分。

要从信息需求的描述中提取出合适的关键词,有时会令人感到很迷茫。如果需求比较复杂,难以用几个关键词描述清楚时,不妨试一试输入一个句子,或许能找到想要的信息。

4. 尝试布尔检索

使用传统的搜索引擎时,要想得到更贴切的信息,就必须对布尔检索知识有基本的了解。布尔检索即通过使用逻辑操作符和规定的句法来连接关键词,从而构成功能强大的检索提问,提高检索的精确度。

常见的布尔逻辑操作符及其作用如下。

(1) 逻辑"与"(*、AND)

AND 操作符连接的两个关键词都会出现在检索结果中。有些检索工具规定用符号"*"代替 AND。AND 操作符可以缩小检索的范围,得到更加精确的检索结果。例如,输入"软件 AND 下载",所有与软件和下载有关的网页都将出现在检索结果中。

(2) 逻辑"或"(+、OR)

用 OR 操作符连接的两个关键词至少有一个出现在检索结果中。有些检索工具规定用符号"+"代替 OR。OR 操作符可以扩大检索范围,得到更广泛的检索结果。例如,输入"欧洲 OR 英国",所得到的检索结果中至少出现"欧洲"或"英国",或二者都出现。

（3）逻辑"非"（－、NOT）

紧跟在 NOT 操作符后面的关键词不能出现在检索结果中。有些检索工具规定用符号"－"代替 NOT。NOT 操作符的作用是为了去除无关的搜索结果，提高搜索结果相关性。例如，想了解佛教中的天龙八部是指哪八部，如果直接在搜索引擎中输入"天龙八部"，将得到无数有关金庸小说《天龙八部》的检索结果，如果修改一下输入的关键词，变成"天龙八部 NOT 金庸"，则能大大减少这部小说给我们带来的干扰。

不过需要注意的是，不同的搜索引擎有关布尔逻辑操作符的使用略有不同，在具体应用的过程中，应该先阅读一下相关的搜索引擎帮助系统。

由于使用布尔检索的人很少，一般网民不习惯使用布尔运算符，现在的主流搜索引擎（比如百度和谷歌）已经不再支持布尔运算符，而是提供了"高级搜索"功能，用户可以通过搜索引擎提供的图形界面手动选择搜索条件，如可以限定搜索内容的语言、格式、时间等。

5. 思考检索结果

一次成功的检索由两个部分组成：一个设计优秀的检索提问和一个准确可信的检索结果。在单击任何一条检索结果之前，快速地分析一下检索结果的标题、网址、摘要，会有助于读者选出更准确的结果，从而节省大量的时间。当然，到底哪一个检索结果对于检索策略的调整更有参考价值，还是取决于自己的信息需求，评估网络内容的质量和权威性也是检索的重要步骤。

一次成功的检索也经常是由好几次检索组成的，如果对自己检索的内容不熟，即使是检索专家，也不能保证第一次检索就能找到想要的内容。检索专家会先用简单的关键词测试，他们不会忙着仔细查看各条检索结果，而是先从检索结果页面里寻找更多的信息，再设计一个更好的关键词重新检索，这样重复多次以后，就能设计出很棒的检索关键词，也就能检索到满意的结果了。

6. 避免常见错误

初学者搜索信息时容易犯的错误和解决方法如下。

（1）错别字

因特网用户对所找主题不熟悉、同音字、网络通假字泛滥等各种原因导致的错误关键词很多，但用户很难发现自己输入了错别字，只会怪搜索引擎找不到信息。所以每当我们觉得某些信息网上应该有不少，却搜索不到结果时，应该先查一下是否有错别字。

（2）关键词太常见

太常见的关键词事实上不能帮助用户找到有用的内容。例如，搜索"计算机"，有无数网站提供跟"计算机"相关的信息。所以当搜索结果太多太乱的时候，应该尝试使用更多的关键词或者更详细的描述文字来搜索，不要使用过于通用的词汇来搜索，设计一个类似"计算机发展趋势"这样特殊的搜索关键词，会找到真正想要的结果。

（3）多义词

要小心使用多义词，例如，搜索"Java"，找的信息究竟是太平洋上的一个岛，一种著名的咖啡，还是一种计算机语言，搜索引擎是不能理解辨别多义词的。最好的解决办法是，在搜索之前先问自己这个问题，然后用短语、多个关键词或者其他的词语来代替多义词作为搜索关键词。例如，用"爪哇印尼"、"爪哇 咖啡"、"Java 语言"分别搜索可以满足不同的需求。

（4）不合理的关键词

搜索失败的另一个常见原因是类似这样的搜索："上海到成都列车时刻表"，错把搜索引擎当成是听话的服务员了。其实搜索引擎是很机械的，当你用关键词搜索的时候，它只会把含有这个关键词的网页找出来，根本不管网页上的内容是什么。而问题在于，很少有网页上会含有"上海到成都列车时刻表"这样的关键词，所以搜索引擎也找不到这样的网页。但是真正含有你想找的内容的网页，应该含有的关键词是"上海"、"成都"、"列车"、"时刻表"，所以应该这样搜索："上海 成都 列车 时刻表"。当搜索结果太少甚至没有的时候，应该考虑输入更简单的关键词来搜索，猜测所需要的网页中可能含有的关键词，然后用那些关键词搜索。

12.3 因特网检索工具

因特网检索工具是指在因特网上提供信息检索服务的计算机系统，其检索对象是存在于因特网信息空间中各种类型的网络信息资源，网络检索工具通常称为搜索引擎等。

12.3.1 搜索引擎简介

搜索引擎（Search Engine）是一个提供信息"检索"服务的网站，它使用某些程序把因特网上的所有信息归类以帮助人们在茫茫网海中搜寻到所需要的信息。随着网络技术的飞速发展，搜索技术的日臻完善，中外搜索引擎已广为人们熟知和使用。任何搜索引擎的设计，均有其特定的数据库索引范围、独特的功能和使用方法，以及预期的用户群指向。它是一些网络服务商为网络用户提供的检索站点，它收集了网上的各种资源，然后根据一种固定的规律进行分类，提供给用户进行检索。

1. 搜索引擎的工作原理

一般来说，搜索引擎由搜索软件、索引软件和检索软件三部分组成。

（1）搜索软件用来在网络上收集信息，执行的是数据采集功能；

（2）索引软件对收集到的网络信息进行自动标引处理并建立索引数据库，执行的是数据组织功能；

（3）检索软件通过索引数据库为用户提供网络检索服务，执行的是搜索引擎的用户检索功能。

2. 搜索引擎的功能

一般来讲，搜索引擎支持以下功能。

（1）简单搜索（Simple Search）。指输入一个单词（关键词），提交搜索引擎查询，这是最基本的搜索方式。

（2）词组搜索（Phrase Search）。指输入两个以上的词（短语），提交搜索引擎查询，也叫短语搜索，现有搜索引擎一般都约定把词组或短语放在引号内表示。

（3）语句搜索（Sentence Search）。指输入由多个词组成的任意语句，提交给搜索引擎查询，这种方式也叫任意查询。不同搜索引擎对语句中词与词之间的关系的处理方式不同。

（4）目录搜索（Catalog Search）。指按搜索引擎提供的分类目录逐级查询，用户一般不需要输入查询词，只需按照查询系统所给的几种分类项目，选择类别进行搜索，也叫分类搜索(Classified Search)。

(5) 高级搜索(Advanced Search)。选择多个条件约束进行查询。

3. 搜索引擎的类型

搜索引擎的种类很多,各种搜索引擎的概念界定尚不清晰,大多可互称、通用。事实上,各种搜索引擎既有共同特点,又有明显差异。按照信息搜索方法和服务提供方式的不同,搜索引擎可分为如下几种。

(1) 检索式搜索引擎

该类搜索引擎由检索器根据用户的查询输入,按照关键词检索索引数据库。这其实是大多数搜索引擎最主要的功能。在主页上有一个检索框,在检索框中输入要查询的关键词,单击检索按钮,搜索引擎就会在自己的信息库中搜索含有所输入的关键词的信息条目。用户可以通过分析选择所需的网页链接,直接访问要找的网页。目前此类主流中文搜索引擎主要有以下几个优秀的公司提供的搜索引擎:

- 雅虎公司的"中国雅虎",域名是 www.yahoo.cn;
- 百度公司的"百度",域名是 www.baidu.com;
- 搜狐公司的"搜狗",域名是 www.sogou.com;
- 腾讯公司的"搜搜",域名是 www.soso.com。

(2) 目录分类式(网站级)搜索引擎

该类搜索引擎的数据库是依靠专职编辑人员建立。当用户提出检索要求时,搜索引擎只在网站的简介中搜索。这种获得信息的方法就像是"顺藤摸瓜",只要用鼠标单击这些分类链接就可以一级一级地深入这个目录,最终搜索到所需的网页。所收录的网络资源经过专业人员的鉴别、选择和组织,保证了检索工具的质量,减少了检索中的噪音,提高了检索的准确率。将信息系统地分门归类,也能方便用户查找到某一大类信息。比较适合于查找综合性、概括性的主题概念,或对检索准确度要求较高的课题。常见的目录分类式搜索引擎如下。

搜狐——http://www.sohu.com。搜狐于 1998 年推出中国首家大型分类查询搜索引擎,到现在已经发展成为中国影响力最大的分类搜索引擎。每日页面浏览量超过 800 万,可以查找网站、网页、新闻、网址、软件、黄页等信息。

新浪——http://www.sina.com.cn。互联网上规模最大的中文搜索引擎之一。设大类目录 18 个,子目录 1 万多个,收录网站 20 余万个。提供网站、中文网页、英文网页、新闻、汉英辞典、软件、沪深行情、游戏等多种资源的查询。

网易——http://www.163.com。网易新一代开放式目录管理系统,拥有近万名义务目录管理员。为广大网民创建了一个拥有超过一万个类目,超过 25 万条活跃站点信息,日增加新站点信息 500~1000 条,日访问量超过 500 万次的专业权威的目录查询体系。

Yahoo——http://www.yahoo.com 。Yahoo 是世界上最早的搜索引擎之一,Yahoo 拥有第一流的 Web 目录和最佳的新闻链接以及许多附加服务。有 10 余种语言版本,各版本的内容互不相同。提供类目、网站及全文检索功能。目录分类比较合理,层次深,类目设置好,网站提要严格清楚,但部分网站无提要。网站收录丰富,检索结果精确度较高,有相关网页和新闻的查询链接。全文检索由 Inktomi 支持。有高级检索方式,支持逻辑查询,可限时间查询。设有新站、酷站目录。

Looksmart——http://www.looksmart.com。LookSmart 是人工目录集合网站。该公司没有自己的站点,但丝毫不影响人们对它的使用。LookSmart 向其他搜索引擎提供搜索结果。目前,LookSmart 已建成含有 25 亿 URL,11 亿索引文档的网络索引目录,这些目录涉及 33 处地域市场,13 种不同语言,30 万个目录分类,集合了四百多万个网站。

About——http://www.about.com。其是规模较小的人工操作(Human Reviewed/Manually Picked)目录索引搜索引擎,主要由编辑人员在互联网上寻找有收录价值的网站或网页,然后分门别类列出链接索引。

(3) 元搜索引擎

元搜索引擎(Metasearch Engine)是一种调用其他独立搜索引擎的引擎,元搜索引擎就是对多个独立搜索引擎的整合、调用、控制和优化利用,其技术称为"元搜索技术",元搜索技术是元搜索引擎的核心。检索时,元搜索引擎根据用户提交的检索请求,调用源搜索引擎进行搜索,对搜索结果进行汇集、筛选、删并等优化处理后,以统一的格式在同一界面集中显示。常见的元搜索引擎如下。

Dogpile——http://www.dogpile.com。其是目前性能较好的并行式元搜索引擎之一,它可以同时调用 25 个 Web Search Engine、Usenet Search Engine、FTP Search Engine 等,其中 Web Search Engine 14 个。

MetaCrawler——http://www.metacrawler.com。MetaCrawler 是独立万维网搜索引擎 WebCrawler 的姐妹引擎,也是一个并行式元搜索引擎,它具有优秀的清晰性和详细的组织性,可以同时调用 AltaVista、Excite、Infoseek、Lycos、WebCrawler 和 Yahoo 6 个独立引擎,是简单搜索或中度复杂搜索的最佳网点。

Mamma——http://www.mamma.com。Mamma 是并行式元搜索引擎,自称是所有搜索引擎之母(Mother of all Search Engines),它可以同时调用 AltaVista、Excite、Infoseek、Lycos、WebCrawler、Yahoo 等独立引擎,并且可以查新闻组、商业黄页和发布新闻。

AskJeeves——http://www.askjeeves.com。AskJeeves 提供同时搜索 AltaVista、Excite、Yahoo、Infoseek、Lycos 和 WebCrawler 的功能,此外还能同时搜索自己独立的数据库。

ProFusion——http://www.profusion.com。其拥有智能化的搜索方案,提供诸如搜索引擎选择、检索类型、结果显示、摘要选项、链接检查等较多的检索选项,支持个性化设置,可以选择三个最好的搜索引擎,或三个最快的搜索引擎,或全部搜索引擎,或手工选择任意几个搜索引擎来进行搜索。自动实现符合特殊检索语法要求的转换,如在调用 Excite、InfoSeek、WebCrawler 时将"near"转换成"and"等。

(4) 智能搜索引擎

此类搜索引擎是目前搜索引擎的发展趋势,除提供传统的全网快速检索、相关度排序等功能外,还提供用户自己登记、用户兴趣识别、内容的语义理解、智能化信息过滤和摄像头等功能,为用户提供了一个真正个性化、智能化的网络工具智能搜索引擎,把目前基于关键词层面的检索提高到基于知识(或概念)层面,常见的此类搜索引擎如下。

百度——http://www.baidu.com。全球最大的中文搜索引擎。提供网页快照、网页预览/预览全部网页、相关搜索词、错别字纠正提示、新闻搜索、Flash 搜索、信息快递搜索、百度搜霸、搜索援助中心。

网络指南针——http://www.compass.edu.cn/dir.html。

12.3.2 搜索引擎的使用

搜索引擎提供网上绝大部分的检索服务,常用的英文搜索引擎有 Google、Yahoo 等,中文搜索引擎有百度、搜狗等,其中百度目前国内的用户数量最多。百度除了提供常见的 Web 检索之外,还提供包括新闻、图片、视频、地图、词典以及搜索社区等各种服务。

对每一个上网的人来说,搜索引擎是一个经常使用的方便的检索工具,它帮助用户很方便地查询网上的信息。但是当输入某个关键词后,会出现成百上千的查询信息结果,在这些结果中,经常找不到想要的东西,面对着一堆垃圾信息,让人很无奈。所以能否很好地驾驭它,掌握它的使用方法是非常必要的。

百度搜索引擎拥有目前世界上最大的中文信息库,总量达到 6 000 万页以上,并且还在以每天几十万页的速度快速增长。下面介绍该引擎的使用方法。

1. 检索方式

百度搜索引擎提供了多种检索方式,用户可以结合具体需求及特点,选择适合检索内容的检索方式。

(1) 简单查询

在搜索引擎中输入关键词,然后单击"搜索"。系统很快会返回查询结果,这是最简单的查询方法,但是查询的结果却不准确,可能包含着许多无用的信息。

(2) 使用加号(+)

在关键词的前面使用加号,也就等于告诉搜索引擎该单词必须出现在搜索结果中的网站推广网页上。例如,在搜索引擎中输入"私家侦探+www.cqdbzt.com"就表示要查找的内容是学习网这个关键词。

(3) 使用双引号(" ")(符号要用半角,下面说的符号也都是用半角)

给要查询的关键词加上双引号(半角),可以实现精确的查询。这种方法要求查询结果要精确匹配,不包括演变形式。例如,在搜索引擎的文字框中输入"手机杀毒软件",它就会返回网页中有"手机杀毒软件"这个关键词的网址,而不会返回诸如"360杀毒软件"、"免费的杀毒软件"、"瑞星杀毒软件"之类网页。

(4) 使用减号(-)

在关键词的前面使用减号,也就意味着在查询结果中不能出现该网站推广关键词。例如,在搜索引擎中输入"电视台 -中央电视台",它就表示最后的查询结果中一定不包含"中央电视台"。注意:在-号的前面一定要有空格,后面不要空格,否则查询结果不能如你所愿。

(5) 使用通配符(*和?)

通配符包括星号(*)和问号(?),前者表示匹配的数量不受限制,后者表示匹配的字符数要受到限制,主要用在英文搜索引擎中。例如,输入"computer *",就可以找到"computer、computers、computerised、computerized"等单词,而输入"comp? ter",则只能找到"computer、compater、competer"等单词。

(6) 使用布尔检索

所谓布尔检索,是指通过标准的布尔逻辑关系来表达关键词与关键词之间逻辑关系的一种查询方法,这种查询方法允许用户输入多个关键词,各个关键词之间的关系可以用逻辑关系词来表示。and 称为逻辑"与",用 and 进行连接,表示它所连接的两个词必须同时出现在查询结果中。例如,输入"computer and book",就要求查询结果中必须同时包含 computer 和 book。or 称为逻辑"或",它表示所连接的两个关键词中任意一个出现在查询结果中就可以。例如,输入"computer or book",就要求查询结果中可以只有 computer,或只有 book,或同时包含 computer 和 book。not 称为逻辑"非",它表示所连接的两个网站推广关键词中应从第一个关键词概念中排除第二个关键词。例如,输入"automobile not car",就要求查询的结果中包含 automobile(汽车),但同时不能包含 car(小汽车)。near 表示两个关键词之间的词距不能超过 n 个单词。在实际的使用过程中,可以将各种逻辑关系综合运用,灵活搭配,以便进行更加复杂的查询。

(7) 使用括号

当两个关键词用另外一种操作符连在一起,而又想把它们列为一组时,就可以对这两个词加上圆括号。

(8) 使用元词检索

大多数搜索引擎都支持"元词"(metawords)功能,依据这类功能用户把元词放在关键词的前面,这样就可以告诉搜索引擎想要检索的内容具有哪些明确的特征。例如,在搜索引擎中输入"title:清华大学",就可以查到网页标题中带有清华大学的网页。其他元词还包括:image——用于检索图片;link——用于检索链接到某个选定网站推广的页面;URL——用于检索地址中带有某个关键词的网页。

(9) 区分大小写

区分大小写是检索英文信息时要注意的一个问题,许多英文搜索引擎可以让用户选择是否要求区分关键词的大小写,这一功能对查询专有名词有很大的帮助。例如,Web 专指万维网或环球网,而 web 则表示蜘蛛网。

2. 检索结果

检索结果,每条记录显示的内容包括:网页标题、网页内容摘要(并以醒目的字体显示检索词)、网址、网页文本的大小等。单击"网页快照"可看到百度保存的该网页内容。

在检索结果的页面上,单击"相似网页"可以获得与该网页性质类似的网页。如该页是某大学的首页,则百度会寻找其他大学的首页;该页是某大学数学系,则会寻找其他大学的数学系。

在百度的首页上单击"图片"链接,可以打开百度的图像搜索引擎。使用方法同上所述,只要在检索框中输入要检索的图像内容的关键词即可。图片以缩略图的方式显示出来,并提供图片链接、图片分辨率、文件大小等信息,单击图片可进入相关网站查看图片。

在百度的首页上单击"新闻"链接,可以打开百度的新闻搜索引擎。该系统的新闻组检索功能也十分强大。

12.4　因特网信息检索的发展趋势

因特网信息检索近年来的发展已使信息检索的面貌大大改观。检索行为已不再是信息管理与服务人员的专利,任何因特网用户都可以实施网络检索。许多数据库都通过因特网加强了其可存取性,使信息存储与检索的费用急剧下降。通过因特网来获取各种信息已成为一种普遍、日常的活动,并将成为人们检索信息、利用信息的一种主要手段和形式。因特网信息检索的发展主要体现在进一步改进、完善检索工具和检索技术,以提高检索服务的质量。因此,对因特网的未来发展趋势可以从以下几个方面来探讨。

1. 数据库的进一步完善

在网络信息检索的早期发展中,众多搜索引擎均在数据库收录标引网页的规模数量和检索速度上展开竞争。而目前大家都意识到某个搜索引擎能检索 10 万个或 100 万个记录对用户来说并不是最重要的,人们对因特网所关心的是它能否迅速、准确地找到针对自己检索问题的确实答案,而不是检索到记录的多少,因此在数据库方面将发生如下变化。

过去,一般网络检索工具只依赖其自己建立的数据库来提供检索服务,检索范围有限。而现在某些著名的搜索引擎,如 Lycos 等通过各种渠道逐步完善自己的网站,提供各种服务。还有的搜索引擎之间创建了合作伙伴关系,如果在自己的数据库中没有检索出与提问相匹配的答案,会自动转向有合作伙伴关系的数据库中继续检索。例如,在 Yahoo 网站上的检索者会得到某些在 AltaVista 中检索出的结果,Netscape 的用户会见到 Excite 的检索结果页。从而扩大了其检索范围,改进了检索结果。

2. 网络检索工具的智能化

随着网络用户对检索的精度、检索效率的要求不断提高,网络检索工具开始重视提高其在检索功能及检索服务上的智能化程度。

(1) 自动索引软件的智能化

如著名的搜索引擎 Info seek 正在致力于研究、改善其自动索引软件的智能化水平。所谓"聪明的蜘蛛"(Smarter Spider),将不再只是简单、机械、无识别能力地检索和标引网页,而将能够对网页内容的相关性及该网页所包含的链接的质量等作一些判断。

(2) 智能检索与智能搜索引擎

智能检索是信息检索领域的发展趋势,因特网信息检索也顺应了这一潮流的发展。近年来还有被称为智能搜索引擎(intelligent search engine)的网络检索工具出现,比较有代表性的如 Ask Jeeves。像著名的搜索引擎 AltaVista 就采用了它的技术,开设了"Ask Alta-Vista"的智能检索服务。

3. 用户友好性的进一步提高

21 世纪的科技创新都要强调以人为本,因特网信息检索工具的发展也不例外。前面所述网络检索工具在数据库上的改进和完善,也都是在面向用户多样化的检索需求,提供高质量的信息服务上所作的积极努力。网络检索工具在提高用户友好性方面所作的具体改进如下。

(1) 改善用户检索界面

一些搜索引擎的研制者在观察、分析了用户实际的检索行为后发现,一般用户的检索都是以输入几个简单检索词的方式进行的,很少有用户使用复杂检索,如布尔检索、限制检索等。为鼓励和引导用户改善检索效果,搜索引擎在改善用户检索界面、提供更多的检索选择上作了某些改进。如许多流行的搜索引擎(AltaVista、Excite 等)都向用户提供了分类导引式的网络资源指南。

(2) 更好的检索结果提供方式

检索结果的显示、提供方式直接影响着用户对信息的吸收和利用,有的搜索引擎提供了一些更先进的方式来显示检索结果。如 Excite 等将所有来源于不同站点的检索结果分组汇集在一起,供用户去获取。因特网作为一种新的媒体形式,近年来在对信息内容的过滤、筛选方面也有过一些争论。如 AltaVista 提供的"家庭过滤器"(family fil2ter)和 lycos 推出的保护性检索"search guard"等。

思 考 题

12.1 在使用搜索引擎进行信息检索时,应该作好哪些准备?

12.2 总结因特网信息检索的技巧。

12.3 简述搜索引擎的类型及代表性搜索引擎。

12.4 利用本节所介绍的搜索引擎查找我国某高校的专业设置情况。

12.5 查找与本人所学专业相关的近两年的国际会议信息。

附录 1

标点符号用法

中华人民共和国国家标准
标点符号用法
Use of punctuation marks
国家技术监督局 1995 年 12 月 13 日批准发布,1996 年 6 月 1 日实施

1. 范围
本标准规定了标点符号的名称、形式和用法。本标准对汉语书写规范有重要的辅助作用。本标准适用于汉语书面语。外语界和科技界也可参考使用。

2. 定义
本标准采用下列定义。

  句子　sentence　前后都有停顿,并带有一定的句调,表示相对完整意义的语言单位。
  陈述句　declarative sentence　用来说明事实的句子。
  祈使句　imperative sentence　用来要求听话人做某件事情的句子。
  疑问句　interrogative sentence　用来提出问题的句子。
  感叹句　exclamatory sentence　用来抒发某种强烈感情的句子。
  复句、分句　complex sentence,clause　意思上有密切联系的小句子组织在一起构成一个大句子。这样的大句子叫复句,复句中的每个小句子叫分句。
  词语　expression　词和短语(词组)。
  词,即最小的能独立运用的语言单位。短语,即由两个或两个以上的词按一定的语法规则组成的表达一定意义的语言单位,也叫词组。

3. 基本规则

3.1 标点符号是辅助文字记录语言的符号,是书面语的有机组成部分,用来表示停顿、语气以及词语的性质和作用。

3.2 常用的标点符号有 16 种,分点号和标号两大类。

  点号的作用在于点断,主要表示说话时的停顿和语气。点号又分为句末点号和句内点号。句末点号用在句末,有句号、问号、叹号 3 种,表示句末的停顿,同时表示句子的语气。句内点号用在句内,有逗号、顿号、分号、冒号 4 种,表示句内的各种不同性质的停顿。

  标号的作用在于标明,主要标明语句的性质和作用。常用的标号有 9 种,即引号、括号、破折号、省略号、着重号、连接号、间隔号、书名号和专名号。

4. 用法说明

4.1 句号

4.1.1 句号的形式为"。"。句号还有一种形式,即一个小圆点".",一般在科技文献中使用。

4.1.2 陈述句末尾的停顿,用句号。例如:

a) 北京是中华人民共和国的首都。

b) 虚心使人进步,骄傲使人落后。

c) 亚洲地域广阔,跨寒、温、热三带,又因各地地形和距离海洋远近不同,气候复杂多样。

4.1.3 语气舒缓的祈使句末尾,也用句号。例如:

请您稍等一下。

4.2 问号

4.2.1 问号的形式为"?"。

4.2.2 疑问句末尾的停顿,用问号。例如:

a) 你见过金丝猴吗?

b) 他叫什么名字?

c) 去好呢,还是不去好?

4.2.3 反问句的末尾,也用问号。例如:

a) 难道你还不了解我吗?

b) 你怎么能这么说呢?

4.3 叹号

4.3.1 叹号的形式为"!"。

4.3.2 感叹句末尾的停顿,用叹号。例如:

a) 为祖国的繁荣昌盛而奋斗!

b) 我多么想看看他老人家呀!

4.3.3 语气强烈的祈使句末尾,也用叹号。例如:

a) 你给我出去!

b) 停止射击!

4.3.4 语气强烈的反问句末尾,也用叹号。例如:

我哪里比得上他呀!

4.4 逗号

4.4.1 逗号的形式为","。

4.4.2 句子内部主语与谓语之间如需停顿,用逗号。例如:

我们看得见的星星,绝大多数是恒星。

4.4.3 句子内部动词与宾语之间如需停顿,用逗号。例如:

应该看到,科学需要一个人贡献出毕生的精力。

4.4.4 句子内部状语后边如需停顿,用逗号。例如:

对于这个城市,他并不陌生。

4.4.5 复句内各分句之间的停顿,除了有时要用分号外,都要用逗号。例如:

据说苏州园林有一百多处,我到过的不过十多处。

4.5 顿号

4.5.1 顿号的形式为"、"。

4.5.2 句子内部并列词语之间的停顿,用顿号。例如:

a) 亚马孙河、尼罗河、密西西比河和长江是世界四大河流。

b) 正方形是四边相等、四角均为直角的四边形。

4.6 分号

4.6.1 分号的形式为";"。

4.6.2 复句内部并列分句之间的停顿,用分号。例如:

a) 语言,人们用来抒情达意;文字,人们用来记言记事。

b) 在长江上游,瞿塘峡像一道闸门,峡口险阻;巫峡像一条迂回曲折的画廊,每一曲,每一折,都像一幅绝好的风景画,神奇而秀美;西陵峡水势险恶,处处是急流,处处是险滩。

4.6.3 非并列关系(如转折关系、因果关系等)的多重复句,第一层的前后两部分之间,也用分号。例如:

我国年满十八周岁的公民,不分民族、种族、性别、职业、家庭出身、宗教信仰、教育程度、财产状况、居住期限,都有选举权和被选举权;但是依照法律被剥夺政治权利的人除外。

4.6.4 分行列举的各项之间,也可以用分号。例如:

中华人民共和国的行政区域划分如下:

(一) 全国分为省、自治区、直辖市;

(二) 省、自治区分为自治州、县、自治县、市;

(三) 县、自治县分为乡、民族乡、镇。

4.7 冒号

4.7.1 冒号的形式为":"。

4.7.2 用在称呼语后边,表示提起下文。例如:

同志们,朋友们:

现在开会了……

4.7.3 用在"说、想、是、证明、宣布、指出、透露、例如、如下"等词语后边,表示提起下文。例如:

他十分惊讶地说:"啊,原来是你!"

4.7.4 用在总说性话语的后边,表示引起下文的分说。例如:

北京紫禁城有四座城门:午门、神武门、东华门和西华门。

4.7.5 用在需要解释的词语后边,表示引出解释或说明。例如:

外文图书展销会

日期:10月20日至11月10日

时间:上午8时至下午4时

地点:北京朝阳区工体东路16号

主办单位:中国图书进出口总公司

4.7.6 总括性话语的前边,也可以用冒号,以总结上文。例如:

张华考上了北京大学,在化学系学习;李萍进了中等技术学校,读机械制造专业;我在百货公司当售货员:我们都有光明的前途。

4.8 引号

4.8.1 引号的形式为双引号""和单引号' '。

4.8.2 行文中直接引用的话,用引号标示。例如:

a) 爱因斯坦说:"想象力比知识更重要,因为知识是有限的,而想象力概括着世界上的一切,推动着进步,并且是知识进化的源泉。"

b) "满招损,谦受益"这句格言,流传到今天至少有两千年了。

c) 现代画家徐悲鸿笔下的马,正如有的评论家所说的那样,"神形兼备,充满生机"。

4.8.3 要着重论述的对象,用引号标示。例如:

古人对于写文章有个基本要求,叫做"有物有序"。"有物"就是要有内容,"有序"就是要有条理。

4.8.4 具有特殊含义的词语,也用引号标示。例如:

a) 从山脚向上望,只见火把排成许多"之"字形,一直连到天上,跟星光接起来,分不出是火把还是星星。

b) 这样的"聪明人"还是少一点好。

4.8.5 引号里面还要用引号时,外面一层用双引号,里面一层用单引号。例如:

站起来问:"老师,'有条不紊'的'紊'是什么意思?"

4.9 括号

4.9.1 括号常用的形式是圆括号"( )"。此外还有方括号"[ ]"、六角号"〔 〕"和方头括号"【 】"。

4.9.2 行文中注释性的文字,用括号标明。注释句子里某些词语的,括注紧贴在被注释词语之后;注释整个句子的,括注放在句末标点之后。例如:

a) 中国猿人(全名为"中国猿人北京种",或简称"北京人")在我国的发现,是对古人类学的一个重大贡献。

b) 写研究性文章跟文学创作不同,不能摊开稿纸搞"即兴"。(其实文学创作也要有素养才能有"即兴"。)

4.10 破折号

4.10.1 破折号的形式为"——"。

4.10.2 行文中解释说明的语句,用破折号标明。例如:

a) 迈进金黄色的大门,穿过宽阔的风门厅和衣帽厅,就到了大会堂建筑的枢纽部分——中央大厅。

b) 为了全国人民——当然也包括自己在内——的幸福,我们每一个人都要兢兢业业,努力工作。

4.10.3 话题突然转变,用破折号标明。例如:

"今天好热啊!——你什么时候去上海?"张强对刚刚进门的小王说。

4.10.4 声音延长,象声词后用破折号。例如:

"呜——"火车开动了。

4.10.5 事项列举分承,各项之前用破折号。例如:

根据研究对象的不同,环境物理学分为以下5个分支学科:

——环境声学；

——环境光学；

——环境热学；

——环境电磁学；

——环境空气动力学。

4.11 省略号

4.11.1 省略号的形式为"……",6 个小圆点,占两个字的位置。如果是整段文章或诗行的省略,可以使用 12 个小圆点来表示。

4.11.2 引文的省略,用省略号标明。例如：

她轻轻地哼起了《摇篮曲》："月儿明,风儿静,树叶儿遮窗棂啊……"

4.11.3 列举的省略,用省略号标明。例如：

在广州的花市上,牡丹、吊钟、水仙、梅花、菊花、山茶、墨兰……春秋冬三季的鲜花都挤在一起啦！

4.11.4 说话断断续续,可以用省略号标示。例如：

"我……对不起……大家,我……没有……完成……任务。"

4.12 着重号

4.12.1 着重号的形式为"．"。

4.12.2 要求读者特别注意的字、词、句,用着重号标明。例如：

事业是干出来的,不是吹出来的。

4.13 连接号

4.13.1 连接号的形式为"—",占一个字的位置。连接号还有另外三种形式,即长横"——"(占两个字的位置)、半字线"-"(占半个字的位置)和浪纹线"～"(占一个字的位置)。

4.13.2 两个相关的名词构成一个意义单位,中间用连接号。例如：

a) 我国秦岭-淮河以北地区属于温带季风气候区,夏季高温多雨,冬季寒冷干燥。

b) 复方氯化钠注射液,也称任-洛二氏溶液(Ringer-Locke solution),用于医疗和哺乳动物生理学实验。

4.13.3 相关的时间、地点或数目之间用连接号,表示起止。例如：

a) 鲁迅(1881—1936),中国现代伟大的文学家、思想家和革命家。原名周树人,字豫才,浙江绍兴人。

b) "北京—广州"直达快车。

c) 梨园乡种植的巨峰葡萄今年已经进入了丰产期,亩产 1 000～1 500 千克。

4.13.4 相关的字母、阿拉伯数字等之间,用连接号,表示产品型号。例如：

在太平洋地区,除了已建成投入使用的 HAW-4 和 TPC-3 海底光缆之外,又有 TPC-4 海底光缆投入运营。

4.13.5 几个相关的项目表示递进式发展,中间用连接号。例如：

人类的发展可以分为古猿—猿人—古人—新人这 4 个阶段。

4.14 间隔号

4.14.1 间隔号的形式为"·"。

4.14.2 外国人和某些少数民族人名内各部分的分界,用间隔号标示。例如：

列奥纳多·达·芬奇　爱新觉罗·努尔哈赤

4.14.3 书名与篇(章、卷)名之间的分界,用间隔号标示。例如:

《中国大百科全书·物理学》《三国志·蜀志·诸葛亮传》

4.15 书名号

4.15.1 书名号的形式为双书名号"《 》"和单书名号"〈 〉"。

4.15.2 书名、篇名、报纸名、刊物名等,用书名号标示。例如:

a)《红楼梦》的作者是曹雪芹。

b)你读过鲁迅的《孔乙己》吗?

c)他的文章在《人民日报》上发表了。

d)桌上放着一本《中国语文》。

4.15.3 书名号里边还要用书名号时,外面一层用双书名号,里边一层用单书名号。例如:

《〈中国工人〉发刊词》发表于1940年2月7日。

4.16 专名号

4.16.1 专名号的形式为"＿＿＿＿＿"。

4.16.2 人名、地名、朝代名等专名下面,用专名号标示。例如:

司马相如者,汉蜀郡成都人也,字长卿。

4.16.3 专名号只用在古籍或某些文史著作里面。为了跟专名号配合,这类著作里的书名号可以用浪线"～～～～"。例如:

屈原放逐,乃赋离骚,左丘失明,厥有国语。

5. 标点符号的位置

5.1 句号、问号、叹号、逗号、顿号、分号和冒号一般占一个字的位置,居左偏下,不出现在一行之首。

5.2 引号、括号、书名号的前一半不出现在一行之末,后一半不出现在一行之首。

5.3 破折号和省略号都占两个字的位置,中间不能断开。连接号和间隔号一般占一个字的位置。这四种符号上下居中。

5.4 着重号、专名号和浪线式书名号标在字的下边,可以随字移行。

6. 直行文稿与横行文稿使用标点符号的不同

6.1 句号、问号、叹号、逗号、顿号、分号和冒号放在字下偏右。

6.2 破折号、省略号、连接号和间隔号放在字下居中。

6.3 引号改用双引号"『 』"和单引号"「 」"。

6.4 着重号标在字的右侧,专名号和浪线式书名号标在字的左侧。

附录 2

数 字 用 法

中华人民共和国国家标准

出版物上数字用法的规定

国家技术监督局 1995 年 12 月 13 日发布

1. 范围

本标准规定了出版物在涉及数字（表示时间、长度、质量、面积、容积等量值和数字代码）时使用汉字和阿拉伯数字的体例。

本标准适用于各级新闻报刊、普及性读物和专业性社会人文科学出版物。

自然科学和工程技术出版物也应使用本标准，并可制定专业性细则。

本标准不适用于文学书刊和重排古籍。

2. 引用标准

下列标准所包含的条文，通过在本标准中引用而构成为本标准的条文。本标准出版时，所示版本均为有效。所有标准都会被修订，使用本标准的各方应探讨使用下列标准最新版本的可能性。

GB/T 7408—94 数据元和交换格式 信息交换 日期和时间表示法

GB 3100—93 国际单位制及其应用

GB 3101—93 有关量、单位和符号的一般原则

GB 7713—87 科学技术报告、学位论文和学术论文的编写格式

GB 8170—87 数值修约规则

3. 定义

本标准采用下列定义。

物理量 physical quantity

用于定量地描述物理现象的量，即科学技术领域里使用的表示长度、质量、时间、电流、热力学温度、物质的量和发光强度的量。使用的单位应是法定计量单位。

非物理量 non-physical quantity

日常生活中使用的量，使用的是一般量词，如 30 元、45 天、67 根等。

4. 一般原则

4.1 使用阿拉伯数字或是汉字数字，有的情形选择是唯一而确定的。

4.1.1 统计表中的数值，如正负整数、小数、百分比、分数、比例等，必须使用阿拉伯数字。

示例：48 302　　−125.03　　34.05％　　63％～68％　　1/4　　2/5　　1∶500

4.1.2 定型的词、词组、成语、惯用语、缩略语或具有修辞色彩的词语中作为语素的数字，必须使用汉字。

示例：一律　一方面　十滴水　二倍体　三叶虫　星期五　四氧化三铁　一○五九（农药内吸磷）　八国联军　二○九师　二万五千里长征　四书五经　五四运动　九三学社　十月十七日同盟　路易十六　十月革命　"八五"计划　五省一市　五局三胜制　二八年华　二十挂零　零点方案　零岁教育　白发三千丈　七上八下　不管三七二十一　相差十万八千里　第一书记　第二轻工业局　一机部三所　第三季度　第四方面军　十三届四中全会

4.2 使用阿拉伯数字或是汉字数字，有的情形，如年月日、物理量、非物理量、代码、代号中的数字，目前体例尚不统一，对这种情形，要求凡是可以使用阿拉伯数字而且又很得体的地方，特别是当所表示的数目比较精确时，均应使用阿拉伯数字，遇特殊情形，或者为避免歧解，可以灵活变通，但全篇体例应相对统一。

5. 时间（世纪、年代、年、月、日、时刻）

5.1 要求使用阿拉伯数字的情况

5.1.1 公历世纪、年代、年、月、日

示例：公元前 8 世纪　20 世纪 80 年代　公元前 440 年　公元 7 年　1994 年 10 月 1 日

5.1.1.1 年份一般不用简写。如 1990 年不应简写为"九○年"或"90 年"。

5.1.1.2 引文著录、行文注释、表格、索引、年表等，年、月、日的标记可按 GB/T 7408—94。

5.1.1.1 中的扩展格式。如：1994 年 9 月 30 日和 1994 年 10 月 1 日可分别写做 1994-09-30 和 1994-10-01，仍读做 1994 年 9 月 30 日、1994 年 10 月 1 日。年月日之间使用半字线"-"。当月和日是个位数时，在十位上加"0"。

5.1.2 时、分、秒

示例：4 时　15 时 40 分（下午 3 点 40 分）　14 时 12 分 36 秒

注：必要时，可按 GB/T 7408—94 的 5.2.1.1 中的扩展格式。该格式采用每日 24 小时计时制，时、分、秒的分隔符为冒号"："。

示例：04:00(4 时)　15:40(15 时 40 分)　14:12:36(14 时 12 分 36 秒)

5.2 要求使用汉字的情况

5.2.1 中国干支纪年和夏历月日

示例：丙寅年十月十五日　腊月二十三日　正月初五　八月十五中秋节

5.2.2 中国清代和清代以前的历史纪年、各民族的非公历纪年

这类纪年不应与公历月日混用，并应采用阿拉伯数字括注公历。

示例：秦文公四十四年（公元前 722 年）　太平天国庚申十年九月二十四日（清咸丰十年九月二十日，公元 1860 年 11 月 2 日）　藏历阳木龙年八月二十六日（1964 年 10 月 1 日）　日本庆应三年（1867 年）

5.2.3 含有月日简称表示事件、节日和其他意义的词组

如果涉及一月、十一月、十二月，应用间隔号"·"将表示月和日的数字隔开，并外加引号，避免歧义。涉及其他月份时，不用间隔号，是否使用引号，视事件的知名度而定。

示例 1："一·二八"事变（1 月 28 日）　"一二·九"运动（12 月 9 日）　"一·一七"批示

(1月17日)"一一·一〇"案件(11月10日)

示例2:五四运动　五卅运动　七七事变　五一国际劳动节　"五二〇"声明　"九一三"事件

6. 物理量

物理量量值必须用阿拉伯数字,并正确使用法定计量单位。小学和初中教科书、非专业性科技书刊的计量单位可使用中文符号。

示例:8 736.80 km(8 736.80 千米)　600 g(600 克)　100～150 kg(100～150 千克) 12.5 m²(12.5 平方米)　外形尺寸是 400 mm×200 mm×300 mm(400 毫米×200 毫米×300 毫米)　34～39℃(34～39 摄氏度)　0.59 A(0.59 安[培])

7. 非物理量

7.1 一般情况下应使用阿拉伯数字。

示例:21.35 元　45.6 万元　270 美元　290 亿英镑　48 岁　11 个月　1 480 人　4.6 万册　600 幅　550 名

7.2 整数一至十,如果不是出现在具有统计意义的一组数字中,可以用汉字,但要照顾到上下文,求得局部体例上的一致。

示例1:一个人　三本书　四种产品　六条意见　读了十遍　五个百分点

示例2:截至 1984 年 9 月,我国高等学校有新闻系 6 个,新闻专业 7 个,新闻班 1 个,新闻教育专职教员 274 人,在校学生 1 561 人。

8. 多位整数与小数

8.1 阿拉伯数字书写的多位整数和小数的分节

8.1.1 专业性科技出版物的分节法:从小数点起,向左和向右每三位数字一组,组间空四分之一个汉字(二分之一个阿拉伯数字)的位置。

示例:2 748 456　3.141 592 65

8.1.2 非专业性科技出版物如排版留四分空有困难,可仍采用传统的以千分撇","分节的办法。小数部分不分节。四位以内的整数也可以不分节。

示例:2,748,456

8.2 阿拉伯数字书写的纯小数必须写出小数点前定位的"0"。小数点是齐底线的黑圆点"."。

示例:0.46 不得写成.46 和 0·46。

8.3 尾数有多个"0"的整数数值的写法

8.3.1 专业性科技出版物根据 GB 8170—87 关于数值修约的规则处理。

8.3.2 非科技出版物中的数值一般可以"万"、"亿"作单位。

示例:三亿四千五百万可写成 345 000 000,也可写成 34 500 万或 3.45 亿,但一般不得写做 3 亿 4 千 5 百万。

8.4 数值巨大的精确数字,为了便于定位读数或移行,作为特例可以同时使用"亿、万"作单位。

示例:我国 1982 年人口普查人数为 10 亿 817 万 5 288 人;

1990 年人口普查人数为 11 亿 3 368 万 2 501 人。

8.5 一个用阿拉伯数字书写的数值应避免断开移行。

8.6 阿拉伯数字书写的数值在表示数值的范围时,使用浪纹式连接号"～"。

示例：150～200 km　　—36～—8 ℃　　2 500～3 000 元

9. 概数和约数

9.1 相邻的两个数字并列连用表示概数，必须使用汉字，连用的两个数字之间不得用顿号"、"隔开。

示例：二三米　一两个小时　三五天　三四个月　十三四吨　一二十个　四十五六岁　七八十种　二三百架次　一千七八百元　五六万套

9.2 带有"几"字的数字表示约数，必须使用汉字。

示例：几千年　十几天　一百几十次　几十万分之一

9.3 用"多"、"余"、"左右"、"上下"、"约"等表示的约数一般用汉字。如果文中出现一组具有统计和比较意义的数字，其中既有精确数字，也有用"多"、"余"等表示的约数时，为保持局部体例上的一致，其约数也可以使用阿拉伯数字。

示例 1：这个协会举行全国性评奖十余次，获奖作品有一千多件。协会吸收了约三千名会员，其中三分之二是有成就的中青年。另外，在三十个省、自治区、直辖市还设有分会。

示例 2：该省从机动财力中拿出 1 900 万元，调拨钢材 3 000 多吨、水泥 2 万多吨、柴油 1 400 吨，用于农田水利建设。

10. 代号、代码和序号

部队番号、文件编号、证件号码和其他序号，用阿拉伯数字。序数词即使是多位数也不能分节。

示例：84062 部队　国家标准 GB 2312—80　国办发[1987]9 号文件　总 3147 号　国内统一刊号 CN11-1399　21/22 次特别快车　HP-3000 型电子计算机　85 号汽油　维生素 B12

11. 引文标注

引文标注中版次、卷次、页码，除古籍应与所据版本一致外，一般均使用阿拉伯数字。

示例 1：列宁，《新生的中国》，见《列宁全集》，中文 2 版，第 22 卷，208 页，北京，人民出版社，1990。

示例 2：刘少奇，《论共产党员的修养》，修订 2 版，76 页，北京，人民出版社，1962。

示例 3：李四光，《地壳构造与地壳运动》，载《中国科学》，1973(4)，400～429 页。

示例 4：许慎，《说文解字》，影印陈昌治本，126 页，北京，中华书局，1963。

示例 5：许慎，《说文解字》，四部丛刊本，卷六上，九页。

12. 横排标题中的数字

横排标题涉及数字时，可以根据版面的实际需要和可能作恰当的处理。

13. 竖排文章中的数字

提倡横排。如文中多处涉及物理量，更应横排。竖排文字中涉及的数字除必须保留的阿拉伯数字外，应一律用汉字。必须保留的阿拉伯数字、外文字母和符号均按顺时针方向转 90°。

14. 字体

出版物中的阿拉伯数字，一般应使用正体二分字身，即占半个汉字位置。

附录 3

法定计量单位

中华人民共和国法定计量单位

(1984 年 2 月 27 日国务院公布)

我国的法定计量单位(以下简称法定单位)包括:
(1) 国际单位制的基本单位:见附表 1;
(2) 国际单位制的辅助单位:见附表 2;
(3) 国际单位制中具有专门名称的导出单位:见附表 3;
(4) 国家选定的非国际单位制单位:见附表 4;
(5) 由以上单位构成的组合形式的单位;
(6) 由词头和以上单位构成的十进倍数和分数单位(词头见附表 5)。
法定单位的定义、使用方法等,由国家计量局另行规定。

附表 1　国际单位制的基本单位

量的名称	单位名称	单位符号
长度	米	m
质量	千克(公斤)	kg
时间	秒	s
电流	安[培]	A
热力学温度	开[尔文]	K
物质的量	摩[尔]	mol
发光强度	坎[德拉]	cd

附表 2　国际单位制的辅助单位

量的名称	单位名称	单位符号
平面角	弧度	rad
立体角	球面度	sr

附表3　国际单位制中具有专门名称的导出单位

量的名称	单位名称	单位符号	其他表示实例
频率	赫[兹]	Hz	s^{-1}
力，重力	牛[顿]	N	$kg \cdot m/s^2$
压力，压强；应力	帕[斯卡]	Pa	N/m^2
能量；功；热	焦[尔]	J	$N \cdot m$
功率；辐射通量	瓦[特]	W	J/s
电荷量	库[仑]	C	$A \cdot s$
电位；电压；电动势	伏[特]	V	W/A
电容	法[拉]	F	C/V
电阻	欧[姆]	Ω	V/A
电导	西[门子]	S	A/V
磁通量	韦[伯]	Wb	$V \cdot s$
磁通量密度；磁感应强度	特[斯拉]	T	Wb/m^2
电感	亨[利]	H	Wb/A
摄氏温度	摄氏度	℃	
光通量	流[明]	lm	$cd \cdot sr$
光照度	勒[克斯]	lx	lm/m^2
放射性活度	贝可[勒尔]	Bq	s^{-1}
吸收剂量	戈[瑞]	Gy	J/kg
剂量当量	希[沃特]	Sv	J/kg

附表4　国家选定的非国际单位制单位

量的名称	单位名称	单位符号	换算关系和说明
时间	分	min	1 min＝60 s
	[小]时	h	1 h＝60 min＝3 600 s
	天[日]	d	1 d＝24 h＝86 400 s
平面角	[角]秒	(″)	$1'' = (\pi/648\,000)$ rad（π为圆周率）
	[角]分	(′)	$1' = 60'' = (\pi/10\,800)$ rad
	度	(°)	$1° = 60' = (\pi/180)$ rad
旋转速度	转每分	r/min	$1\ r/min = (1/60)\ s^{-1}$
长度	海里	n mile	1 n mile＝1 852 m（只用于航程）
速度	节	kn	1 kn＝1 n mile/h＝(1 852/3 600) m/s（只用于航程）
质量	吨	t	$1\ t = 10^3\ kg$
	原子质量单位	u	$1\ u \approx 1.660\,565\,5 \times 10^{-27}\ kg$
体积	升	L, (l)	$1\ L = 1\ dm^3 = 10^{-3}\ m^3$
能	电子伏	eV	$1\ eV \approx 1.602\,189\,2 \times 10^{-19}\ J$
级差	分贝	dB	
线密度	特[克斯]	tex	1 tex＝1 g/km

附表 5　用于构成十进倍数和分数单位的词头

所表示的因数	词头名称	词头符号
10^{18}	艾[可萨]	E
10^{15}	拍[它]	P
10^{12}	太[拉]	T
10^{9}	吉[咖]	G
10^{6}	兆	M
10^{3}	千	k
10^{2}	百	h
10^{1}	十	da
10^{-1}	分	d
10^{-2}	厘	c
10^{-3}	毫	m
10^{-6}	微	μ
10^{-9}	纳[诺]	n
10^{-12}	皮[可]	p
10^{-15}	飞[母托]	f
10^{-18}	阿[托]	a

注：

1. 周、月、年(年的符号为 a)为一般常用时间单位。
2. []内的字，是在不致混淆的情况下，可以省略的字。
3. ( )内的字为前者的同义语。
4. 角度单位度分秒的符号不处于数字后时，用括弧。
5. 升的符号中，小写字母 l 为备用符号。
6. r 为"转"的符号。
7. 人民生活和贸易中，质量习惯称为重量。
8. 公里为千米的俗称，符号为 km。
9. 10^4 称为万，10^8 称为亿，10^{12} 称为万亿，这类数词的使用不受词头名称的影响，但不应与词头混淆。

说明：法定计量单位的使用，可查阅 1984 年国家计量局公布的《中华人民共和国法定计量单位使用方法》。

附录 4

例文 1

具有自动避障功能的智能小车设计与制作

王文博

摘 要

智能小车是一种能够通过编程手段完成特定任务的小型化机器人,它具有制作成本低廉、知识性和趣味性很强的特点,所以深受广大机器人爱好者以及高校学生的喜爱。

本文介绍了采用单片机和超声波等技术,具有自动避障功能的智能小车的设计与制作(以下简称智能小车),并对智能小车的方案选择,设计思路,以及软硬件的功能和工作原理进行了详细的分析和论述。经实践验收测试,该智能小车具有电路结构简单、程序调试方便、系统反应快速灵活等优点,设计方案正确可行,各项指标稳定可靠。

关键词:智能小车;避障;单片机;超声波

第 1 章 绪 论

1.1 课题背景

机器人是先进制造技术和自动化装备的典型代表,是人造机器的"终极"形式。它涉及机械、电子、自动控制、计算机、人工智能、传感器、通信与网络等多个学科和领域,是多种高新技术发展成果的综合集成,因此它的发展与众多学科发展密切相关,代表了高科技发展的前沿。

随着电子技术的不断发展,人们发明了各式各样的具有感知、决策、行动和交互能力的机器人,自第一台工业机器人诞生以来,机器人的发展已经遍及机械、电子、冶金、交通、宇航、国防等多个领域。近年来机器人的智能水平不断提高,并且迅速地改变着人们的生活方式,随着它在人类生活领域中的应用不断扩大,将会给人们的生产生活带来巨大的影响。

在国外机器人的发展有如下趋势。一方面机器人在制造业应用的范围越来越广阔,其标准化、模块化、网络化和智能化的程度越来越高,功能也越来越强,并向着技术和装备成套化的方向发展;另一方面机器人向着非制造业应用以及微小型方向发展,如表演型机器人、服务机器人、机器人玩具等。国外研究机构正试图将机器人应用于人类活动的各个领域。

在我国机器人主要应用于工业制造领域,我国工业机器人现在的总装机量约为 120 000 台,其中国产机器人占有量约为 1/3,即 40 000 多台。与世界机器人总装机台数 7 500 万台相比,中国总装机量仅占万分之十六。对中国这样一个拥有 13 亿人口的大国来说,仅在机器人数量上就和发达国家有着很明显的差距。因此大力发展我国的机器人事业刻不容缓。

智能小车可以理解为机器人的一种特例,它是一种能够通过编程手段完成特定任务的小型化机器人。与普遍意义上的机器人相比智能小车制作成本低廉,电路结构简单,程序调试方便,具有很强的趣味性,为此其深受广大机器人爱好者以及高校学生的喜爱。全国大学生电子设计竞赛每年都设有智能小车类的题目,由此可见国家对高校机器人研究工作的重视程度。

1.2 课题的目的和意义

本题目设计的是具有自动避障功能的智能小车,其设计思想与一些日常生活迫切需要的机器人(如测距机器人、搜索机器人、管道探伤机器人)类似。设计中应用了超声波传感器,它不受光照强弱和能见度的影响,能耗低,灵敏度高,即使在较复杂的环境内也可以工作。

智能小车系统的设计采用了模块化的设计方法,电路结构简单,调试方便,有很大的扩展空间,稍加改动便可应用于实际生产生活中,也可作为高校学生以及广大机器人爱好者学习研究使用。

1.3 设计要求

(1) 小车可以检测到前方障碍物并有声光警示功能;
(2) 小车可以自动躲避障碍物;
(3) 小车能够显示距障碍物的距离;
(4) 小车能够语音播报当前运行状态。

第 2 章 系统设计与方案论证

本章介绍了智能小车整体的设计思路、方案选择和最终确定的系统方框图。根据题目的要求,智能小车系统主体设计方案如下:智能小车系统以单片机为核心控制器件,通过对前向通道传感器信号的采集、处理,来实现后向通道驱动前进和转向电机进行避障动作,以及显示和声光报警等相关信息的处理,其主体设计示意图如图 2-1 所示。

图 2-1 系统主体设计方案示意图

下面详细地介绍系统各部分的组成及方案论证。

2.1 前向通道的设计

前向通道主要是传感器和与传感器有关的信号调节、变换电路。

2.1.1 前向通道的组成

本设计要求传感器能够检测出智能小车前方的障碍物,因此红外线传感器、超声波传感器、视觉传感器等都在可选之列。

2.1.2 前向通道传感器的选择

红外线传感器是利用被检测物体表面对红外光束的吸收或反射来判断前方是否存在障碍物的,其体积小,电路结构简单,调试方便且价格便宜,但易受光照、粉尘等外界环境因素的影响,而且有效距离短,不能很好地满足题目指标的要求。

视觉传感器(如 CCD 摄像头)能够在一定的宽度和视觉域内测量并选定多个目标,并且可以根据测量图像的外形和大小对目标进行分类比较,从而判断前方是否存在障碍物,这种传感器体积小,判断精确,但是其容易受到光线强弱等因素的影响,而且软件算法复杂,处理速度慢,价格昂贵,也不是很好的选择。

超声波传感器是利用向目标发射超声波脉冲,计算其往返时间来判定距离从而判断前方是否存在障碍物的。超声波传感器体积小,反应速度快,测量精度高而且不易受光照、粉尘等因素的影响。它的缺点是受环境温度的影响,但可以通过温度补偿等手段解决。

仔细分析各个传感器的优劣,最后决定采用超声波传感器作为前向通道的主传感器。

2.2 后向通道的设计

后向通道是单片机实现控制运算处理后,对控制对象的输出通道。

2.2.1 后向通道的组成

在本设计中,后向通道主要由显示模块、语音播报模块、电机驱动以及声光警示模块四部分组成。

显示模块用于显示小车距前方障碍物的距离。用液晶、点阵、数码管均可实现,考虑到成本和在本设计中的应用,四位数码管成本低廉,电路搭接简单,可很好地达到题目的设计要求,故决定用它来做小车的显示模块。

语音播报模块用于语音播报小车当前的运行状态,考虑到小车仅需播报"前进"、"右转"、"左转"、"倒车"四种运行状态,选择专门的语音存储芯片便可实现此功能,如ISD系列芯片便是很好的选择。

2.2.2 后向通道存在的问题及解决办法

根据单片机 I/O 口的输出特性和控制对象对控制信号的要求,后向通道模块存在以下问题。

1. 小信号输出,大功率控制

根据目前单片机输出功率的限制,不能输出控制对象所要求的功率信号。

2. 接近控制对象,环境恶劣

控制对象多为大功率伺服驱动机构,产生的电磁、机械干扰较为严重。但后向通道是一个输出通道,而且输出电平较高,不易受到直接损害。但这些干扰易从系统的前向通道进入。

针对以上两个问题,设计中添加了电机驱动和电源模块,并且在两个模块中添加了滤波环节,在后续章节中将对此进行详细的介绍。

2.3 系统硬件电路设计方案

系统硬件电路的设计采用了模块化的设计方法,系统硬件电路由超声波避障模块、单片机最小系统模块、显示模块、电源模块、语音播报模块、电机驱动以及声光报警模块、电源模块等七部分组成,各模块既可组合联调也可单独使用。智能小车硬件设计方框图如图2-2所示。

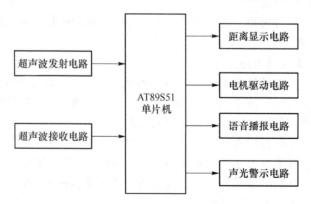

图 2-2 智能小车硬件设计方框图

2.4 系统软件设计方案

该方案的编程思路是先确定主程序,之后根据各硬件电路功能来设计子程序模块,最后再将各模块嵌入主程序中。这样编程结构简单,由于子程序模块与硬件电路一一对应,所以调试起来十分方便。本设计软件方框图如图2-3所示。

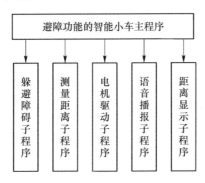

图 2-3　系统软件设计方框图

本章小结

本章介绍了智能避障小车系统的整体设计思路和软硬件设计方案,本设计采用了基于单片机的系统设计方案,由于引入了模块化的设计思想,其硬件电路与软件程序一一对应,各单元结构明确,条理清晰,给后续安装和调试工作带来极大的方便。

第3章　系统单元电路的设计

3.1 单片机最小系统的设计

Atmel 公司的 AT89S51 是 51 内核的单片机。AT89S51 是一个低功耗、高性能的 CMOS 8 位单片机,片内含 8 KB 空间的可反复擦写 1 000 次的 Flash 只读存储器,具有 256 B 的随机存取数据存储器(RAM),32 个 I/O 口,2 个 16 位可编程定时\计数器。

3.1.1 MCS-51 单片机基本结构

如图 3-1 所示为 MCS-51 单片机的基本结构框图,它是由 8 个基本部件组成的,即中央处理器(CPU)、片内数据存储器(RAM)、片内程序存储器(ROM)、输入/输出接口、可编程串行口、定时/计数器、中断系统及特殊功能寄存器(SFR)。各部分通过内部总线相连。在功能单元的控制上,采用了特殊功能寄存器的集中控制方法。

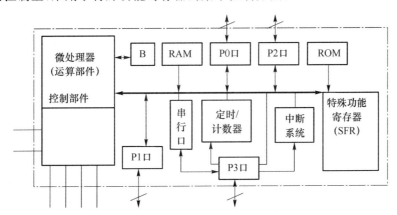

图 3-1　MCS-51 基本结构框图

3.1.2 单片机复位电路

单片机复位是使 CPU 和系统中的其他功能部件都处在一个确定的初始状态,并从这个状态开始工作。例如,复位后 PC＝0000H,使单片机从第一个单元取指令。无论是在单片机刚开始接上电源时,还是断电后,或者发生故障后,都要复位。单片机复位的条件是:必须使 RST/V_{pd} 或 RST 引脚(9)加上持续两个机器周期(即 24 个振荡周期)的高电平。本系统中时钟频率为 12 MHz,每机器周期为 1 μs,则只需 2 μs 以上时间的高电平,在 RST 引脚出现高电平后的第二个机器周期执行复位。单片机的复位电路如图 3-2 所示。图中 C_4 为上电复位电路,它是利用电容充放电来实现的。在接电瞬间,RESET 端的电位与 V_{CC} 相同,随着充电电流的减少,RESET 的电位逐渐下降。只要保证 RESET 为高电平的时间大于两个机器周期,便能正常复位。

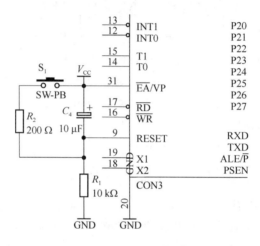

图 3-2　单片机复位电路

除了上电复位外,有时还需要按键手动复位。本设计就是用的按键手动复位。按键手动复位有电平方式和脉冲方式两种。其中电平复位是通过 RST 端经电阻与电源 V_{CC} 接通而实现的。按键手动复位电路见图 3-2。时钟频率 6 MHz 时,C 取 10 μF,R_2 取 200 Ω,R_1 取 10 kΩ。图 3-2 中 S_1、R_2 构成按键复位电路。若要复位,只需按图中的按键 S_1,此时电源经电阻 R_1、R_2 分压,在 RESET 端产生复位高电平,两个机器周期后单片机复位。

3.1.3 单片机时钟振荡电路

MCS51 单片机各功能部件运行都是以时钟控制信号为基准,有条不紊地一步一步工作,因此,时钟频率直接影响单片机的速度,时钟电路的质量也直接影响单片机系统的稳定性。常用的时钟电路设计有两种方式:一种是内部时钟方式,另一种是外部时钟方式。本电路采用内部时钟方式。具体电路如图 3-3 所示。本电路的时钟频率为 12 MHz,电容 C_3、C_5 的容量为 30 pF 左右,该电容的大小会影响振荡器频率的高低、振荡器稳定性和起振的快速性,本电路采用 33 pF 的磁片电容。

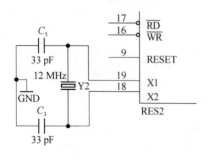

图 3-3　单片机时钟振荡电路

3.2 超声波模块的设计

超声波模块是智能小车前向通道的主要组成部分,本设计采用中心振荡频率为 40 Hz 的超声波传感器作为探测前方障碍物体的检测元件,超声波驱动信号的震荡频率由 89S51 定时器 T0 产生,信号从 P1.0 口输出,该信号的幅度和脉宽决定了超声波发射的强度,信号的发射周期决定着超声波测量距离的远近。结合题目指标和实际测试结果,本设计中设定超声波驱动信号的幅度为 9 V,脉宽为 32 μs,发射周期为 65 ms。

3.2.1 超声波的基本特性

超声波是一种在弹性介质中的机械振荡,其频率超过 20 kHz,分横向振荡和纵向振荡两种,超声波可以在气体、液体及固体中传播,其传播速度不同。它有折射和反射现象,且在传播过程中有衰减。超声波的基本特性如下所述。

1. 波长

波的传播速度是用频率乘以波长来表示的。电磁波的传播速度是 3×10^8 m/s,而声波在空气中的传播速度约为 344 m/s(20 ℃时)。在这种比较低的传播速度下,波长很短,这就意味着可以获得较高的距离和方向分辨率。正是由于这种较高的分辨率特性,才使我们有可能在进行测量时获得很高的精确度。

2. 反射

要探测某个物体是否存在,利用超声波在该物体上得到反射就能够实现。由于金属、木材、混凝土、玻璃、橡胶和纸等可以反射近乎 100% 的超声波,因此我们可以很容易地发现这些物体。由于布、棉花、绒毛等可以吸收超声波,因此很难利用超声波探测到它们。同时,由于不规则反射,通常可能很难探测到凹凸表面以及斜坡表面的物体。

3. 温度效应

声音传播速度随周围温度的变化而有所不同。因此,要精确地测量与某个物体之间的距离时,不断检查周围温度是十分必要的,尤其冬季室内外温差较大,对超声波测距的精度影响很大,此时可用温度传感器作温度补偿来减小温度变化所带来的测量误差。考虑到本设计的测试环境是在室内,而且超声波主要是用于实现避障功能,对测量精度要求不高。

4. 衰减

传播到空气中的超声波强度随距离的变化成比例地减弱,这是因为衍射现象所导致的在球形表面上的扩散损失,也是因为介质吸收能量产生的吸收损失。超声波的频率越高,衰减率就越高,超声波的传播距离也就越短。T/R-40-12 型超声波传感器的振荡频率为 40 kHz,传播 10 m 超声波信号强度便衰减到 40 个声压级,此时超声波接收探头就很难接收到回波信号。

经试验测试本设计超声波测距部分的实际范围是 10～500 cm,理想的避障范围是 10～100 cm,由于所购买玩具小车的回转半径为 40 cm,所以实际避障安全距离应设在 50～80 cm 之间,精确到 1 cm。若单纯作为测距仪使用稍加调整,测距范围可达 7～800 cm,精确到 1 mm。

3.2.2 超声波的电气特性

1. 声压特性

声压级(S.P.L.)是表示音量的单位,如图 3-4 所示为几种常用超声波传感器的声压图。

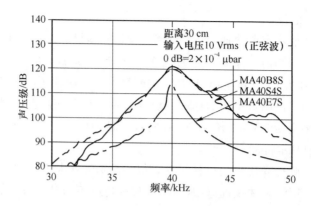

图 3-4　超声波传感器的声压图

2. 灵敏度特性

灵敏度是表示声音接收级的单位,超声波传感器的灵敏度直接影响着系统测距范围。如图 3-5 所示为几种常见超声波传感器的灵敏度图,从图中可以发现 40 kHz 时传感器的声压级最高,也就是说 40 kHz 时所对应的灵敏度最高。

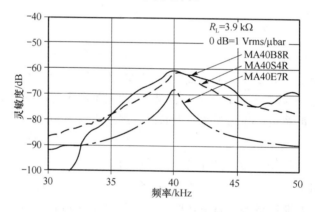

图 3-5　超声波传感器灵敏度示意图

3. 辐射特性

把超声波传感器安装在台面上。然后,测量角度与声压(灵敏度)之间的关系。为了准确地表达辐射,与前部相比,声压(灵敏度)级衰减 6 dB 的角度被称为半衰减角度,用 $\theta_{1/2}$ 表示。超声波设备的外表面尺寸较小,易于获得精确的辐射角度。如图 3-6 所示为几种常见超声波传感器的辐射特性示意图。

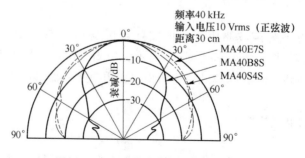

图 3-6　超声波传感器辐射特性示意图

分析以上研究结果不难看出,超声波传感器工作在 40 kHz 范围内具有最大的声压级和最高的灵敏度,这为设计中选择合适的超声波传感器指明了方向。

3.2.3 超声波的工作原理

常见的超声波传感器多为开放型,本设计中采用的是 T/R-40-12 开放型超声波传感器。一个复合式振动器被灵活地固定在底座上。该复合式振动器是由谐振器以及一个金属片和一个压电陶瓷片组成的双压电晶片元件振动器。谐振器呈喇叭形,目的是能有效地辐射由于振动而产生的超声波,并且可以有效地使超声波聚集在振动器的中央部位。当电压作用于压电陶瓷时,就会随电压和频率的变化产生机械变形。另外,当振动压电陶瓷时,则会产生一个电荷。利用这一原理,当给由两片压电陶瓷或一片压电陶瓷和一个金属片构成的振动器(所谓双压电晶片元件)施加一个电信号时,就会因弯曲振动发射出超声波。相反,当向双压电晶片元件施加超声振动时,就会产生一个电信号。基于以上作用,便可以将压电陶瓷用做超声波传感器。

3.2.4 超声波发射电路的设计

超声波换能器两端的振荡脉冲是由单片机 P1.0 口产生的 40 kHz 方波提供的。为了增加超声波的探测距离,就需要增加超声波换能器的功率。为此设计中采用了 CD4069 六非门反相器来增强超声波的发射功率,由于非门实质上是放大倍数很大的反相放大器,如果给非门加上合适的负反馈电阻,就能够使它从饱和区进入线性放大区,图 3-7 所示为本设计中非门放大原理的示意图。单片机 P1.0 口产生的 40 kHz 方波信号一路经一级反向器反相后送到超声波换能器的一个电极,另一路经两级反相器反向后送入超声波换能器的另一个电极。用这种推挽形式将方波信号加到超声波换能器两端可以提高超声波的发射强度。输出端采用两个反向器并联用以提高驱动能力。

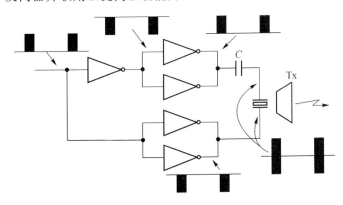

图 3-7 超声波发射电路非门发射原理示意图

超声波发射电路原理图如图 3-8 所示。上拉电阻 R_{23}、R_{24} 一方面可以提高反相器的高电平驱动能力,另一方面可以增强超声波换能器的阻尼效果,缩短其自由振荡的时间。Q7 的作用是提高单片机 I/O 口的输出电压,目的也是提高超声波发射的功率。

3.2.5 超声波接收电路的设计

集成芯片 CX20106A 是一款红外线检波接收的专用芯片,常用于电视机遥控器。考虑到红外遥控常用的载波频率 38 kHz 与本设计中超声波频率 40 kHz 较为接近,所以利用它来制作超声波检测接收电路。实验证明,CX20106A 接收超声波具有很高的灵敏度和较强的抗干扰能力。使用 CX20106A 集成电路对接收探头收到的信号进行放大、滤波,其总放大增益 80 dB。

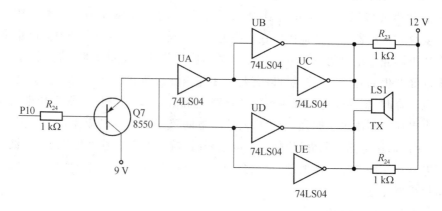

图 3-8　超声波发射电路原理图

3.3 电机驱动电路的设计

由于单片机 I/O 口驱动能力弱,不能直接连接直流电机,故需要驱动芯片进行驱动。该设计采用的是基于 L298N 的电路连接方式,L298N 是 SGS 公司的产品,内部包含 4 通道逻辑驱动电路。它是一种二相和四相电机的专用驱动器,即内含两个 H 桥的高电压大电流双全桥式驱动器,接收标准 TTL 逻辑电平信号,可驱动 46 V、2 A 以下的电机。其电路如图 3-9 所示。

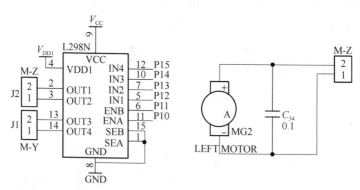

图 3-9　电机驱动电路连接图

1 脚和 15 脚可单独引出连接电流采样电阻器,形成电流传感信号。本电路未用到采样所以将其接地。L298 可以驱动 2 个直流电机,OUT1、OUT2 和 OUT3、OUT4 之间分别接 2 个电动机。5 脚、7 脚、10 脚、12 脚接输入控制信号,控制电机的正反转,ENA、ENB 为电机控制使能端,控制电机的停转。本电路中分别与单片机 89S51 的 P1.0、P1.1 相连,L298N 的逻辑功能如表 3-1 所示。

表 3-1 L298N 逻辑功能表

ENA(B)	IN1(IN3)	IN2(IN4)	电机运行情况
H	H	L	正传
H	L	H	反转
H	H	H	快速停止
H	L	L	快速停止
L	任意	任意	停止

由于电机在正常工作时对电源的干扰很大,所以在电机的驱动信号输入端并联电容 C_{34},用以滤除噪声干扰。

3.4 语音播报模块的设计

本设计中语音播报模块采用了基于 ISD 系列芯片的设计方案。ISD 系列语音电路是美国 ISD 公司的专利产品,它打破了传统的先 A/D 再 D/A 的转换模式,而采用独特的直接存储模拟信号的技术,从而大大提高了存储密度,且使模拟信号得到永久保存。ISD 系列电路具有音质自然、使用方便、单片存储、反复录放、低功耗、抗断电等众多优点。

3.4.1 ISD1420 应用原理图

本设计中采用的是 ISD1420 芯片,如图 3-10 所示,ISD1420 的地址 A0 和 A9 未用,所以全部接地。接口 CON4 连接单片机的 P3.4、P3.5、P3.6、P3.7 和地址 A5、A6、A7、A8,对其地址进行操作,以便实现分段录/放音,播报不同的语音。

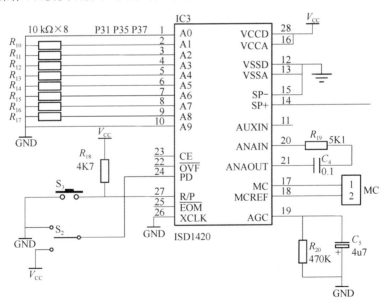

图 3-10 ISD1420 应用原理图

3.4.2 ISD1420 工作模式

1420 系列内置了若干操作模式,可以用最少的外围器件实现最多的功能。操作模式也由地址端控制:当最高两位都为 1 时,其他地址端置高就选择某个(或某几个)模式。因此操作模式和直接寻址相互排斥。操作模式可由微控制器,也可由硬件实现,如表 3-2 所示。

表 3-2　操作模式简表

模式	功能	典型应用
M0	信息检索	快进信息
M1	删除 EOM	在最后一条信息结束处放 EOM
M3	循环	从 0 地址连续放音
M4	连续寻址	录放连续的多段信息
M5	CE 电平有效	允许暂停
M6	按键模式	简化外围电路

3.4.3 ISD1420 的分段录音

ISD1420 最多可分为 160 段，只要在分段录/放音操作前给地址 A0～A9 赋值，录音及放音功能均从设定的起始地址开始，录音结束由停止键操作决定，芯片内部自动在该段的结束位置插入结束标志（EOM），而放音时芯片遇到 EOM 标志即自动停止放音。

在录音状态下，将语音内容通过分段录音方式录到 1420 芯片中，然后再通过单片机 P3 口对其地址、PD、CE 等引脚进行操作，实现实时的语音播报。

ISD1420 可分段存储 20 秒语音信息，按每秒可读 3 个汉字计算，20 秒可分段储存 60 多个汉字语音。将 ISD1420 的 A2～A7 与单片机 的 I/O 口连接，这样可以单独提取 64 段语音信息，分别录入"前方"、"距离"、"0～9"、"厘米"、"十"、"百"、"有障碍物"，配合单片机程序便可实现语音播报测距离的功能。

3.5 功放电路的设计

ISD1420 本身虽具备一定的输出功率，一般情况下可以满足放音的要求。但是当小车运行的时候小车本身所发出的机械噪声，再加上环境的噪声，音量就显得比较小了，所以为其增加了功放电路，这里选用的是低电压音频功率放大器 LM386。

LM386 是美国国家半导体公司生产的音频功率放大器，主要应用于低电压消费类产品。电压增益内置为 20。但在 1 脚和 8 脚之间增加一只外接电阻和电容，便可将电压增益调为任意值，直至达到 200。输入端以地位参考，同时输出端被自动偏置到电源电压的一半，在 6 V 电源电压下，它的静态功耗仅为 24 mW，适用于电池供电的场合。LM386 的连接电路如图 3-11 所示。

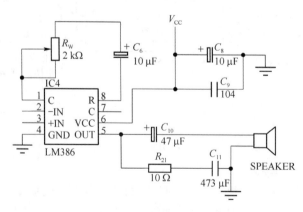

图 3-11　音频功率放大电路

3.6 显示模块的设计

本电路采用四位一体共阳数码管,利用动态扫描方式来完成显示功能。CPU送来的数据信号直接送入数码管的段号码,进行数字显示,两个三极管是对数码管的位号选操作,当Q4导通时就是选择数码管的个位,当Q3导通时,就是选择数码管的十位,通过单片机的控制,首先显示个位数,然后关掉,然后显示十位数,再关掉,一直循环下去,那么将会看到连续的数字显示,轮流点亮扫描过程中,每位显示器的点亮时间是极为短暂的(约1 ms),由于人的视觉暂留现象及发光二极管的余辉效应,尽管实际上四位显示器并非同时点亮,但只要扫描的速度足够快,给人的印象就是一组稳定的显示而不会有闪烁感。LED数码管与单片机连接电路如图3-12所示。

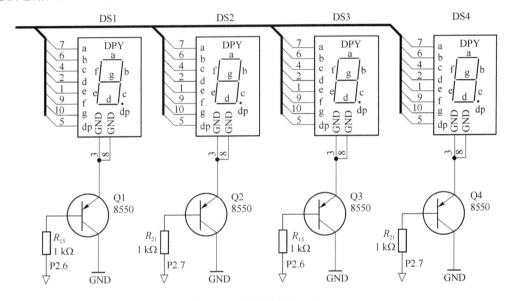

图 3-12 数码管显示电路

3.7 声光警示电路的设计

由于单片机I/O口不能直接驱动高亮LED,所以要通过一个驱动电路来驱动,其电路如图3-13所示,Q10为驱动三极管,R_{24}为限流电阻通过单片机的P3.1口控制Q10的通断,当P3.1被置低电平时三极管导通,发光管D4、D8点亮;当为高电平时是三极管截至,发光管熄灭。同样原理可以控制蜂鸣器发声。

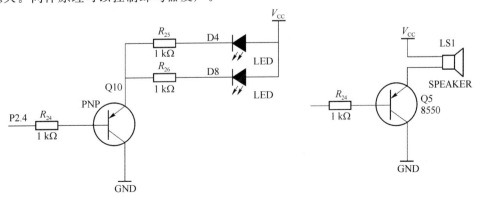

图 3-13 声光警示电路原理图

3.8 电源模块设计

智能小车的供电设施是一块镍氢充电电池,它有低成本、循环寿命长、无污染、安全性能好、温度使用范围广等特点。它的容量为 2 A,最高输出电压 13 V,有很强的续航能力。电机启动时产生的电压波动会严重影响单片机的正常工作,为了使系统更加稳定,系统采用两组电源供电,如图 3-14、图 3-15 所示。

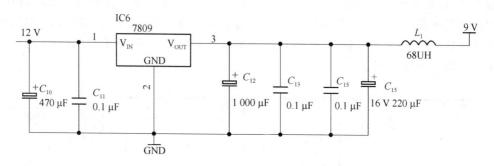

图 3-14　9 V 供电电路

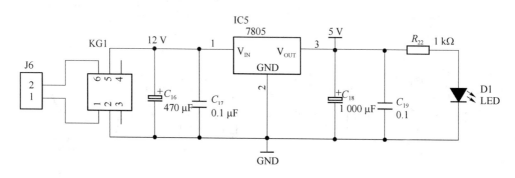

图 3-15　5 V 供电电路

第一组电源通过三端稳压器 7805 稳压后给单片机和其他电路供电,另外一组电源经 7809 稳压后给电机驱动芯片 L298N 供电,考虑到模块间的相互干扰问题,两个电源之间还添加了隔离措施,这样有效地解决了后向通道会对单片机最小系统以及前向通道产生干扰的问题,提高了系统的稳定性。电源电路连接图如图 3-14、图 3-15 所示。电路中的滤波电容 C_{16} 可以改善输出的电压纹波。C_{18} 是当负载电流突变时,为改善电源的动态特性而设的,取值为 $100\sim470~\mu F$。C_{16}、C_{18} 均为电解电容。在结构上,它们是由两个电容极板中间加绝缘介质卷绕而成的。因此,对电源中的高频分量,电解电容均含有电感,而集成稳压器内部带有负反馈,在高频下,通过 C_{16}、C_{18} 的耦合,可能会使稳压器的输出端产生有害振荡。C_{17}、C_{19} 正是为抑制这种振荡或消除电网串入的高频干扰而设置的,通常 C_{17}、C_{19} 取值为 $0.1\sim0.33~\mu F$。D1 为电源指示灯。由于直流电机在工作时会产生电磁干扰和噪声,本电路还添加了由 C_{14}、C_{15}、L_1 组成的滤波网络,目的是滤除电机启动时所产生的尖峰脉冲。

将各个单元模块结合起来,组成的整机电路如图 3-16 所示。

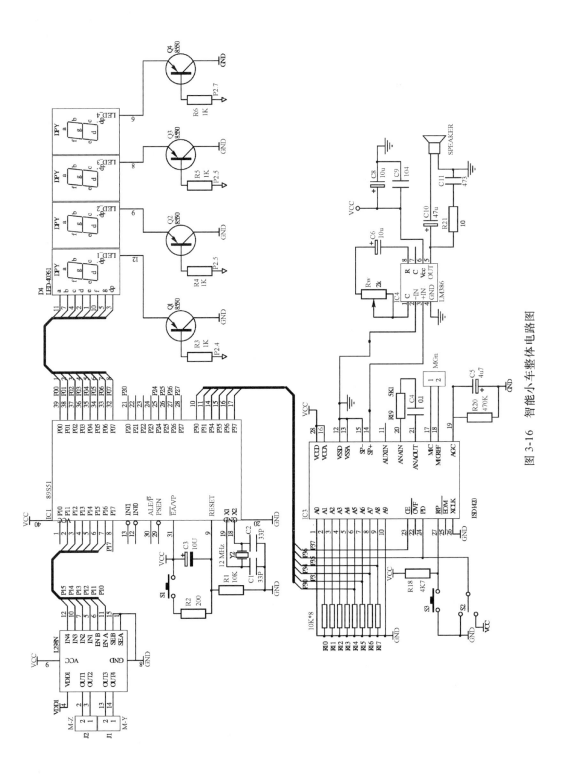

图 3-16 智能小车整体电路图

本章小结

本章对各单元电路进行了详细的分析和论述,针对硬件设计中出现的问题提出了解决办法,并结合各部分功能设计出了整机电路。实验证明本设计中各单元电路设计方案正确可行,各项指标稳定可靠。

第4章 系统的软件设计及工作流程

智能小车的软件主要由六大部分组成,每一部分都针对相应的硬件电路,具体程序见附录。

4.1 系统主程序流程图

首先小车进行上电初始化程序,接下来单片机控制1420进行语音播报设计题目,播报完毕后小车开始前进,前进过程中单片机通过超声波模块不断检测距前方障碍物的距离并将其通过显示模块显示出来。当检测距离小于程序设定的避障安全距离时判定前方有障碍物,此时再次开启语音播报模块播报"前方有障碍物,右转",与此同时蜂鸣器发出嘀嘀的响声,发光LED不断闪烁,与此同时单片机控制电机驱动模块驱动电机完成避障操作,避障动作完成后,小车继续前进并检测前方障碍物。系统主程序流程图如图4-1所示。

4.2 测距子程序流程图

如图4-2所示为超声波测距子程序流程图。

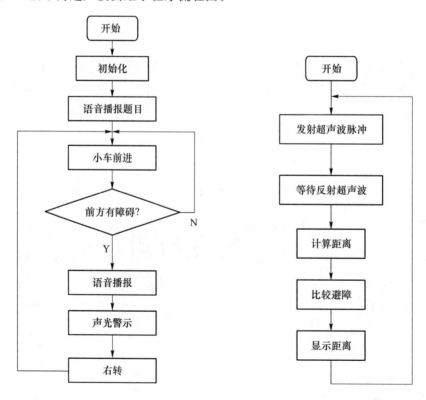

图 4-1 系统软件的整体流程图　　图 4-2 超声波测距子程序流程图

主程序对系统进行初始化之后,超声波测距程序设置定时器T0为16位定时器,开中断允许位EA,清零显示端口P0和P2,之后调用超声波发射子程序送出一个超声波脉冲,为了避免信号直接耦合干扰需要延时 0.1 ms,在开外部中断接收返回的超声波信号(这也就是超声波测距会有一个最小可测距离的原因)。由于系统采用的是 12 M 晶振,计数器每计一个数就是一微秒,当主程序检测到接收成功标志位后,将计数器 T0 中的数按式(4-1)计算:

$$d = ct/2 = 172 \times T_0 / 10\,000 \qquad (4-1)$$

在室温下测试声速为 344 m/s,超声波每发射、接收一次所走距离为被测距离 L 的 2 倍,如图 4-3 所示,L 便是被测物体和超声波传感器之间的距离,式中 T_0 为计数器 T0 中的计数值。

测出距离后结果将以十进制 BCD 码方式送往 LED 显示,与此同时送入累加器 A 与安全距离进行比较,若判定前方有障碍物则执行避障操作,等待上述过程结束,然后再发射超声波脉冲重复测量过程。

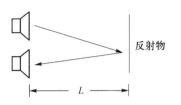

图 4-3 超声波测距原理示意图

本设计中智能小车的回转半径为 40 cm,设定的安全距离为 50 cm,由于程序设计小车每次都向右侧避障,所以小车能够完成避障操作的条件是测试环境障碍物的间距大于 1 m,这样小车才可以正常工作。

本章小结

本章介绍的是智能小车整体流程图、子程序流程图和编程思想,具体程序见附录。

第 5 章 系统的安装与调试

5.1 安装步骤

1. 检查元件的好坏

按电路图买好元件后首先检查买回元件的好坏,按各元件的检测方法分别进行检测,而且要认真核对原理图是否一致,在检查好后才可上件、焊件,防止出现错误焊件后不便改正。

2. 放置、焊接各元件

按原理图的位置放置各元件,在放置过程中要先放置、焊接较低的元件,后焊较高的和要求较高的元件。特别是容易损坏的元件要后焊,在焊集成芯片时连续焊接时间不要超过 10 s,注意芯片的安装方向。

5.2 电路的调试

首先烧入电机控制小程序,控制电机正反转、停止均正常,说明电机及驱动电路无误。然后加入避障子程序,小车运转正常时,调节超声波模块灵敏度使达到理想效果。接下来加入显示时间子程序,看显示模块正常与否。在调试程序时,发现有的指令用的不正确,例如,检测距离的开关量,应该用"JNC"指令,而最初却误用了"JC"指令,导致电路功能不能完全实现,另外,软件程序中的延时有的过长,有的过短,类似的现象还有很多。以下是部分单元电路的调试过程。

1. 超声波发射接收电路的调试

让超声波探头朝向一面墙,使发出的超声波能返回来而被接收器检测到,从试验台引出测试方波信号接入单片机 P1.0 口,用示波器观察超声波 CX20106A 的 7 脚的波形,若电路正常工作,则接收波形如图 5-1 所示。

图 5-1 中 1 为示波器观察 CX20106A7 脚的波形,2 为单片机 P1.0 口输出波形。确定硬件工作正常后,开始软件调试。首先将程序烧写到单片机中,上电观察数码管显示距离是否正确,以此判断超声波模块是否正常工作。在软件方面影响超生波的主要因素是延时时间,故根据实践测试情况需适当修改延时长短,有时还须根据设计要求调整超声波接收、发射探头之间的距离,一般取 2～8 cm 为宜。

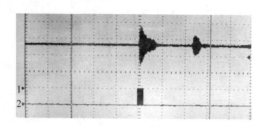

图 5-1　超声波模块正常工作时的波形

2. 电机 PWM 控制的调试过程

由于采用的电机供电电压是 9 V,而电机额定工作电压是 6 V,所以可使电机转动的 PWM 值范围为 5%～65%。PWM 的频率变化会带来电流的变化,频率越高电流越小,好像力矩也小了,这与事先的预测相同:由于电机的感性阻抗作用,随着 PWM 频率的升高,感抗增大,导致电流减小。尤其设计中所采用的电机是遥控车电机,额定电流较小,线圈匝数必然较多,感抗自然就较大。

PWM 的原理其实就是面积等效原理,在采样控制理论中有一个重要的结论:冲量相等而形状不同的窄脉冲加在具有惯性的环节上时,其效果基本相同,所以可用等幅值的不同宽度的脉冲来等效一些想要的波形。

结　论

本智能小车电路在硬件上采用了超声波传感器来测量小车距前方障碍物的距离,运行情况良好。由于采用双电源供电使系统的抗干扰性得到加强;PWM 技术的应用解决了电动机驱动效率和电机速度控制的问题;语音电路的加入使本设计更加人性化、智能化;在软件上,充分利用了 89S51 的系统资源,使智能小车完美地实现了障碍检测、距离测量、声光警示、语音播报等功能。

本设计结构简单、调试方便、系统反应快速灵活,硬件电路由可拆卸模块拼接而成,有很大的扩展空间。经验收测试,该智能小车设计方案正确可行,各项指标稳定可靠。

虽然智能小车系统有很多优点,但在设计当中也存在着一些不足,如超声波模块受温度的影响比较大,由于时间关系没有添加温度补偿措施,所以在使用中需要注意环境影响。另外,小车避障方式单一,若将超声波模块安装在舵机上使其可以左右 180 度转动,那么便可以通过比较小车两侧空间的大小来自由选择避障方向,从而实现更加智能化的避障方式。

参考文献

[1] 辉雄.智能电动小车的设计.电子报,2005,05(15):11.

[2] 李建法.超声波测距的电路设计与单片机编程.安阳师范学院学报,2003:47-48.

[3] 徐玮.51 单片机实现进步电机控制.电子制作,2006(11):15.

[4] 戴仙金,等.51 单片机及其 C 语言应用程序设计.北京:清华大学出版社,2005.

[5] 柳郭,等.单片机开发应用技能与技巧.北京:中国电力出版社,2008.

[6] 宋永冬.高精度超声波测距系统设计.现代电子技术,2008(15):137-139.

[7] J.Kowitz.超声技术及应用.北京:科学技术出版社,1992.

[8] 谭进怀.超声波语音测距系统在车辆避障中的应用.微计算机信息,2008(24):122-124.

[9] 刘凤然.基于单片机的超声波测距系统.传感器世界,2001(8):29-32.

[10] 张建,李刚.超声波测距系统的研究与设计.电气电子教学学报,2005(4):4-6.

[11] 何希才,等.传感器及应用.北京:机械工业出版社,2004.

[12] 丁镇生.传感器及传感技术应用.北京:电子工业出版社,1998.

[13] 牛余朋.基于单片机的高精度超声波测距电路.电子世界,2005(5):27-29.

[14] John F. Wakerly. 数字设计原理与实践. 林生,等,译.北京:北京机械工业出版社,2003.

[15] Yasushi Saito, Brian N Bershad, and Henry M Levy. Manageability, availability and performancein porcupine: a highly scalable cluster-based mail service . Operation system review,2003(12):1-15.

论文评阅教师意见:该学生毕业设计(论文)选题符合专业方向,硬件、软件部分设计合理,工作量饱满,课题具有实际和理论研究意义。该毕业论文的结构合理,层次清晰,语言表达较准确,图表格式较规范,技术用语准确恰当。

(备注:例文省略了封面、目录、英文摘要、致谢和附录等内容,每章之间没有另起一页。)

附录 5

例文 2

我国外贸依存度的国际比较与风险评估
胡伟欣

摘　要

近年来,我国外贸迅猛发展,外贸依存度也随之急剧攀升,因此外贸依存度的变化备受关注。外贸依存度反映的是一国经济对他国经济或对世界经济相互依赖的程度。论文在准确把握外贸依存度内涵的基础上,简单地介绍了中国外贸依存度的发展过程,以此为出发点,进一步阐述了中国外贸依存度的现状和国际比较,分析出我国目前的外贸依存度存在着快速提升的趋势,以及在结构细化分析中可能存在的经济风险,并针对这种风险进行原因分析和国际比较,提出改善外贸依存度的政策选择。

关键词:外贸依存度 风险分析 贸易摩擦

近年来,我国外贸迅猛发展,外贸依存度也随之急剧攀升。2007 年我国外贸依存度上升至 70%,从 1978 年的 9.79% 上升到 2007 年的 70%,增加了 6 倍多。这说明我国依赖国际市场的程度不断加深,但这又可能给我国经济带来许多影响。通过对我国外贸依存度的现状分析以及与国际比较,提出一些改善外贸依存度的相关对策和建议。毕竟中国既是一个贸易大国,又是一个贸易弱国,处于这种地位的中国,容易遇到一系列的风险。

一、外贸依存度的界定

近年来,对外贸易在一国国民经济中日趋重要。如何客观认识外贸依存度问题,直接影响一个国家国民经济结构和对外开放战略的调整。因此,客观把握我国外贸依存度的适度水平,不仅具有理论意义,而且更具现实意义。

（一）外贸依存度的内涵

外贸依存度是指一国对外贸易总额与国内生产总值(GDP)的比值,是用于衡量该国经济对国际市场依赖程度高低的指标之一。由于对外贸易分为出口和进口两部分,因此相应地,外贸依存度也可分为出口依存度和进口依存度,即进出口额分别与 GDP 的比值。在实际工作中,人们往往更重视出口依存度,它比外贸依存度更强调对经济发展的带动作用。正确把握外贸依存度的内涵,必须充分认识到,外贸仅仅是生产过程、交换过程中的经济行为,属于流通领域的范畴,如果仅凭外贸依存度的高低就对国民经济开放程度的大小作出判断,势必会出现以偏概全的现象,甚至会得出相反的论断[1]。

外贸依存度从一个侧面反映了一国经济发展对国际贸易的依赖程度,在一定程度上反映了一国参与国际分工的程度。一般认为,外贸依存度越高,说明该国的经济发展对国际贸易的依赖程度就越强。因而,外贸依存度的高低,成为各个国家还在争论的话题。我们认为,在对外贸依存度进行比较时,不能不顾条件进行简单和静态的比较,因为影响一国外贸依存度的因素很多,如经济技术发展水平、资源禀赋、对外经济政策、国内市场容量等,这些因素在不同的国家、不同的时期对外贸依存度的权重影响又处于动态变化中,因此,不同国家的外贸依存度必然会存在差异,但差异的大小并不能说明情况的好坏,依存度高并不等于就是高风险,低依存度也不等于就是低风险。研究和判断一个国家的外贸依存度高低,最重要的是必须紧密结合该国的贸易商品结构、贸易方式、贸易地理方向、贸易竞争力指数等指标进行动态和结构分析,在此基础上得出的结论才能全面、客观、具体,才能为宏观决策提供有益的参考。

(二)外贸依存度变动的因素

外贸依存度的变动主要取决于三个因素:出口增长率、GDP 增长率和汇率的变动。外贸依存度=进出口总额/国内生产总值,其中国内生产总值有时也用国民生产总值。

(1)对外贸易总额作为外贸依存度计算的分子,其增长速度是影响外贸依存度变动的重要因素。当 GDP 维持在一个相对稳定的基础上,对外贸易的增长速度越高,外贸依存度则越高;反之,则越低。

(2)国内生产总值作为外贸依存度计算的分母,其增长率也直接影响外贸依存度的变动,同时还要看原来基数的大小,其增长率影响比值也不同。

(3)汇率的变动直接影响外贸依存度的水平。从外贸依存度与汇率变动的相关分析看,外贸依存度与汇率变动之间的关系存在着较高的相关度,我国应继续完善人民币汇率制度,确定人民币币值的合理水平。这是因为汇率下降是刺激中国外贸快速增长的重要原因之一,同时也是导致外贸依存度测算值不断提高的直接因素。从这一点看,目前的人民币币值问题已经不单是外国政府对中国施压的问题,同时也说明了当前的人民币汇率确实已经不符合经济发展的需要,时代的发展要求我国有一个更为合理、完善的人民币汇率制度和汇率水平。因此,我国有必要加快发展外汇市场的步伐,推进人民币的可自由兑换,研讨人民币的合理币值,继续为外贸的发展提供货币政策的支持。

(三)外贸依存度对经济发展的影响

(1)从外贸依存度的比较研究,使我们进一步加深对外贸在国民经济中的地位与作用的认识。外贸依存度的提高,是扩大进出口的具体体现和必然结果。因为扩大进出口可以促进国内产业结构的升级和出口商品的优化,改善国际收支状况,更多地吸引外资,扩大社会就业,从而更好地推动经济增长和良性循环。我国对外开放的实践充分证明,外贸出口是经济增长的发动机,是一切对外经济交往的基础,因此,在国民经济发展过程中尤其要重视外贸出口的作用。

(2)通过对外贸依存度的比较研究,为我国今后科学制定对外经贸发展战略提供依据。根据我国经济发展中长期或年度规划的需要,预测年度或中长期外贸发展的数量和质量指标,并根据外部环境变化,及时采取相应对策也是非常必要的。但是,过去我们在制定规划时习惯采用增量指标,只追求速度,而忽视采用效益指标,或习惯于用一个指标衡量,实际上外贸依存度是多种综合因素的结果,绝不是用一个指标可以反映出来的。外贸依存度只能大体上反映出一国贸易总额占国民经济的比重、对国际市场的依赖度和外贸在国民经济中的地位、作用。除此之外,还需要竞争力指数(包括全国、地区、大类商品)、商品国际市场占有率、经济效益(宏观、中观和微观)等经济指标。

(3) 从外贸依存度的比较研究,使我们认识到建立适应对外开放与国际全面接轨的对外开放的宏观指标体系的紧迫性。我国的对外开放已进入全方位、多层次、宽领域的新阶段,我国虽已加入WTO,但现有的外经贸指标不能全面反映生产国际化、生产要素在国际间的自由流动,不能反映我国参与国际分工的深度和广度等涉外诸多经济方面的内容。因此,设计一套能反映国家宏观管理警戒性管理指标、宏观经济效益指标、对外开放度指标、综合国力竞争指数指标体系是一项紧迫的任务[2]。

二、我国外贸依存度现状和国际比较

我国外贸依存度存在着快速提高的趋势,并意味着中国经济的发展更加国际化,世界经济周期对中国经济的影响日益明显。随着科学技术的飞速发展,国际分工不断加深,生产和资本的国际化不断加强,国际经济联系越来越密切,国际贸易规模迅速膨胀,各国的外贸依存度总体上呈现迅速上升的趋势。如何确定外贸依存度的适度水平,目前世界上并不存在一个普遍衡量的标准。因此,要正确认识我国的外贸依存度,必须将中国置于国际背景之下进行分析,通过国际比较得出结论。

(一) 我国外贸依存度的发展过程

1. 20世纪80年代是我国对外贸易成长阶段

我国外贸在管理上,实行中央统一领导、统一政策、统一规划,中央和省分级管理的体制。1985—1990年,随着我国对外开放逐步扩大,出口缓慢增长。1985年,我国对外贸易依存度为23.1%,其中出口依存度为9.02%,进口依存度为14.08%,1990年我国对外贸易依存度首次达到30%,其中出口依存度为16.05%,进口依存度为13.84%,我国出口慢慢赶上并超过进口。这一阶段,主要由于国内资源紧缺和大量技术设备的进口,使进口依存度连续多年高于出口依存度。

2. 20世纪90年代是我国对外贸易稳步发展阶段

我国开始运用价格、汇率、利率、退税、出口信贷等经济手段调控对外贸易,使出口额年均增长达到12.4%,超出了我国年均GDP的增长速度8.8%。劳动密集型产业崛起,加工贸易的开展,使出口快速增长,出口依存度超过进口依存度,推动外贸稳步上升,我国的对外贸易依存度也于1994年突破40%。虽然1996—1999年4年内我国的对外贸易依存度有所滑落,但是在35%左右徘徊,2000年再次达到43.9%。

3. 进入21世纪是我国对外贸易加速增长阶段

随着中国加入WTO,经济全球化进一步加深,对外贸易对经济增长的作用日益明显,2004年我国进出口贸易总额历史性地突破万亿美元大关,超过日本,名列世界第三位,对外贸易的增长速度,远远高于我国国内生产总值的增长和世界贸易的增长速度。我国对外贸易依存度快速增加,2002年突破50%,2005年已经达到63%,2007年又再次升至70%。

(二) 我国外贸依存度的现状分析

1. 我国外贸出口集中在少数国家

我国目前外贸进出口主要集中在少数国家及地区,对美、日、欧等三强的进出口占进出口总额的一半以上。这些经济大国的经济增长直接影响到我国对该国的外贸进出口,尤其是美国,其经济的繁荣与否不仅对我国出口产生影响,其对整个世界经济的负面作用也将会影响到我国对其他国家的进出口。据有关部门统计计算,近五年中,美国经济增长每下降一个百分点,我国外贸出口将下降五个百分点。因而,把经济依附在一两个大国上较为危险[3]。

2. 我国同贸易伙伴的摩擦趋于频繁化和长期化

与大多数国家不同的是,中国是一个转型经济的发展中国家,且出口数量较大,贸易行为往往受到国际贸易参与方的高度关注,极易与别国发生贸易冲突。随着世界经济增长放缓,贸易保护主义有重新在世界范围内抬头的趋势。据韩国产业资源部公布的统计资料,1987—1998年中国遭受外国反倾销诉讼案件总计为262件,是全球遭受反倾销诉讼最多的国家。即使加入WTO,贸易全部放开,各缔约国仍可遵循WTO中"反补贴、反倾销原则",对认为危害本国工业发展的中国进口商品采取征收反倾销税等措施。可以预料,随着中国出口规模的扩大和出口结构的变化,中国同贸易伙伴间的摩擦将趋于频繁化、长期化[3]。

3. 我国外贸依存度正在快速提高

参考图2-1进行分析[4],从我国对外贸易的历史数据可以看出,我国的对外贸易额从1986年的738.5亿美元增长到2007年的21738.3亿美元。随之,我国的外贸依存度也由1986年的25%上升到2007年的历史最高点70.0%,图2-1是1986—2007年我国外贸依存度的长期趋势图。从图中可以看出,自1995年以来,中国的外贸依存度基本呈现了一个平稳上升的趋势(除1999年受亚洲金融危机影响略有下降外),特别是2000年以来,增势更为明显。2007年,中国外贸依存度为70%,出口依存度为40%,进口依存度为31%,出口依存度略高于进口依存度。

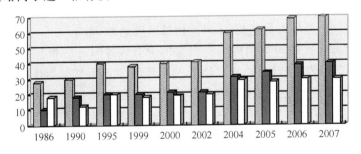

图2-1 我国外贸依存度的变化趋势

总体上看,现阶段我国外贸依存度呈现的特点主要是:出口地理方向高度集中,有竞争优势的商品高度集中,竞争优势高度依赖劳动力资源,加工贸易比重高,外资企业出口商品比重高。综观国内外经济发展经验和趋势,我们认为,现阶段我国的外贸依存度水平运行在一个合理和安全的区间。这给我们的最大启示是:我们既要立足国情,充分发挥我国的比较优势,也要顺应以知识为基础、以科技进步为动力、以创新为特征、以开放为条件的世界经济发展新趋势,增加对人力资本和科技的投资,缩小知识和信息差距,在某些重点领域、重点产业形成自主开发创新能力。这才是提升我国的比较优势和国际竞争力,增强我国在国际分工体系中的控制力的根本之策。

(三)我国外贸依存度的国际比较

参考图2-2进行分析[4],从图中可以看出,新加坡、泰国等小国的外贸依存度都很高,典型的如新加坡,已经超过300%。这是由于其国内市场容量狭小,采用外向型经济发展战略,外贸成为这些国家经济增长的引擎。而大国由于国内市场规模大,发展内需也能推动经济的快速增长,外贸依存度就相对较低,典型的如美国,其外贸依存度为20%左右,英国为39%、法国为45%、德国为60%,这些发达国家经济规模较大,但国内资源相对不足,外贸依存度也比较高。中国作为发展中国家,拥有广阔的国内市场,外贸依存度低于小国,然而与美国、日本等发达国家相比,外贸依存度是偏高的,我国成为了具有小国贸易依存度特征的大国。

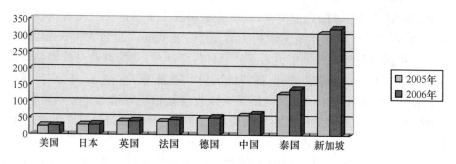

图 2-2　2005—2006 年各国贸易依存度比较

1. 我国对外贸的高度依赖与发达国家的经济历程相一致

我国国民经济对外贸水平的高度依赖与发达国家的经济历程相一致。我国外贸依存度的提高与国际发展趋势相一致,随着经济全球化的发展,世界货物贸易的发展速度一直高于全球经济的发展速度。1979—2007 年,我国货物贸易进出口额年平均增长 17.3%,比同期世界平均水平的 8.5% 高 8.8 个百分点;比居世界第一位的美国平均增速高 9.2 个百分点;比第二大发展中国家印度的平均增速高 5.6 个百分点。尤其在进入 21 世纪的 7 年中,我国货物贸易进出口额更是在高位上逐年大幅增长,年平均增长速度达到 24.3%。

大多数国家的外贸依存度在比较对象期内均有明显的上升。各国经济相互依存更紧密,以贸易自由化为主要内容的经济全球化格局已经形成。因此,我国外贸依存度的不断提高是符合国际趋势的;目前我国外贸依存度水平与世界平均水平趋近。在我国对外贸易成长阶段,我国外贸依存度与世界平均外贸依存度水平相差甚远;在我国对外贸易稳步发展阶段,我国外贸依存度与世界平均外贸依存度水平已基本趋近;到了我国对外贸易加速增长阶段,我国外贸依存度已略超出世界平均外贸依存度水平[4]。

2. 我国对外贸易出口结构与发达国家的较大差距

外贸依存度的国际比较要考虑对外贸易的结构。在我国对外贸易中,加工贸易的快速发展对我国外贸依存度的提高具有重要影响。1980 年,我国加工贸易进出口总额仅为 16.7 亿美元,到 2007 年已增加到 9 860.5 亿美元,增长了近 590 倍,年均增长 25.6%;而从 1981 年到 2000 年近二十年间,我国出口与进口的年均增长速度分别为 13.6% 和 13%,但一般贸易出口与进口的年均增长速度分别仅为 8.9% 和 8.7%,仅略高于 GDP 年均增长率,加工贸易出口与进口的年均增长速度分别为 28.8% 和 24.2%,远高于出口和进口的年均增长速度。2007 年上半年,一般贸易发展超过了加工贸易的发展,增长 28.7%,加工贸易只增长 17.6%;但加工贸易在进出口贸易中仍处于优势位置,一般贸易为 4 408.4 亿美元,加工贸易为 4 408.7 亿美元。我国加工贸易在进出口贸易总额中的比重由 1980 年的 4.4% 升到 2007 年的 45.4%,加工贸易已经成为我国第一大贸易方式。虽然近年来加工贸易的国内采购率和增值率有所上升,但加工贸易在一定程度上仍然存在"大进大出"的特点,与国内经济运行的联系不很密切。而这正是与发达国家区别最大的地方,发达国家主要是依靠合理的产业结构和技术的进步来发展国际贸易,如美国、日本等,这正是我国所欠缺的。因此,仅单纯地运用包含加工贸易在内的外贸依存度指标,会在相当程度上夸大我国经济对国际市场的依赖程度[4]。

3. 世界各国的外贸依存度与各国的资源密切相关

世界各国的外贸依存度根据各国的国情不同存有差异。目前从世界平均水平看,外贸依存度已达41%,其中,发达国家平均水平达38.4%,发展中国家平均水平达51%。一般而言有三种类型:一是缺乏资源的国家,如新加坡、马来西亚、泰国等,基本上是贸易小国,外贸依存度非常高;二是资源有限,但国内市场发达的国家,如英国、法国、德国等,外贸依存度也较高,一般达40%;三是美国这样的大国,虽然贸易十分发达,但其外贸依存度仅在20%左右。中国自20世纪80年代以来外贸依存度持续上升,而其他大国的外贸依存度则保持相对稳定。尤其是2007年,中国外贸依存度大幅度攀升,中国已成为世界上唯一具有小国外贸依存度特征的大国,这一点也是中国外贸依存度最大的特征。

三、我国外贸依存度的风险分析

外贸依存度的过高和过低都会对我国的贸易产生风险。因此,我们要更加重视外贸依存度的现实风险和其存在的潜在风险。

(一)我国过高依存度的现实风险

根据图2-1和图2-2可以说明,随着改革开放,我国对外贸易的增长和发展成绩斐然。中国经济与国际经济的融合,依存关系加深,从积极的方面说,外贸依存度的迅速增长,首先,表明中国经济参与了经济全球化进程,在当代国际分工体系中扮演了一个越来越重要的角色;其次,表明国外市场需求正在成为我国经济增长的一个重要动力;再次,我国向世界提供了大量的劳动密集型产品,从世界进口了大量的原料和技术密集型产品。这样的大进大出提高了中国和所有贸易伙伴的经济效率,形成了"中国需要世界,世界也需要中国"的密切相互依赖关系。这种关系,增进了中国与世界各国的相互了解,进一步形成了共同利益,是遏制其他大国与中国冲突和对抗的强大物质力量[5]。

但是我们也应该认识到,中国外贸依存度增长到了今天这样的高度,如果继续快速增长下去,那么,消极因素的积累将危及我国的和平发展和可持续发展。

1. 过高的贸易依存度易激发他国与我国的经贸冲突

过高的依存度将激发他国与中国的经贸冲突,并为"中国威胁论"提供口实,这必然恶化我国和平发展的国际环境,需要我们认真应对。外贸依存度的快速提高使中国的对外贸易摩擦趋于频繁化。就我国自身而言目前外贸进出口主要集中于少数国家及地区,对美、日、欧(盟)三大贸易伙伴的进出口占进出口总额的一半左右。这些贸易大国的经济增长直接影响到我国对该国的外贸进出口,尤其是美国,其经济的繁荣与否不仅对我国出口产生影响,其对整个世界经济的负面作用也将会影响到我国对其他国家的进出口[6]。

2. 过高的贸易依存度会影响我国独立决策的能力

过高的依存度将加大中国经济所面临的国际经济和政治风险。当世界经济发生剧烈波动和国际政治出现重大事件时,中国经济将会受到事先难以预测的打击,事态严重时,甚至会影响我国独立决策的能力。

3. 过高的依存度使中国在能源等问题上"代人受过"

过高的依存度将使中国在能源和原材料等问题上"代人受过"。我国已探明的45种主要矿产资源中,可以满足经济社会发展需要的仅有21种,所需要的40多种大宗矿产中,除煤炭之外都处于紧缺状态。由于我国经济规模迅速扩大,粗放型增长导致对能源和原材料消耗偏高。因此中国近年来对原材料的进口大幅增加,2007年原油、铁矿砂、氧化铝进口依赖度高达36%～48%,成为"中国威胁论"的一个重要口实。但是,中国制成品商品出口额中的60%左右是由外资和合资企业进行的。因此,这些企业的产品最终是被美国、日本和其他进口国消费了,而外资企业为了生产这些产品进口的能源和原材料却都算在中国的账上,许多关于争夺资源、推动原料价格上涨的指责也对准了中国。与此同时,在中国外贸依存度已经很高的情况下,许多产业出现了供大于求,加入了WTO后,在短缺经济时期形成的吸引外资优惠政策(如低工资、低地价、税收减免和以市场换技术等政策)正在对中国的和平发展和可持续发展产生负面作用[7]。

4. 过高的外贸依存度重塑了中国的外贸结构

外贸依存度的快速提高重塑了中国的外贸结构,影响中国未来的就业格局。对外贸易的发展不仅能促进国民经济的发展,而且可带动相关行业的社会就业。由于我国在劳动密集型号产品的出口上具有比较优势,所以纺织服装、鞋类、玩具等劳动密集型商品的出口曾经是中国第一大类出口商品,因此该行业吸纳了最大量的就业人数。根据测算,每出口1亿元的产品可为1.2万人提供就业机会,按2007年的出口规模计算,我国出口的产品可以提供就业人数大约14 616万人。然而从另一方面看,较高的外贸依存度也说明了中国目前第三产业的发展仍然比较滞后,产业结构的发展不合理,第三产业的就业弹性系数较低。随着中国外贸依存度的变化,中国的进出口商品结构将会作进一步调整,整体就业格局也会发生一定程度的变化。

(二)我国外贸依存度结构的潜在风险

1. 进口大于出口依存度对我国相关产业的发展造成冲击

预计未来几年内,进口依存度将大于出口依存度。由于进口与出口对经济增长影响的路径不同,进口主要影响供给,出口主要影响需求,与需求扩张容易引发贸易摩擦不同,进口依存度的提高不仅会对我国相关产业的发展造成冲击,而且在我国目前经济过热的条件下,将进一步增加我国宏观经济调控的难度。加入世贸以来,随着关税的下降,非关税壁垒的取消,进口更是以两位数增长,进口增长率高达39%,创造了20世纪以来增长率的最高记录[8]。

2. 能源进口增加使我国对战略性资源的进口依存度提高

能源和资源型产品供求弹性较低。供给弹性低,意味着当我国大量进口能源、资源型产品时,会导致该类产品的国际市场价格大幅度上升;而需求弹性低,意味着无论该类产品的国际市场价格如何变化,我国都要保持一定的进口量。较高的战略资源进口依存度,使得我国对外经济政策的回旋余地缩小,在某些方面受制于人。如果国际政治局势发生动荡或经济封锁,在国际市场上不能得到稳定的能源和原材料,资源短缺的瓶颈将对我国经济可能产生难以预测的冲击和影响,加大对我国国内经济安全的影响。

3. 劳动密集型产业过度依赖国际市场容易引发贸易摩擦

我国出口的纺织服装、鞋类、玩具等劳动密集型产品,需求弹性小,供给弹性大,一旦价格提高就会引来其他国家同类产品的竞争。在替代压力下,我国不得不依靠低价战略在竞争中取胜。劳动密集型产品国际市场价格的下降需要靠更大的出口量去弥补损失,出口日益增多,价格却越来越低,贸易条件趋于恶化,导致出口贫困化增长。从出口依存度结构来看,我国轻工和家电等劳动密集型产业过度依赖国际市场不仅容易引发贸易摩擦,增加就业压力,而且严重影响我国产业结构的调整和转移。

4. 贸易顺差集中严重依赖美国和欧盟

从贸易顺差依存度来看,我国贸易顺差主要分布在日本、韩国和东盟等亚洲国家,贸易顺差严重依赖美国和欧盟。近年来,我国持续的贸易顺差主要来源于美国和欧盟两大贸易体。美国和欧盟是我国贸易收支顺差的主要来源国。

5. 我国出口市场依然主要依赖世界三大贸易体

从出口市场依存度来看,我国出口市场过度依赖美国、欧盟、日本三大贸易体,三大经济体的景气状况和贸易政策将直接影响我国产品的出口。虽然市场多元化战略实施多年,但目前我国出口市场依然主要依赖世界三大贸易体。

6. 依赖加工贸易减弱国内产业结构升级和技术进步

从贸易方式依存度来看,我国出口主要依赖加工贸易的方式,不仅减弱了出口结构升级对国内产业结构升级和技术进步的作用,而且使我国贸易福利水平降低。近年来,我国贸易的迅猛发展主要依赖加工贸易方式,2007年加工贸易出口占我国出口的60%。加工贸易方式对经济发展最有利的影响是发挥我国劳动力的比较优势,创造了大量就业机会。但是,由于加工贸易基本上是"两头在外",其潜在风险也比较明显:一是与国内经济的联系不紧密,出口结构升级对国内企业带动作用小,导致出口结构升级变化对国内产业结构升级和技术进步作用的影响有限,贸易对经济增长的拉动作用减弱;二是容易在技术上形成对国际市场的长期依赖,如近年来,先进技术和关键设备的大量进口仍是依赖发达国家;三是加工贸易产品出口获利小,只能赚取少量的加工费,导致我国贸易的福利水平下降[9]。

7. 从进出口企业的对外依存度方面来看外资企业比重过大

从进出口企业的对外依存度来看,外资企业占我国进出口的一半以上,跨国公司投资战略的变化将直接影响我国贸易增长。其实,造成中国外贸依存度高的主要因素并不仅仅在于汇率,更在于中国的经济结构。中国经济结构的一大特点是对外商投资企业依靠过大,中国外贸依存度高实际上是中国这一经济结构的必然反映。从外贸依存度这个比率的分子来讲,中国巨额外贸的一大部分实际上是在华外商投资企业所创造的,尤其是在出口方面外商投资企业的出口额大于其他企业的出口额,2007年外商投资企业的出口占中国出口总额的57.1%。从这一比率的分母来讲,国内生产总值也包括了在华外商投资企业贡献的部分,但由于外商投资企业的主要特点是"大进大出,两头在外"外贸倾向大大高于国内其他企业。因此,与其他国家比较,中国近年国内生产总值因外商投资企业的存在而越来越依靠出口实现。由此可见,中国拉高外贸依存度主要原因是外商投资企业"大进大出,两头在外"这一经营行为。这也构成了中国外贸依存度的一大特征。不过,这并不是说对外贸依存度存在着高估,整个经济对外资企业的出口依赖程度过大的情况是切切实实存在的。

四、使中国外贸依存度"合理化"的对策

随着我国对外开放的不断扩大和经济、金融体制改革的不断深入,未来我国对外贸易的走势主要取决经济发展速度、对外贸易的发展速度、经济稳定状况三个因素。我国是一个发展中国家,保持较高的经济增长速度是提高人民生活水平和经济起飞而求得经济发展的必要条件,可见,我们将更关注外贸依存度的变化,采取相应的对策。

（一）针对我国外贸依存度过高的建议

为确定我国从现在到2020年外贸总额的合理增长速度,从而使我国外贸依存度控制在我国和世界都能接受的水平。按现行美元兑换人民币汇率,我国经济只有以每年6.5%的速度增长,GDP才能在2010年达到21 900亿美元,2020年达到41 100亿美元,这是我们的发展计划目标。据此统计,只有外贸年均增长速度保持在5%~6.5%才是可以被中国和世界所接受的、可持续发展的。然而,我国外贸总额的增长速度在2006年和2007年分别高达23.8%和23.5%,使我国的外贸依存度从2001年的44%跃升至2007年的70%,而且这种势头还在继续。这种趋势是不正常的,需要调整一系列政策加以纠正。如果我们不主动纠正,恐怕就要由剧烈的经济震荡来纠正了。如何控制外贸总额和外贸依存度过快增长[10]？可采取以下一些策略。

1. 取消各种税收优惠和银行贷款优惠

中资企业的出口,应按照市场经济公平竞争和WTO国民待遇的原则,逐步取消各种税收优惠(所得税减免、出口退税等)和银行贷款优惠。这样做,从长远看,将改善中国出口商品的结构,提高出口商品的档次和价格,增加企业的利润,改变大量出口资源消耗型和劳动密集型商品的旧格局。出口要走原材料消耗量较少、技术和价值含量较高的精品战略之路,这种类型的外贸才是可持续的。

2. 取消各种"超国民待遇"的优惠

按照我国对WTO的承诺,尽快实现对外资企业的国民待遇原则,取消各种"超国民待遇"的优惠,通过提高外资进入中国市场的门槛来提高外资的质量。今天,中国大部分产业出现了供大于求、重复投资、出口增长过快的新问题。我国引进的5 000多亿元海外直接投资中,来自美国、欧盟和日本等发达国家和地区的技术含量较高的投资不到40%,而60%以上的外资是海外华人中小资本。这部分投资的特点是规模小、技术含量低。由于我国的劳动密集型商品市场已经饱和,因此这些投资所生产的产品纷纷涌向海外市场,是造成我国大量出口劳动密集型产品的重要原因。不符合我国产业政策的外资,还严重干扰了我国的货币金融政策等宏观经济政策的实施和产业结构的调整。因此,对这部分资本必须加强规范和引导。

3. 加强对外资企业的经营规范和引导

加强对外资企业的经营规范和引导应采取以下措施:外资进入中国要符合中国的产业政策和科技进步政策,继续欢迎符合我国政策要求的美国、欧盟、日本的大型跨国公司来华投资;对于海外中小资本,要鼓励他们组成投资基金或投资财团,按照我国的产业政策和科技进步政策进行投资;鼓励海外中小资本投资我国债券和证券市场,减少它们对直接生产领域和外贸领域的干扰。

4. 制定法律

制定法律,根据国民经济发展所提供的可能性,逐年提高全国企业(包括外资企业)的工

资水平,特别是企业工人和农民合同工的工资水平。这有三个好处:其一,提高中国出口商品的成本、价格和销售收入,遏制中国廉价商品出口的过快增长,减少国际贸易摩擦;其二,迫使中小型外资、中资企业向开发高端产品的方向发展,推动它们的兼并、联合,由此分流一部分劳动密集、资源消耗型产品到其他发展中国家,与其他发展中国家共享机会,更能体现中国和平发展的真谛;其三,增加国内消费,这是依靠内需拉动经济增长的根本保障,内需的增加将抵消出口增长减缓所带来的影响,我国经济的稳定、快速发展将建立在更加坚实的基础上。

5. 增加海外直接投资

增加海外直接投资应该是今后我国对外开放政策调整的一项重要任务。中国应该大大增加在其他发展中国家的劳动密集型产业的投资,大大增加在资源生产国的资源消耗型产业的投资。这种投资,将有利于减缓中国出口过快的增长,增加有关国家对中国设备的需求,提升中国在国际分工体系中的地位。更有深远意义的是,这种投资将大大减轻中国经济发展对能源和原材料的需求,变中国"一花独放"为中国与其他发展中国家共同发展的"百花齐放";变中国在资源问题上"代人受过"为中国与其他国家分享"共同繁荣",中国的国际地位将因此而大大提高。过去,中国的国际收支平衡表上的海外收入主要来自贸易收入,今后,经过必要的政策调整,贸易收入的增速可能减慢,但投资收入、专利收入、劳务收入的增速将会大大加快。中国的对外开放将更加全面,中国发展的可持续性将得到更可靠的保障[11]。

(二)结构调整与风险化解

调整外贸依存度的结构性指标,目前我国外贸依存度提高对经济的影响不仅是总量问题,更是结构问题。因而要将我国外贸依存度调整到一个比较合理的水平,必须进行结构调整。

1. 调整进口依存度结构

调整进口依存度结构,一是要加强资源导向型对外投资,进行战略性资源储备。由于目前发达国家在战略性资源上与我国展开竞争,而资源主要分布在发展中国家,要获得资源供应,我国应该加强对发展中国家的经济援助。二是控制资源消耗大的外资向我国转移,避免在实现世界工厂和制造业基地的过程中将我国有限资源耗尽。三是实行战略性贸易政策,将科技政策、产业政策和贸易政策有效地结合在一起,政府加大力度扶植高新技术产业和装备制造业的发展,减少关键技术设备对国外的依赖。四是通过税收和法律等手段限制高能耗的产品出口,鼓励高附加价值产品的出口[12]。

2. 调整出口依存度结构

调整出口依存度结构,一是加快实施走出去的战略,将我国劳动密集型优势产业转移到发展中国家,对美国贸易摩擦在华的转移,通过直接投资的方式再转移到其他发展中国家。二是加大宏观调控力度,加快产业结构调整,提高附加价值产品的出口,消除发展高能耗和高物耗的劳动密集型产业出口对我国产业结构调整滞后的长期影响,避免国内重复建设在国际上的无序竞争引发贸易摩擦。三是大力发展服务业,将过剩的劳动力转移到第三产业中,减缓劳动密集型产品出口升级对我国就业的压力。

3. 调整市场依存度和贸易顺差依存度结构

调整市场依存度和贸易顺差依存度结构,一是实行全球贸易发展战略,面对发达国家通过发展区域经济合作和建立双边自由贸易区重新瓜分市场的新形势，根据国内的不同需求市场定位，加强与东盟、非洲和美洲地区的合作，开拓国际市场，分散市场风险。二是将贸易摩擦作为促进双边和多边经济合作的推动力，以贸易摩擦为突破口，加强与各国广泛的经济技术和文化方面的联系。三是实行规避贸易摩擦的导向型投资，替代贸易出口[13]。

4. 调整贸易方式依存度结构和进出口对外资的依赖

调整贸易方式依存度结构和进出口对外资的依赖，一是促进加工贸易转型升级。实现加工贸易由外资企业向国内民营企业的转变，由成品组装向零部件产业和服务产业的转变，提高国内增加值的比率。二是提高加工贸易在国内采购比率。目前影响跨国公司在我国国内采购原材料和零部件的关键因素是国内产品质量不稳定。为此，应加强与外商投资企业合作，提高产品质量。三是发挥各地区优势，培育建立产业集聚群和研发集聚地，以促进跨国公司与当地企业的产业关联为目的，吸引跨国公司投资，带动国内产业结构升级。

结　论

目前经济全球化已成为人类社会经济发展的必然趋势，对外贸易作为推动经济全球化的先导得到了空前的壮大发展，作为衡量对外贸易发展标准的外贸依存度也因此越来越受到重视，因为贸易依存度与各国的贸易商品结构、贸易方式、贸易地理方向、贸易竞争力指数等密切相关。如何处理好外贸依存度的问题，成为各个国家在国际贸易发展中的重要组成内容。

当今中国外贸依存度的现状，讨论了与世界各国进行国际比较的结果，分析了我国外贸依存度过高的原因，主要是能源进口增加使我国对战略性资源的进口依存度提高，出口结构与发达国家的内涵有较大差距，但最主要的还是我国出口市场主要依赖世界三大贸易体。

经过分析提出我国外贸依存度存在着快速提高的趋势，这一方面表明中国经济参与了经济全球化的进程，在当代国际分工体系中扮演了一个越来越重要的角色；另一方面也表明国外市场需求成为中国经济增长的一个动力。同时我们也应该注意到过高的依存度所反映的负面影响，如易激发他国与中国的贸易冲突，在能源和原材料等问题上代人受过等，对这一问题我们应双重认识。但随着对外贸易的不断扩大及对贸易依存度重视的加强，我国已经针对外贸依存度存在的风险提出了相应的建议和策略，并已逐步落实。相信通过这些的措施一定会使我国过高的外贸依存度逐渐下降并稳定下来，最后维持在一个合理的水平上。

参考文献

[1] 李倩. 如何看待我国外贸依存度[J]. 黑龙江对外经济, 2005(4):66-67.

[2] 汪寿阳. 中国外贸依存度并不过高[J]. 金融信息参考, 2005(2):24-26.

[3] 王在邦. 警惕外贸依存度持续上升[J]. 瞭望, 2005(2):79-85.

[4] 曾杰. 我国高外贸依存度原因探析及对策研究[D]. 北方经贸, 2008(4):43-47.

[5] 傅钧文. 外贸依存度国际比较与中国外贸的结构型风险分析[J]. 世界经济研究, 2004(2):2-4.

[6] 陈振峰, 付小旗, 汪寿阳, 谢雯, 郑贵环. 2005世界经济展望中国外贸形式分析[J]. 国际经济技术研究, 2005(4):29-33.

[7] 王丽娜. 我国外贸依存度的现状及影响分析[D]. 黑龙江对外经贸, 2008(4):6-8.

[8] 姜淮. 我国外贸依存度的分析[D]. 国际贸易, 2008(2):50-58.

[9] 韩润娥, 赵峰. 我国发展加工贸易的规模经济现状分析及对策研究[D]. 黑龙江对外

经贸,2008(2):43-48.

[10] 徐晓玲,吴玲.我国外贸依存度的国际比较及存在问题分析[J].财经漫笔,2008(3):25-30.

[11] 荣民.警惕高外贸依存度[D].南方周末,2006(3):3-4.

[12] 崔大沪.中国外贸依存度的分析与思考[J].世界经济研究,2007(4):6-7.

[13] 许培源.对外贸易依存度提高对经济的影响分析[J].福建农林大学学报(哲学社会科学版),2007(5):7-9.

[14] Xinshen Diao and Hildegunn Ekroll Stokke. International spillovers. productivity growth and openness in Thailand general equilibrium [J]. Journal of Development Economics. Volume 76. Issue 2. April 2005(2):429-450.

[15] T. Xu, D. A. Bower and N. J. SmithTypes of collaboration between foreign contractors and their Chinese partners International Journal of Project Management[J]. Volume 23. Issue 1. January 2005(2):45-53.

论文评阅教师意见:论文阐述了中国外贸依存度的现状并进行了国际比较,较深入地分析了我国目前外贸依存度快速提升的趋势,以及在结构细化中可能存在的经济风险,最后提出完善外贸依存度政策的建议。该学生选题符合专业方向,具有一定的现实意义。该毕业论文的结构合理、层次清晰、语言表达较准确流畅。

(备注:例文省略了封面、目录、英文摘要、致谢和附录等内容。)

参 考 文 献

[1] 曹天生,等.本科生学士学位论文写作概论.合肥:安徽人民出版社,2008.
[2] 叶振东,等.毕业论文的撰写与答辩.杭州:浙江大学出版社,2004.
[3] 王细荣,等.文献信息检索与论文写作.上海:上海交通大学出版社,2006.
[4] 周志高,等.大学毕业设计(论文)写作指南.北京:化学工业出版社,2007.
[5] 唐晓应.信息检索与利用.北京:对外经济贸易大学出版社,2007.
[6] 王明鉴.高等学院毕业设计(论文)指导手册——电子信息卷.北京:高等教育出版社,2005.
[7] 闫凤云,等.信息检索.哈尔滨:哈尔滨工业大学出版社,2006.
[8] 邓学军,等.科技信息检索.西安:西北工业大学出版社,2006.
[9] 白丽娟.信息检索基础教程.哈尔滨:黑龙江科学技术出版社,2002.
[10] 董锦凤.毕业设计指导.西安:西安电子科技大学出版社,2005.
[11] 徐军玲,等.科技文献检索.上海:复旦大学出版社,2006.
[12] 田质兵,等.科技情报检索.北京:清华大学出版社,2004.